Armin Fuhrer

# Die Todesfahrt der „Gustloff“

Armin Fuhrer

# Die Todesfahrt der „Gustloff“

## Porträts von Überlebenden der größten Schiffskatastrophe aller Zeiten

OLZOG

**Bibliographische Information der Deutschen Nationalbibliothek**

Die Deutsche Nationalbibliothek verzeichnet diese Publikation in der Deutschen Nationalbibliographie; detaillierte bibliographische Daten sind im Internet über http://dnb.d-nb.de abrufbar.

**ISBN 978-3-7892-8235-5**


**Internet: http://www.olzog.de**

**Bildnachweis:**
10 Porträts und Foto S. 265: privat
Titelbild sowie alle anderen Abbildungen: ullstein bild, Berlin



Umschlagentwurf: Atelier Versen, Bad Aibling
Satz: abavo GmbH, Buchloe
Druck- und Bindearbeiten: Ebner & Spiegel, Ulm
Printed in Germany

## Inhalt


Die Opfer ehren .............................. 7

**Die Hintergründe** .............................. 17
Hafen der Hoffnung .............................. 17
Flucht vor der Roten Armee .............................. 23
Traumschiff der Nazis .............................. 32
„Diktator von Davos" .............................. 39
Untergang eines Riesen .............................. 44
Wettlauf mit dem Tod .............................. 51
U-Boot-Kapitän auf Abwegen .............................. 54

**Das Inferno überlebt** .............................. 63
Heinz Schön: Erinnerung als Lebenswerk .............................. 63
Waltraud Grüter: Tragödie am 21. Geburtstag .............................. 79
Erhard Flauss: Vergangenheit, die zurückkehrt .............................. 101
Ursula Starke: Vergangenheit, die nicht loslässt .............................. 118
Heinrich Korella: „Opfer zweiter Klasse"? .............................. 139
Eva Bodén: Selbstzweifel bis zum Schluss .............................. 161
Wolfgang Schmidt: Ein Mann mit sechs Leben .............................. 184
Günther Maydell: Erinnerung als Teil des Lebens .............................. 209
Ilse Hansen: „Ich würde gerne Danke sagen" .............................. 228
Johannes Schwefer: „Wir hätten das genauso gemacht" .............................. 247

**Das Judenmassaker von Palmnicken: Hitlerjunge Martin Bergau** . . . . . . . . . . . . . . . . . 265

Ausgewählte Literatur . . . . . . . . . . . . . . . . . . . . . . . . 287
Karte . . . . . . . . . . . . . . . . . . . . . . . . . . . . . . . . . . . 288

# Die Opfer ehren

30. Januar 1945. Um kurz nach 21 Uhr erschüttern drei heftige Einschläge den Rumpf der *Wilhelm Gustloff*. Das riesige Kreuzfahrtschiff ist mit 10 500 Menschen an Bord auf dem Weg von Gotenhafen bei Danzig nach Kiel und Flensburg. Er soll mehr als 9000 Flüchtlinge –fast ausschließlich Frauen und Kinder – vor der im Osten heranrückenden Roten Armee retten und 1000 U-Boot-Soldaten zu ihrem neuen Einsatzort bringen. Eine fette Beute für das russische U-Boot *S13*, die der Kapitän und seine Mannschaft sich nicht entgehen lassen. Gut eine Stunde nach den Torpedotreffern versinkt die *Gustloff* in der Ostsee auf der Höhe von Stolp. Sie reißt mehr als 9300 Menschen mit in den Tod. Nur etwa 1200 überleben. Zehn davon werden in diesem Buch porträtiert. Wo kamen diese Menschen her? Warum und wie gerieten sie auf das Schiff? Wie verarbeiteten sie die Katastrophe?

Heute leben von den Geretteten dieser größten Schiffskatastrophe aller Zeiten vermutlich noch etwa 50, verstreut auf der ganzen Welt. Sie gehören zur sogenannten „Erlebnisgeneration“, der Generation also, die die Schrecken des Krieges, der Bombenangriffe, der Flucht und der Vertreibung, des Hungerns und Frierens am eigenen Leib zu spüren bekommen hat. Die Generation auch, deren junge Männer teils fanatisch verblendet, teils, weil sie keine andere Wahl hatten, in den Krieg zogen, um für eine menschenverachtende Ideologie zu kämpfen und viel zu oft ihr Leben zu lassen. Die Auswahl der porträtierten Frauen und Männer in diesem

Buch ist nicht zufällig, aber auch nicht repräsentativ. Sie alle haben in einem dramatischen Augenblick ihres Lebens das gleiche Schicksal erlitten: Sie überlebten den Untergang der *Wilhelm Gustloff*. Ansonsten aber sind ihre Lebenswege durchaus unterschiedlich verlaufen. Einige waren Flüchtlinge, andere Angehörige der Marine, sei es als Helferin oder als Soldat. Sie sind auch unterschiedlich mit den Erlebnissen umgegangen. Nur wenige hatten keinerlei Probleme, damit konfrontiert zu werden, andere haben in den folgenden Jahrzehnten kaum darüber gesprochen. Wieder andere sprechen für die Öffentlichkeit das erste Mal überhaupt in diesem Buch darüber. Wohl für alle dürfte aber gelten, was Heinrich Korella, der als 13-Jähriger den Untergang überlebte, so ausdrückt: „Wenn ich heute meine Erinnerung an jene dramatische Januarnacht preisgebe, möchte ich damit die Opfer ehren, die nicht so viel Glück hatten wie ich."

Die in diesem Buch porträtierten Zeitzeugen des Untergangs waren damals junge, oft sehr junge Menschen, allesamt zwischen zehn und 26 Jahre alt. Sie haben daher die Ereignisse und auch die Handlungsstränge, die sie überhaupt auf das Schiff führten, aus einem bestimmten Blickwinkel erlebt: als Jugendliche und junge Erwachsene, die aufwuchsen in einem totalitären Regime, das insbesondere die Jugend nach seinem Bild formen wollte. Zwar gibt das Buch mit den einzelnen Porträts keine Charakterisierung dieser verführten, verblendeten und missbrauchten Generation wieder. Aber es zeigen sich doch bei den meisten Überlebenden Übereinstim-

Die Jungfernfahrt der *Wilhelm Gustloff*, März 1938.

mungen in ihrer Begeisterung für Adolf Hitler, den bewunderten „Führer", und den Nationalsozialismus. Alle Porträtierten haben in bemerkenswerter Offenheit über ihre damaligen Empfindungen und Überzeugungen gesprochen. Man sollte sich davor hüten, sie – wie es in früheren Jahrzehnten oft geschehen ist – dafür zu verurteilen. Man sollte versuchen, zu verstehen, warum sie so dachten in einer Umwelt, die den Kindern und Jugendlichen wegen der permanenten nationalsozialistischen Indoktrinierung kaum eine andere Möglichkeit ließ.

Die Erinnerungen der Porträtierten, die sich in ausführlichen Gesprächen dem Autor öffneten, sind in diesem Buch weitgehend eins zu eins wiedergegeben. Darin liegt zweifellos eine gewisse Gefahr. Die Angaben zu verifizieren ist dann unmöglich, wenn es sich um individuell erlebte Ereignisse oder Lebensumstände handelt. An anderen Stellen wurden einige Zusatzinformationen eingefügt, ohne den Grundtenor der Erzählung zu ändern. Es geht in diesem Buch schließlich nicht darum, objektive Geschichtsschreibung zu betreiben, sondern Erinnerungen von Menschen wiederzugeben. Dass ihnen dabei Fehler unterlaufen, bleibt ein Restrisiko, das man gleichwohl eingehen sollte. Denn die Erzählungen können interessante Quellen sein über eine Zeit, aus der es nur sehr wenig anderes Material gibt. Wer dachte während seiner dramatischen Flucht aus Ostpreußen, seiner Einschiffung auf die *Wilhelm Gustloff* oder seiner späteren Vertreibung schon daran, das Geschehen mit Fotoaufnahmen zu dokumentieren? Ganz abgesehen davon, dass das notwendige Material wie Fotoapparate und Filme in der Endphase des Krieges gar nicht vorhanden gewesen sein dürfte. Und die nationalsozialistische Propaganda hatte natürlich kein Interesse daran, Filmaufnahmen der Flucht in den Wochenschauen zu zeigen – sie hätten sich nicht gerade stimulierend auf den Widerstandswillen der Bevölkerung ausgewirkt.

Die zehn Porträts beginnen mit einer Beschreibung Heinz Schöns, der sich wie kein anderer jahrzehntelang um die Recherche der Ereignisse gekümmert und verschiedene Bücher dazu geschrieben hat. Die *Wilhelm Gustloff* wurde sein Lebensinhalt, sein Lebenswerk. Er hat den Toten ein Denkmal gesetzt. Es folgen neun Porträts von Männern und Frauen mit unterschiedlichen Schwerpunkten. Jeder und jede Einzelne hat den Kampf um Leben und Tod aus unterschiedlicher Perspektive und in unterschiedlicher Dramatik erlebt, so dass am Ende ein Gesamteindruck dessen entsteht, was in jener kalten Januarnacht auf der Ostsee geschehen ist.

Zu den Porträts der Überlebenden der *Gustloff*-Katastrophe wird ein weiteres gestellt: das von Martin Bergau. Er hat als 16-jähriger Hitlerjunge das Massaker an 3000 Juden in Palmnicken miterlebt. 2000 Häftlinge waren zuvor bereits auf dem Marsch vom KZ Stutthof zu dem berühmten Bernsteinort an der Ostseeküste umgekommen. In bestürzender Weise zeigen diese zeitlich und lokal so nahe beieinander liegenden Ereignisse die Dramatik, die Absurdität und die Unmenschlichkeit gerade dieser letzten Phase des Krieges. Denn das Massaker von Palmnicken fand nur eine Nacht nach dem Untergang der *Wilhelm Gustloff* statt, der Ort liegt nicht weit nördlich der Untergangsstelle. Es ist durchaus möglich, dass sich die Wege mancher Flüchtlinge, die mit ihrem wenigen Hab und Gut und in Todesangst vor der Roten Armee in einem der zahllosen Trecks unterwegs nach Gotenhafen waren, mit denen der jüdischen KZ-Häftlinge, die ihrerseits in Todesangst vor den sie gnadenlos nach Palmnicken zur geplanten Vernichtung treibenden SS-Männern waren, kreuzten.

Der Opfer des Holocaust wurde und wird in (West-) Deutschland zu Recht in vielfältiger Weise gedacht. Dass eine barbarische Ideologie sie im Namen Deutschlands zu wehrlosen Opfern machte, stand immer außer Frage und wird immer außer Frage stehen. Ihr Schicksal macht bis heute trotz aller Bemühungen um Aufarbeitung, Verstehen und Wiedergutmachung am Ende immer noch sprachlos. Dass aber auch unschuldige und wehrlose Deutsche – Frauen, Kinder, Greise – Opfer des Krieges und infolge dieses Krieges Opfer von Hunger, Elend, Flucht, Vertreibung, Massenvergewaltigungen und Ermordung gewesen sind, wollte man hierzulande lange Zeit nicht wahrnehmen. Die Millionen Flüchtlinge und Vertriebenen aus dem Osten waren in den westlichen Besatzungszonen und später in der Bundesrepublik ohnedies nicht willkommen. Das Begriffspaar „Vertriebener" und „Flüchtling" war eindeutig negativ besetzt. Rasch aber erkannten Politiker und Funktionäre der Vertriebenenorganisationen, dass sie die Millionen Menschen aus Deutschlands verlorenem Osten instrumentalisieren konnten. Die Begriffe seien alsbald nicht deskriptiv benutzt worden, sondern von der Politik bewusst als Erinnerungsort konstruiert worden, schreiben die Oldenburger Historiker Eva und Hans Henning Hahn. Das von den betroffenen Menschen erlebte Leid trat demgegenüber in den Hintergrund. Es ging einigen Politikern und Vertriebenenfunktionären um den verlorenen Osten und damit um tiefe kulturhistorische Wunden durch den Verlust deutschen Siedlungs- und Kulturgebietes. So wurde auch der Begriff „Heimat" zu einem politischen Kampfbegriff – für den deutschen Osten. Wer in Westdeutschland seit den fünfziger Jahren von „Heimat" sprach, meinte in der Regel nicht die Stadt, in der er lebte, sondern die deutschen Ostgebiete, die nun in fremder Hand waren und auf die die Bundesrepublik nach wie vor Anspruch erhob.

Die Vertriebenen und Flüchtlinge wurden so vielfach zu Instrumenten der (west-)deutschen Politik (während ihr Schicksal in der DDR schlicht totgeschwiegen und damit letztlich nicht minder instrumentalisiert wurde).

In den fünfziger und sechziger Jahren wurde das Thema „deutscher Osten" in der Bundesrepublik breit thematisiert, in Büchern, Medien oder durch die Benennung von Straßen und Plätzen nach Städten oder Persönlichkeiten des einst deutschen Ostens. Die Wirkung blieb allerdings weitgehend auf die Betroffenen, also die Vertriebenen und Flüchtlinge, beschränkt. In der Breite der Gesellschaft wurde das kaum wahrgenommen. Die Menschen in Deutschland hatten andere Probleme: Wiederaufbau und Wirtschaftswunder, Sicherung der persönlichen Existenz, Verdrängung der Vergangenheit. Mit den „Achtundsechzigern" verstärkte sich diese Stimmung auch ins Ideologische: Nunmehr galt immer mehr Deutschen die Erinnerung an Flucht und Vertreibung als reaktionär und revisionistisch, zumal die Erinnerung daran durch die Vertriebenenverbände zusehends ritualisiert wurde. Nun begannen die etwa drei Jahrzehnte, in denen es nicht „politisch korrekt" war, daran zu erinnern, dass auch Deutsche Opfer des Zweiten Weltkriegs waren. Zwar erschienen weiterhin – wenn auch weniger als zuvor – Bücher, die sich des Themas annahmen. Doch es handelte sich noch stärker als zuvor um eine Art Betroffenheitsliteratur, die in erster Linie in den Vertriebenenkreisen zur Kenntnis genommen wurde. Die große Mehrheit der Deutschen wollte davon nichts wissen, und die Verbände der Landsmannschaften gerieten immer weiter an den rechten Rand einer nach links rückenden Gesellschaft – zum Teil keineswegs ohne eigenes Zutun. Es habe aber, so Eva und Hans Henning Hahn, auch immer die „anderen“ Vertriebenen gegeben, die das von ihren Leidensgenossen erlittene schlimme Schicksal in den Mittelpunkt ihrer Arbeit stellten. Dazu gehörten auch Schriftsteller wie Siegfried Lenz oder Horst Bienek.

Ganz ins Zentrum westdeutschen Aufarbeitungsbemühens rückte indes nun der Holocaust, das unbegreifliche und in dieser Dimension einmalige Vorhaben des nationalsozialistischen Deutschlands, mit den Juden ein ganzes Volk zu vernichten. Den Achtundsechzigern geriet die Väter- als Tätergeneration ins Blickfeld. Die Tatsache, dass es in dieser Generation auch Millionen von Opfern gab, passte einfach nicht ins Bild. Eine angesichts der Dimension des Verbrechens vielleicht verständliche Entwicklung, die allerdings nicht selten mit einer selbstgerechten Haltung der anklagenden Generation einherging. Nach der politischen Wende in Osteuropa, nach dem Ende des Krieges und mit der Möglichkeit, mit Ländern wie Polen oder Tschechien enger zusammenzurücken, wurde der Ton der Erinnerungskultur friedvoller. Mit der Ausnahme weniger, gesellschaftlich kaum relevanter Randgruppen akzeptierten die Deutschen den Verlust ihrer ehemaligen Ostgebiete. Der „Spiegel“ rief prompt einen Mentalitätswechsel aus. Und Norbert Sauer, Produzent eines ZDF-Zweiteilers über den Untergang der *Wilhelm Gustloff* sagt heute: „Vor zehn Jahren wäre ein solcher Film nicht möglich gewesen.“

Eine interessante, eine positive Entwicklung. Eine weniger ideologisch befrachtete Sichtweise hilft sicher dabei, diejenigen endlich stärker ins Blickfeld zu rücken, um die es eigentlich geht: die Opfer, die Deutsche waren. Deutsche als Opfer? Soll es nun etwa zu einer Umschreibung der Geschichte kommen, sollen die Verantwortlichkeiten relativiert, die Zeitabläufe umgedreht und die Deutschen als das „Opfervolk" dargestellt werden?

Darum geht es nicht. Allerdings darf im neuen Europa die Tatsache, dass Millionen Deutsche unter menschenunwürdigen Bedingungen ihrer Heimat beraubt wurden und viele Flucht und Vertreibung nicht überlebten – und nicht überleben sollten – nicht verschwiegen werden. Die Erinnerung aber kann nur dann zukunftsorientiert gelingen, wenn sie aus der Sphäre des politischen Taktierens geholt wird. In den Mittelpunkt des Gedenkens muss die Betrachtung von millionenfachem Leid und Elend rücken. Es geht nicht darum zu verwischen, wer und was Auslöser dieser dramatischen Entwicklung war: Hitler-Deutschland und der von ihm entfesselte Krieg und in dessen Folge die Vernichtung von sechs Millionen Juden, die Vertreibung und Ermordung von Polen und anderen Volksgruppen durch das Nazi-Regime.

Die Toten und die noch Lebenden, die Opfer dieser Ereignisse wurden, haben es verdient, dass ihrer gedacht wird, ohne dass sie als Instrument im politischen Kampf benutzt werden. Die Porträts der Opfer der größten Schiffskatastrophe aller Zeiten sollen ein Beitrag dazu sein.

# Die Hintergründe

## Hafen der Hoffnung

Nach dem Beginn der russischen Großoffensive am 12. Januar 1945 setzt in Ostpreußen eine Massenflucht ein, wie sie Deutschlands Osten bis dahin nicht gesehen hat. In Panik verlassen in den darauffolgenden Monaten rund 2,5 Millionen Deutsche ihre angestammte Heimat. Berichte über Massenmorde, Massenvergewaltigungen, Demütigungen, das Niederbrennen von Häusern, Plünderungen und vieles mehr veranlassen sie zu diesem schweren Schritt. Ziel vieler Flüchtlinge sind die Hafenstädte an der Ostseeküste wie Pillau, Danzig oder Gotenhafen. Sie wollen eine lange Flucht zu Fuß oder mit Fuhrwerken vermeiden – im Januar 1945 herrscht eisige Kälte von bis zu minus 20 Grad am Tage, und hoher Schnee erschwert das Fortkommen zusätzlich. Viele Ostpreußen hoffen auf einen Platz auf einem der in den Häfen liegenden Schiffe, die sie nach Westen bringen sollen.

Gotenhafen, eine 1920 an Polen gefallene alte deutsche Stadt, war in den folgenden Jahren systematisch zu einer bedeutenden Hafenstadt mit rund 100 000 Einwohnern ausgebaut worden und galt seit den zwanziger Jahren als polnisches „Tor zur Welt". Ihr polnischer Name lautete „Gdynia", war von den Nationalsozialisten jedoch in „Gotenhafen" umgetauft worden, um an die Goten zu erinnern, die im Gebiet der Weichselmündung gesiedelt hatten. Zehntausende Polen mussten ihre Heimatstadt nach der deutschen Besetzung verlassen.

Bis Herbst 1943 bleibt die Stadt von alliierten Bombenangriffen völlig verschont, doch auch danach bleibt es einigermaßen ruhig. Und das, obwohl Gotenhafen mit seinem 14 Kilometer langen Pier als größter Ostseehafen durchaus kriegswichtige Bedeutung hat. Es ist ein wichtiger Stützpunkt der Kriegsmarine, Sammelbecken für die restliche Tonnage der Handelsmarine und Hauptversorgungshafen der Kurlandfront. Daher kann eine Räumung der Stadt, die nun zunehmend selbst von der Roten Armee bedroht wird und nur noch über See verlassen werden kann, nur auf Anordnung des Oberbefehlshabers der Kriegsmarine, Großadmiral Karl Dönitz, erfolgen.

Schon wenige Tage nach dem Angriff der Russen drängeln sich zwischen 50 000 und 100 000 Flüchtlinge in Gotenhafen – genaue Zahlen kennt niemand. Die Zustände sind unerträglich, die Menschen müssen untergebracht und versorgt werden. Am 21. Januar trifft Dönitz schließlich die Entscheidung, die Häfen in der Danziger Bucht zu räumen. Zunächst ist es ihm wichtig, die knapp 1000 U-Boot-Schüler der 2. U-Boot-Lehrdivision in Gotenhafen-Oxhöft, die auf der *Wilhelm Gustloff* untergebracht sind, und diejenigen der 1. U-Boot-Lehrdivision in Pillau nach Westen zu retten, damit sie rasch zu Ende ausgebildet und gegen den Feind eingesetzt werden können. Auch der Abtransport von Schwerverwundeten hat Vorrang. Der verfügbare Laderaum auf den Schiffen, die in Gotenhafen liegen – zum Beispiel die *Gustloff* und die

Die *Wilhelm Gustloff* läuft im Mai 1939 in ihren Heimathafen Hamburg ein.

*Hansa* – soll anschließend mit Flüchtlingen gefüllt werden. Dabei haben Frauen und Kinder Vorrang – die Feldjäger sind ständig auf der Suche nach „wehrfähigen" Männern, worunter sie nicht selten auch 15-jährige Jungen verstehen.

Für die *Wilhelm Gustloff* bedeutet der Befehl eine Umrüstung zum Flüchtlingsschiff. Aus der Musikhalle, der großen und der kleinen Halle, dem Festsaal, dem Kino- und Theatersaal, den Messen und den anderen Sälen werden die Möbel ausgebaut und durch Matratzen ersetzt. Er werden Lazarette eingerichtet und eine Entbindungsstation. Das Problem mangelnder sanitärer Einrichtungen für die geschätzten rund 6000 Menschen, die an Bord kommen sollen, ist in der kurzen Zeit nicht zu beheben. Schwimmwesten für alle rund 5000 eingeplanten Zivilpersonen können beschafft werden, ebenso wie Rettungsboote und Flöße. Die eigenen Rettungsboote der *Gustloff* werden schon seit längerer Zeit benutzt, um den Hafen bei Bombenangriffen zu vernebeln. Beim Ablegen stehen folgende Rettungsmittel zur Verfügung: zwölf schiffseigene Rettungsboote, 18 große Marinekutter, 380 Marineflöße sowie eine Anzahl kleinerer Flöße. Das reicht, so hat es Heinz Schön später ausgerechnet, allenfalls für 5000 Menschen. Zum Schutz gegen befürchtete alliierte Bomberangriffe werden auf der Kommandobrücke Flakgeschütze montiert.

Die Einschiffung beginnt am 25. Januar und wird zunächst mit bürokratischem Aufwand und der Hilfe eines Teils der 372 jungen Marinehelferinnen vollzogen, die im trockengelegten Schwimmbad untergebracht werden.

Die Parteileitung richtet im Stadtgebiet Büros ein, in denen sich potenzielle Passagiere eine Bordkarte beschaffen können. Das hat für sie den praktischen Vorteil, dass sie über die Zulassung auf das Schiff bestimmen kann – zum Nutzen der eigenen örtlichen Führungskader, die davon auch für ihre Familien Gebrauch machen. Während sich am Anlegeplatz der *Gustloff* Tausende Menschen in der Hoffnung auf einen Platz an Bord drängeln, druckt die eigene Borddruckerei Essenskarten, werden Lebensmittel verladen. Am 27. Januar will die Schiffsleitung – bestehend aus dem Korvettenkapitän Wilhelm Zahn und dem zivilen Kapitän Friedrich Petersen – die Aufnahme weiterer Flüchtlinge stoppen. Zu diesem Zeitpunkt befinden sich bereits 4000 Zivilpersonen an Bord, zusätzlich zu den 1000 U-Boot-Matrosen, den 372 Marinehelferinnen und den 173 Mannschaftsmitgliedern. Doch Korvettenkapitän Zahn wird aufgefordert, weitere Flüchtlinge aufzunehmen. Ein Anruf des ersten Offiziers, Louis Reese, bei den anderen Schiffen im Hafen überzeugt die Kapitäne, dass sie weitermachen müssen. Der Dampfer *Deutschland*, etwas kleiner als die *Wilhelm Gustloff*, hat bereits 8000 Menschen an Bord genommen und will bis 10 000 aufstocken. Die *Cap Arcona*, etwas größer als die *Gustloff*, hat 9000 Flüchtlinge übernommen und den Befehl, weitere aufzunehmen. So bleibt auch der *Gustloff* nichts anderes übrig, als immer mehr der Flüchtlinge an Bord zu lassen, die am Pier in der Furcht warten, das Schiff könne ohne sie in Richtung Westen fahren. Die Nachricht, dass das nicht weit entfernte Elbing von den Russen eingenommen wurde, erhöht die Panik noch mehr.

Am 29. Januar ist das Schiff so voll, dass die Menschen nun schon in den Gängen untergebracht werden müssen. Die Kapazitäten sind völlig überlastet, nun ist Schluss. Doch jetzt drängt sich ein neues Problem auf: Es gibt keinen ausreichenden Geleitschutz aus Minensuchbooten, Torpedobooten und Zerstörern, die die *Wilhelm Gustloff* vor Angriffen von englischen Bombern oder russischen U-Booten schützen könnten. So warnt der Leiter der Zweigstelle Gotenhafen der 9. Sicherungsdivision, Korvettenkapitän Wolfgang Leonhardt, dringend vor dem raschen Auslaufen. Er schlägt vor, damit zu warten, bis er genügend Schutz aufbieten kann – nach seinem Ermessen in vielleicht zwei Tagen.

Doch Kapitän Zahn will sein Schiff nun möglichst schnell aus Gotenhafen wegbringen. Die Stimmung unter den Tausenden Menschen an Bord wird zunehmend gereizter und Zahn will alliierte Bombenangriffe auf die im Hafen liegende *Wilhelm Gustloff* nicht ausschließen. Schließlich, so seine Einschätzung, dürfte auch der Feind längst mitbekommen haben, was sich in Gotenhafen-Oxhöft seit Tagen abspielt. Am Ende setzt Zahn sich durch – sein Schiff und dazu die *Hansa*, ebenfalls mit Tausenden Flüchtlingen beladen, bekommen grünes Licht. Als Geleitschutz stehen nur drei Geleitsicherungsboote zur Verfügung. Unverantwortlich, findet Korvettenkapitän Wolfgang Leonhardt von der 9. Sicherungsdivision. Kaum beruhigen können ihn zwei Meldungen vom Befehlshaber U-Boote-Ost, nachdem sich im geplanten Fahrgebiet der *Wilhelm Gustloff* und der *Hansa*, die sich dem größeren Schiff anschließen soll, keine russischen U-Boote befinden.

Von solchen Auseinandersetzungen bekommen die Flüchtlinge auf dem Schiff und am Kai nichts mit. Am Nachmittag des 29. Januar geht den Marinehelferinnen das Papier aus, so dass sie von nun an keine Listen mit Aufgenommenen mehr schreiben können. Heinz Schön, als Zahlmeisterassistent an der Registrierung beteiligt, schätzt, dass bis zum Auslaufen am nächsten Mittag nochmals rund 2000 Menschen an Bord gelassen wurden. Zusätzlich dazu nochmals bis zu 700, die von kleineren Schiffen aufgenommen wurden, als die *Wilhelm Gustloff* bereits aus dem Hafen geschleppt wurde. Er kommt so auf eine Gesamtzahl von rund 10 500 Menschen an Bord. Diese Zahl ist inzwischen weithin akzeptiert.

Am 30. Januar um 12.30 Uhr wird das Schiff aus dem Hafen geschleppt. Die Menschen an Bord wähnen sich glücklich auf dem Weg in Sicherheit. Die Zurückgebliebenen am Pier schauen der *Wilhelm Gustloff* sehnsüchtig und angsterfüllt hinterher. Dass für sie Gotenhafen ein „Hafen der Hoffnung“ bleiben sollte, wenn auch auf ganz andere Weise als gedacht, ahnen sie zu diesem Zeitpunkt noch nicht. Später wird sich jeder, der nicht auf das Schiff gelangen konnte, glücklich schätzen.

## Flucht vor der Roten Armee

Die meisten Menschen, die sich in Gotenhafen aufhalten und auf einen Platz auf einem der Schiffe hoffen, haben bereits eine mehrwöchige beschwerliche und dramatische Flucht hinter sich, auf der viele Frauen, Männer,

Kinder und Greise bereits umgekommen sind. War die erste sowjetische Offensive gegen die Grenzen des Deutschen Reiches im Sommer und Herbst des Vorjahres noch weitgehend steckengeblieben, so ist die Rote Armee nun nicht mehr aufzuhalten. Am 12. Januar 1945 beginnt ihr Sturmlauf. Sie walzt in den kommenden Wochen und Monaten alles nieder, was sich ihrer enormen zahlenmäßigen und materiellen Übermacht in den Weg stellt.

Der Ostwall, den Gauleiter Erich Koch von der ostpreußischen Bevölkerung und von Kriegsgefangenen hat bauen lassen, erweist sich als absurder Versuch, die riesigen gepanzerten Ungetüme der Sowjets aufzuhalten. Auch der Volkssturm aus Jugendlichen und alten Männern, dessen oberster Befehlshaber eben jener Koch ist, hat keine Chance gegen den vorwärtsstürmenden Feind. Die Russen greifen mit einer mehr als zehnfachen Überlegenheit an. Im Norden gehen sie gegen die deutsche 2. und 3. Armee auf die ostpreußische Hauptstadt Königsberg und das Samland zu, im Süden gegen die 4. Armee auf Danzig und Elbing. Nach knapp zehn Tagen haben sie ihr erstes Ziel erreicht: Mit dem Durchbruch zum Frischen Haff ist Ostpreußen von der Landverbindung nach Westen abgeschnitten. Einzig die schmale Nehrung bietet noch einen Fluchtweg über Land in den Westen.

„Es war die Hölle selbst, die ihr Maul öffnete", schreibt der Historiker Jürgen Thorwald. Die ostpreußische Bevölkerung wird vom Sturmlauf der Roten Armee völlig überrascht. Nicht wenige Menschen waren Monate zuvor geflohen – doch waren sie, nachdem die Wehrmacht den Gegner noch einmal hatte zurückschlagen beziehungsweise aufhalten können, in ihre Häuser zurückgekehrt, hatten die Felder abgeerntet und die neue Aussaat besorgt. So, als sei nichts gewesen, und so, als bestünde keine Gefahr, dass die Russen wiederkehren und dann doch noch durchdringen könnten. Bestärkt hatte sie darin die Partei, vor allem in Person von Gauleiter Koch, mit absurden Durchhalteparolen. Und nicht nur damit: Wer Anstalten traf zu fliehen, musste damit rechnen, sich aufgeknüpft am nächsten Baum wiederzufinden, als warnendes Beispiel für potenzielle Nachahmer. Es war offiziell verboten, sein Heim zu verlassen und zu fliehen – selbst, als die Panzer der Roten Armee schon fast in der Einfahrt der Dörfer standen.

Koch als Verantwortlicher für die mangelnden Fluchtvorbereitungen und die groteske Propagierung von Durchhalteparolen ist nicht nur einer der schlimmsten Nazi-Bonzen überhaupt, sondern selbst auch ein großer Feigling, wie sich während des Untergangs des Reiches herausstellt, als er seinen Ansprüchen an die Bevölkerung selbst nicht einmal ansatzweise nachkommt. Gauleiter seit 1928, hatte der 1896 in Elberfeld im Ruhrgebiet als Sohn eines Werkmeisters geborene Koch sich im Laufe der Jahre eine unumschränkte Herrschaft in seinem ostpreußischen Gau errichtet. Da er von 1942 bis 1944 auch noch Reichskommissar für die besetzte Ukraine war und sich sein Herrschaftsbereich in dieser Zeit von der Ostsee bis zum Schwarzen Meer erstreckt hatte, fühlte Koch sich wie ein Gott.

Allein: Sein Reich kam – und es ging auch wieder. Anfang 1945 ist die Ukraine wieder verloren und die Rote Armee bedroht die Grenzen Ostpreußens. Koch war von Hitler zum Reichverteidigungskommissar für Ostpreußen ernannt worden. Da der „Führer" sich weigert, Ostpreußen zum Operationsgebiet zu deklarieren, hat Koch nicht nur den Oberbefehl über den Volkssturm, sondern auch über den gesamten zivilen Bereich.

Er geht nun gegen die eigenen Landsleute mit ähnlicher Brutalität zu Werke wie zuvor gegen die einheimische Bevölkerung in der Ukraine, gegenüber der er als brutaler „Herrenmensch" aufgetreten war. In seiner Funktion sorgt er mit seinen Durchhalteparolen vom nahenden „Endsieg", dem Bau des „Erich-Koch-Walls" und der mit rigiden Strafen untermauerten Anweisung, jegliche Fluchtmaßnahmen zu verhindern, dafür, dass die ostpreußische Bevölkerung schutzlos der Roten Armee ausgesetzt ist. Für ihn selbst gilt dieser Befehl freilich nicht. Er flieht von Königsberg nach Pillau, wo er sich in einen sicheren Bunker zurückzieht – und mit irreführenden Meldungen ins Führerhauptquartier in Berlin erweckte er dort den Eindruck, als führe er praktisch direkt an der Front einen heldenhaften Kampf um Leben und Tod.

Solche Funksprüche setzt Koch sogar noch in den letzten Tagen ab, als er schon längst auf einem Schiff Richtung Westen flieht – die Umstände seiner Flucht sind in keiner Weise vergleichbar mit denen von Hunderttausenden „normalen" Flüchtlingen. Unter falschem Namen taucht er unter und wird erst 1949 von britischen Sicherheitskräften bei Hamburg gefasst. An Polen ausgeliefert, wird er dort zum Tode verurteilt. Das Urteil wurde nie vollstreckt. Bis zu seinem Tode 1986 sitzt Koch unter privilegierten Bedingungen in einem polnischen Prominentengefängnis ein.

Als sich die Menschen im Januar 1945 dann entgegen Kochs Anweisungen doch Hals über Kopf zur Flucht nach Westen entschließen, ist es für viele zu spät. Mit wenigen Sachen auf Fuhrwagen oder gar zu Fuß machen sich die Menschen zu Hunderttausenden auf den Weg nach Westen. Durch ganz Ostpreußen ziehen nun kilometerlange Trecks, Wagen an Wagen – bei Eiseskälte: Minus 20 Grad zeigte das Thermometer, Schneetreiben macht die Straßen für die Fuhrwerke oft kaum passierbar. Lastwagen und Panzer der Wehrmacht drängen oft genug die Menschen mit ihrer wenigen Habe in die Böschung, beschädigen die Wagen. Immer mehr Gegenstände bleiben am Wegesrand liegen – kaputte Wagen, Hausrat, Koffer. Und Leichen – Menschen, die erfroren oder wegen des Hungers und der Überanstrengung schlicht nicht mehr weiter konnten. Verwüstung, Plünderungen und zu Tausenden von russischen Soldaten vergewaltigte Frauen bestimmen nun die Szenerie. „Es war gekommen, wie es kommen musste. Die Bevölkerung geriet in die erbarmungslose Mühle der Durchbruchsschlacht“, so der Historiker Thorwald.

Aber es gibt kein Zurück. Nicht selten überholt die Rote Armee bei ihrem raschen Vormarsch solche Elendstrecks. Die russischen Panzer zermalmen die Flüchtlingswagen einfach, zerquetschen Menschenleiber und überfahren die letzten Besitzstände vieler Fliehender.

Die Soldaten schießen in die Flüchtlingsmenge ebenso wie russische Tiefflieger, die sich immer wieder auf die Wehrlosen stürzen. Mitten in dem Chaos irren ganze Viehherden herum, die die Bauern freigelassen haben.

Am zugefrorenen Frischen Haff angelangt, wird die Situation noch kritischer. Nun kommt noch die Gefahr hinzu, mit dem Pferdefuhrwerk ins eiskalte Wasser einzubrechen und zu versinken. Abgeholzte Tannen markieren die nur dünn zugefrorenen Eisflächen. Stehenbleiben dürfen die Wagen so gut wie gar nicht – um die Gefahr des Einbrechens nicht noch zu vergrößern. Schutz vor den russischen Tieffliegern gibt es nun überhaupt nicht mehr. Wagen an Wagen reiht sich auf der Nehrung, es geht nur im Schritttempo voran. Nicht selten brauchen die Flüchtlinge 14 Tage für die 70 Kilometer lange Strecke zum Festland. Rund zwei Millionen Flüchtlinge, so schätzen Historiker, machten sich auf den Weg nach Westen, allein im Januar und Februar 1945 gingen 450 000 über das Haff, so Günter Böddeker in seinem Buch „Die Flüchtlinge. Die Vertreibung der Deutschen aus dem Osten".

Es zeigt sich nun das komplette Versagen der Führung, die in keiner Weise für geordnete Fluchtpläne gesorgt hat, sondern in grotesker Form den Durchhaltewillen der Bevölkerung in den frontnahen Gebieten zu stärken versucht. Auch die Wehrmacht ist von diesem Vorwurf nicht auszunehmen. Sie nimmt keine Rücksicht auf die Flüchtenden, lässt zum Beispiel die Hauptstraßen für die Flüchtlingstrecks sperren, um Platz für die eigenen Fahrzeuge zu haben. Aber vor allem hat ihre Führung sich gegen eine rechtzeitige Evakuierung aus den Gebieten, die von der Front weiter als 30 Kilometer entfernt liegen, ausgesprochen. Sie nimmt die Eisenbahnen und Schiffe für sich in Beschlag und verhindert so das Verbringen vieler Flüchtlinge in Sicherheit. Es ist zwar richtig, dass viele einfache Soldaten den aussichtslosen Kampf durchaus aus dem Grund weiter führen, um möglichst vielen Ostpreußen die Flucht zu ermöglichen. Doch das wäre gar nicht nötig gewesen, wenn die Wehrmachtsführung früher auf eine rechtzeitige Evakuierung gedrängt hätte, die in der Hand der Partei liegt.

So kommt der Freiburger Historiker Michael Schwendemann zu einem eindeutigen, wenn auch durchaus umstrittenen Urteil: „Bei einer Festlegung auf andere Prioritäten hätten im Frühjahr 1945 wohl alle Flüchtlinge einschließlich der in den Kesseln stehenden Soldaten über See evakuiert werden können, doch war dies – entgegen der Rechtfertigung nach 1945 – nicht Ziel der Kriegsführung gewesen.“ Viele Befehle der Kriegsführung, so Schwendemann weiter, machten deutlich, wie „skrupellos das massenhafte Sterben von Zivilisten in Kauf genommen wurde“.

Dasselbe gilt auch für Großadmiral Karl Dönitz. Seine Rechtfertigungsversuche nach dem Krieg, er habe in erster Linie das Wohl der Zivilpersonen, die auf der Flucht waren, im Sinn gehabt, gehen weit an der Wirklichkeit vorbei. Flüchtlinge dürfen zum Beispiel nur dann auf den Schiffen nach Westen mitgenommen werden, wenn der Platz nicht mehr für Soldaten, Verwundete oder Material benötigt wird.

Die übereilte Flucht der deutschen Bevölkerung ist indes nur allzu verständlich. Wie ein Lauffeuer hatte sich die Nachricht von dem Massaker, das sowjetische Soldaten im Oktober 1944 in Nemmersdorf verübt hatten, herumgesprochen. Der Versuch von Propagandaminister Joseph Goebbels, durch eine breite, die grausigen Einzelheiten auswalzende Berichterstattung den Selbstbehauptungswillen der Bevölkerung zu erhöhen, kehrt sich voll ins Gegenteil um. Anders als von Goebbels erhofft, schürten die Nachrichten aus dem 650-Seelen-Dorf den Fluchtwillen der Bevölkerung nur noch massiver.

Was war geschehen? Unstrittig ist, dass Soldaten der Roten Armee ein grausames Massaker an der nicht geflohenen Bevölkerung von Nemmersdorf verübten, als sie den Ort nahe der Reichsgrenze im Oktober 1944 für kurze Zeit eroberten. Sie ermordeten 26 Menschen – Frauen, Kinder und Alte. Umstritten ist dagegen die Behauptung, dass sie Frauen nackt an Scheunentore nagelten. Den Deutschen bot sich jedenfalls ein Bild des Grauens, als sie den Ort zurückeroberten. Die russischen Soldaten waren durch die von den Deutschen verursachten Grauen des Krieges, die sie mehr als drei Jahre täglich in ihrem Heimatland erlebt hatten, bereits moralisch verhärtet. Zusätzlich wurden Sie noch durch den sowjetischen Dichter Ilja Ehrenburg angestachelt. „Merke dir Soldat! Dort in Deutschland versteckt sich der Deutsche, der dein Kind gemordet, deine Frau, Braut und Schwester vergewaltigt, deine Mutter, deinen Vater erschossen, deinen Herd niedergebrannt hat“, rief er den Soldaten der Roten Armee zu. Seine daraus fol-

Adolf Hitler am 5. Mai 1937 beim Stapellauf der *Wilhelm Gustloff* in Hamburg. Links neben ihm der Führer der Deutschen Arbeitsfront, Robert Ley.

gende Aufforderung fiel auf fruchtbaren Boden bei den nun ins Deutsche Reich strömenden Männern, welche von vielen völlig unschuldigen deutschen Opfern ihrerseits als „mongolische Bestien“ wahrgenommen wurden. Ilja Ehrenburg: „Geh mit unauslöschlichem Hass gegen den Feind vor. Deine heilige Pflicht ist es, um der Gerechtigkeit willen und im Namen des Andenkens an die von den faschistischen Henkern Hingemordeten, in die Höhle der Bestie zu gehen und die faschistischen Verbrecher zu bestrafen. Das Blut unserer im Kampf gefallenen Kameraden, die Qualen der Gemordeten, das Stöhnen der lebendig Begrabenen, die unstillbaren Tränen der Mütter rufen Euch zu schonungsloser Rache auf.“

## Traumschiff der Nazis

Es ist ein Uhr in der Nacht zum 24. August 1939, als der Funkspruch Kapitän Heinrich Bertram erreicht. Am nächsten Morgen gibt er nach dem Frühstück über Bordlautsprecher den Passagieren der *Wilhelm Gustloff* bekannt, dass er den Befehl hat, die Reise nach Norwegen abzubrechen und sofort auf Heimatkurs zu gehen. Große Enttäuschung macht sich breit unter den Menschen an Bord, die sich auf eine Urlaubsreise gefreut hatten. Erst zwei Tage vorher war das Schiff aus Hamburg ausgelaufen, und nun soll es schon wieder nach Deutschland heimkehren. Zwar liegt in diesen letzten Augusttagen über Europa schon die Vorahnung eines nahenden Krieges. Doch die Passagiere glauben zunächst, es handele sich um eine reine Vorsichtsmaßnahme – bis ihr Schiff auf der Rückfahrt kurzzeitig von einem englischen Zerstörer gestoppt wird.

Es ist die 50. und letzte Urlaubsreise der *Wilhelm Gustloff*. Eine kurze Karriere als Traumschiff liegt hinter ihr. Exakt 526 Tage zuvor war sie von ihrem Heimathafen Hamburg aus auf ihre erste Fahrt gegangen. Nach einer Probefahrt war es damals nach Madeira, später dann nach Norwegen, in die atemberaubende Welt der Fjorde, gegangen.

Für die nationalsozialistische Führung ist die *Gustloff* nicht irgendein Schiff. Sie gilt ihr als Inbegriff des neuen Deutschlands. Ihre Bedeutung für die NS-Propaganda zeigte sich schon bei der Taufe am 5. Mai 1937. Adolf Hitler selbst kommt unter großem Jubel der Hamburger in die Hansestadt, um dem Ereignis beizuwohnen. Die Taufe nimmt die Witwe des Namensgebers vor, eines NS-Funktionärs in der Schweiz, der im Jahr zuvor in Davos von einem jüdischen Medizinstudenten ermordet worden und unter großem Pomp in seiner Heimatstadt Schwerin begraben worden war. (Siehe Seiten 39–44.)

Gebaut worden war das Schiff von der Hamburger Werft Blohm & Voss für die Organisation *Kraft durch Freude* (KdF). Dabei handelt es sich um eine Unterorganisation der *Deutschen Arbeitsfront*. Diese war nach der Auflösung der freien Gewerkschaften durch die neuen Machthaber entstanden und hatte sich auch gleich deren gesamtes Vermögen einverleibt. Leiter der Deutschen Arbeitsfront und damit auch der KdF-Organisation ist

Robert Ley, ein Nazi fast der ersten Stunde, der bereits 1925 Gauleiter der Rheinprovinz wurde und mehr als notorischer Trinker denn als harter Arbeiter gilt. Am 26. Oktober 1945 erhängt er sich kurz vor der Eröffnung des Nürnberger Kriegsverbrecherprozesses in Gefangenschaft.

Die *Deutsche Arbeitsfront* soll nach Nazi-Lesart die Unterschiede zwischen den Klassen überbrücken, weswegen nicht nur Arbeitnehmer, sondern auch Arbeitgeber Zwangsmitglieder werden. *Kraft durch Freude* ist zuständig für die Freizeitgestaltung der Deutschen. Theaterbesuche oder Sportveranstaltungen werden ebenso organisiert wie Tagesausflüge oder Urlaubsreisen für Arbeiter, die sich einen teuren Urlaub normalerweise nicht leisten können. Zu eben diesem Zweck werden auch Kreuzfahrtschiffe wie die *Wilhelm Gustloff* oder kurze Zeit später die noch etwas größere *Robert Ley* gebaut. Das Ziel dieser Aktivitäten ist indes einerseits, die Arbeiterschaft mit dem Nationalsozialismus zu versöhnen, und andererseits, dem deutschen Volk Leistungskraft zu verleihen, um dadurch letztendlich die volkswirtschaftliche Produktion anzukurbeln. Das ganze Programm soll der „Veredelung des deutschen Menschen" dienen.

So hebt Ley bei der Taufe der *Wilhelm Gustloff* auch hervor, dass der Staat für seine Arbeiter nicht alte Schiffe verwende, sondern ein neues, großes baue. Der Tag der Taufe sei, tönt Ley, „für den Kritiker von draußen der klarste Beweis dafür, dass sich in Deutschland alles gewandelt hat, dass wir nicht mehr mit Wirtschaftskämpfen, Tarifverhandlungen, Lohnverhandlungen, Konferenzen, Parlamenten und Tagungen unsere Zeit vertrödeln, sondern dass wir ein neues soziales Deutschland bauen".

Wichtig ist den Nationalsozialisten vor allem auch, dass die *Gustloff* ein „klassenloses" Schiff sei. „Es war die Zeit der großen Atlantikdampfer, als britische, französische und amerikanische Schiffe mit ihren luxuriös ausgestatteten Kabinen Erster Klasse und den wesentlich spartanischeren Unterkünften für die Passagiere Dritter Klasse ein lebendiges Symbol für die Klassenunterschiede der kapitalistischen Welt waren. Die *Wilhelm Gustloff* aber war der nachdrückliche Beweis, dass Hitler-Deutschlands Wertschätzung den Arbeitern und Parteigenossen galt", urteilen die englischen Journalisten Dobson, Miller und Payne in ihrem Buch über die *Wilhelm Gustloff*.

Allein die Maße und die Ausstattung des Traumschiffs lassen die Herzen der Deutschen, die Berichte in den Wochenschauen sehen oder gar das Glück haben, selbst eine Reise mit dem Schiff zu machen, höher schlagen. Mit seinen 25 484 Bruttoregistertonnen und einer Länge von 208,5 Metern ist es das größte bis dahin gebaute Kreuzfahrtschiff der Welt. Es ist 23,5 Meter breit, 56 Meter hoch und hat einen Tiefgang von sieben Metern. Der 13 Meter hohe Schornstein ist nur eine Attrappe, denn der Riese ist in Wahrheit ein Motorschiff.

Die *Wilhelm Gustloff* verfügt über insgesamt zehn Decks. Auffallend ist das Sonnendeck, weil es absolut frei von Aufbauten ist. Es dient auch als Sport- und Versammlungsdeck und besitzt eine Wasserberieselungsanlage, eine Laube und eine Turnhalle. Auf einer Fläche von 18 mal 60 Metern finden 4000 Menschen einen Stehplatz. Im unteren Promenadendeck befinden sich die Festhalle, der Trachtensaal, der Wintergarten, die Musikhalle und der Deutschlandsaal. Sieben Bars gibt es, die im NS-Jargon „Schänken" genannt werden. Im unteren Promenadendeck können die Passagiere spazierengehen, auch bei weniger gutem Wetter, denn das Deck ist verglast. Wer es dreimal umlaufen hat, hat eine Wegstrecke von einem Kilometer zurückgelegt. Darüber hinaus sind eine Fleischerei, eine Bäckerei, eine Wäscherei, ein Bordkrankenhaus und eine Bücherei mit 1500 Bänden vorhanden, außerdem eine Jugendherberge mit 60 Plätzen und ein Schwimmbad.

Auf dem Schiff finden 1465 Passagiere Platz, hinzu kommen rund 460 Besatzungsmitglieder. Für die Passagiere stehen 461 Kammern mit 1505 Kojen zur Verfügung, die Besatzung verteilt sich auf 155 Kammern. Ganz korrekt ist die Behauptung, die *Wilhelm Gustloff* sei ein klassenloses Schiff, übrigens nicht. Für den „Führer" und Robert Ley werden luxuriös ausgestattete Kabinen bereitgehalten. Einige sind eben auch in Nazi-Deutschland gleicher als die anderen. Hitler allerdings nutzt seine Kabine in der kurzen Zeit der Traumschiffreisen nicht.

Die Kosten für die Reisen sind für jeden deutschen Arbeiter tragbar. Ganze 50 Reichmark kostet die Teilnahme an der fünftägigen Fahrt in die Fjorde Norwegens. Die Anreise nach Hamburg wird ebenfalls stark verbilligt angeboten. Aussteigen dürfen die Urlauber in den norwegischen Häfen allerdings nicht. Das „Dritte Reich" ist knapp an Devisen und so soll unbedingt vermieden werden, dass deutsche Urlauber im Ausland Geld ausgeben. Im Winter verlegt die *Wilhelm Gustloff* ihren Basishafen nach Genua, von wo aus sie zu Reisen ins Mittelmeer startet.

Einige Sonderaufträge hat das Schiff in dieser Zeit zu bewältigen. Zum Beispiel als schwimmende Wahlurne auf der Themse vor London bei der Volksabstimmung über den Anschluss Österreichs. Oder als Truppentransporter, der die deutsche Legion Condor aus dem spanischen Bürgerkrieg wieder heim ins Reich holt. Vor allem in Großbritannien erfreut sich das deutsche Schiff großer Berühmtheit, nachdem es die Besatzung eines Frachters gerettet hat, deren Schiff im Kanal in einen Sturm geraten und gekentert war.

Im September 1939 ist es vorbei mit dem schönen Schein der neuen Nazi-Welt. Am 1. September entfesselt Hitler den Zweiten Weltkrieg. Die *Wilhelm Gustloff* wird ebenso wie die *Robert Ley* zu „Großen Lazarettschiffen“ umgewandelt. Das bringt personelle Veränderungen und einen Umbau des Schiffes mit sich. Ein großer Teil der Handelsschiffsbesatzung wird ausgetauscht gegen Ärzte, Schwestern und Sanitätspersonal. Das Schiff wird mit 500 Betten und Betreuungsmöglichkeiten für Verwundete ausgerüstet. Im Oktober läuft es auch die Westerplatte vor Danzig an, wo wenige Wochen zuvor der Krieg begann.

Doch auch dieser Einsatz ist nur von kurzer Dauer. Ende 1940 noch siegt die deutsche Wehrmacht an allen Fronten, wird die *Wilhelm Gustloff* nach Gotenhafen-Oxhöft verlegt. Die Kriegsmarine hat einen großen Teil ihrer U-Boot-Ausbildungszentren in die Ostsee verlagert. Hier ist vom Krieg fast nichts zu spüren, die Lage ist ruhig. Bis zu ihrem Einsatz als Flüchtlingsschiff im Januar 1945 liegt sie nun als Wohn- und Schulungsschiff vor Anker. 1000 U-Boot-Schüler werden hier gleichzeitig in dreimonatigen Kursen unterrichtet, ehe sie in den Kriegseinsatz gehen. „Mehr als vier Jahre lag sie in Gotenhafen am Kai, und ihr entsprang jener Strom von U-Boot-Männern, der England fast in die Knie gezwungen hätte", schreiben die Engländer Dobson, Miller und Payne. Die Kehrseite: Nach den Angaben der Briten fanden 90 Prozent der U-Boot-Männer den Tod im Kampf gegen die Alliierten.

Die neue Aufgabe bedeutet erneut Umbauarbeiten für die *Gustloff*. Auch der strahlend weiße Anstrich des Traumschiffs wird gegen einen tristen grauen Farbton ausgetauscht. Die Besatzung wird auf 150 Mann reduziert. Die nächste Zeit bleibt das Schiff tatsächlich von Feindberührung verschont – bis zum Oktober 1943, als die US-Luftwaffe Gotenhafen angreift. Das Lazarettschiff *Stuttgart*, das ebenfalls im Hafen vor Anker liegt, erhält einen Volltreffer, wird brennend aus dem Hafen gezogen und sinkt. Auch die *Gustloff* wird getroffen, die Außenhaut wird auf einer Länge von eineinhalb Metern aufgerissen. Das Schiff kann aber repariert werden. In diesem Zustand ist es, als Ende Januar 1945 der Befehl kommt, 1000 U-Boot-Schüler nach Westen und möglichst viele Flüchtlinge vor der heranrückenden Roten Armee in Sicherheit zu bringen, leicht eingeschränkt fahrtüchtig.

## „Diktator von Davos"

Fast genau neun Jahre zuvor, am 12. Februar 1936, drängeln sich mehr als 35 000 Menschen auf den Straßen von Schwerin. 16 Sonderzüge und hunderte Autobusse haben sie in die mecklenburgische Residenzstadt gebracht. An ihnen vorbei wird der Sarg mit Wilhelm Gustloff gefahren. Die Menschen sind erschienen, um einem Sohn der Stadt das letzte Geleit zu geben. Alle deutschen Rundfunksender übertragen die anschließende Veranstaltung in der Festhalle live. Der „Führer" hält die Trauerrede. Mag sein, dass er ehrlich erschüttert ist über den Tod eines Mitstreiters. Aber vor allem sieht die nationalsozialistische Führung die Chance zur Propaganda, die sich ihr wie auf einem Silbertablett darbietet und die Propagandaminister Joseph Goebbels kaum hätte besser erfinden können: Ein Nationalsozialist der frühen Stunde, hochgeschätzt vom „Führer", der ihn noch wenige Tage zuvor anlässlich des Jahrestages der „Machtergreifung" im kleinen Kreise empfing – umgebracht von einem Juden mit fünf Pistolenschüssen.

Das Problem ist nur: In der deutschen Bevölkerung kann mit dem Namen kaum jemand etwas anfangen. Wilhelm Gustloff lebte in der Schweiz, in Davos. Dort baute er seit 1930 die Strukturen der NSDAP auf, nachdem er ein Jahr zuvor in die Partei eingetreten war. Am 30. Januar 1933, Gustloffs 38. Geburtstag, ernannte Hitler ihn zum Landesgruppenleiter der Partei für die Schweiz. Immerhin galt er der Presse in der Alpenrepublik, die seine Aktivitäten kritisch beäugte, bald als „Diktator von Davos", und der Bundesrat debattierte über sein Handeln, ohne ihm gesetzeswidriges Auftreten nachweisen zu können. Zwar wurde die Verbreitung seiner Zeitung *Der Reichsdeutsche* verboten, doch eine Ausweisung Gustloffs scheiterte an Sympathisanten in der Schweizer Regierung. So muss die Führung in Berlin den ermordeten Parteigenossen erst einmal im Reich bekannt machen, um seinen Tod propagandistisch ausnutzen zu können. Das geschieht, indem Hitler eine dreitägige Staatstrauer ausruft. Jetzt erst erfahren die allermeisten Deutschen überhaupt von der Person Gustloffs.

Doch nun läuft die Propagandamaschine auf Hochtouren. Mit dem Staatsakt, der Staatstrauer und einer breiten Berichterstattung in den von Goebbels gesteuerten Zeitungen ist der Name plötzlich jedem Deutschen geläufig. „Das deutsche Volk hat einen Lebenden im Jahre 1936 verloren, allein einen unsterblichen für die Zukunft gewonnen", sagt Hitler in seiner Schweriner Trauerrede. Das gilt gewiss für die NS-Propaganda. Sie gibt denn auch ihrem ersten neu gebauten Luxusschiff den Namen des Parteigenossen aus der Schweiz.

Doch wie kam es überhaupt zu dem Mord von Davos? Und wer ist der jüdische Attentäter? Wilhelm Gustloff lebt seit 1917 in der Schweiz. Er ist wegen eines Lungenleidens nach Davos gezogen, wo er als Sekretär am Observatorium des physikalisch-meteorologischen Forschungsinstitutes arbeitet – eine deutsche Gründung, die später in eine Schweizer Stiftung umgewandelt wird. Politisch rechts, schließt er sich bereits 1921 dem deutschvölkischen Schutz- und Trutzbund an, bevor er 1929 in die NSDAP eintritt.

Wilhelm Gustloff (1895–1936),
NSDAP-Führer / 1935.

David Frankfurter (1909–1982),
Gustloff-Attentäter.

1933 wird sein späterer Mörder durch Zeitungsberichte auf Gustloff aufmerksam. David Frankfurter, Sohn eines Rabbiners aus Jugoslawien, war vor den Nationalsozialisten von Deutschland in die Schweiz, nach Bern, geflohen. Zuvor hatt er in Wien Medizin studiert, anschließend in Leipzig, Berlin und Frankfurt. Doch Deutschland wurde ihm als Jude rasch zu unsicher, so setzte er sich in die neutrale Schweiz ab. Ähnlich wie Gustloff belastet auch den inzwischen 26-jährigen David Frankfurter eine Krankheit: Seit seiner Geburt leidet er an einer Knochenhautentzündung. Er ist empört über Gustloffs Wirken in der Schweiz, und allmählich wächst in ihm der Gedanke, ihn umzubringen, um ein Fanal gegen die Nationalsozialisten zu setzen.

Am 30. Januar 1936, just an dem Tag, an dem Gustloff bei Hitler in Berlin zu Besuch ist, will Frankfurter seinen Plan umsetzen. Er besteigt einen Zug nach Davos, wo er am späten Nachmittag eintrifft. Hier entnimmt er den Zeitungen, dass sich sein potenzielles Opfer gar nicht in Davos aufhält. Er mietet sich in einem Hotel ein und wartet auf Gustloffs Rückkehr. Am 4. Februar ist es endlich so weit. Er begibt sich zu Gustloffs Haus, klingelt an der Tür. Gustloffs Frau öffnet ihm und bittet ihn ins Arbeitszimmer. Gustloff betritt wenig später den Raum. Wortlos, ohne zu zögern, holt Frankfurter seine Pistole aus der Manteltasche und schießt seinem Gegenüber fünfmal in Kopf und Brust. Anschließend verlässt er, ohne auf Gustloffs ins Zimmer stürzende Frau zu achten, das Haus und klingelt an der Tür der Nachbarn mit der Bitte, telefonieren zu dürfen. Er ruft die Polizeiwache

Überführung der Leiche Gustloffs in das Krematorium Schwerin (1936).

von Davos an und sagt: „Ich habe soeben Wilhelm Gustloff erschossen ...“

Der Prozess gegen David Frankfurter wird am 9. Dezember 1936 unter großem internationalem Aufsehen in Chur eröffnet. Fünf Tage später lautet das Urteil: 18 Jahre Zuchthaus. Nach dem Ende des Zweiten Weltkriegs wird Frankfurter vorzeitig entlassen.

## Untergang eines Riesen

Dem Furor der Roten Armee versuchen im Winter 1945 Millionen Deutsche zu entfliehen – auch über die Ostsee, auch auf der *Wilhelm Gustloff*. Korvettenkapitän Wilhelm Zahn kennt die Tücken seiner Aufgabe ganz genau. 15 Jahre hat er selbst als Kommandant auf U-Booten die Meere befahren. Jetzt soll er ein Schiff mit 10 500 Menschen an Bord durch die Ostsee nach Westen steuern – ohne dass die russischen U-Boote, die auf der Lauer liegen, um die „deutschen Faschisten“ zu töten, wo sie nur können, davon etwas mitbekommen. Dass die deutsche U-Boot-Aufklärung am 30. Januar 1945, als Zahns Schiff *Wilhelm Gustloff* Gotenhafen-Oxhöft verlässt, keine feindlichen U-Boote auf Strecke nach Westen gesichtet haben, kann ihn kaum beruhigen. Doch nach Tagen des Wartens will Zahn endlich ablegen, um seine menschliche Fracht möglichst rasch aus der Gefahrenzone zu schaffen. Die Rote Armee steht in den ersten Wochen des letzten Kriegsjahres buchstäblich vor der Tür, hat Gotenhafen bereits eingeschlossen.

Wer aus der Stadt heraus will, kann das nur noch über die See.

Am 30. Januar um 12.30 Uhr legt die *Wilhelm Gustloff* von Schleppern gezogen ab. Geleitschutz steht praktisch nicht zur Verfügung, nur drei Torpedofangboote sollen den 208 Meter langen Riesen begleiten. Wegen stürmischer See müssen zwei davon die Fahrt schon nach einer Stunde abbrechen. Vor der Halbinsel Hela ankert die *Wilhelm Gustloff*, bis Ersatz kommt – die *Löwe* und die *TF1* sollen Schutz gewähren. Auch die *TF1* muss bald die Fahrt abbrechen, so dass nur noch die *Löwe* übrig bleibt. „Ein Hund bewacht einen Riesen", knurrt daraufhin Kapitän Zahn. Doch er will unbedingt weiterfahren, denn die *Wilhelm Gustloff* ist eine noch leichtere Beute, wenn sie nicht in Bewegung ist. Das weiß auch der zivile Marinekapitän Friedrich Petersen – und stimmt seinem Kollegen vom Militär zu.

Auf der Kommandobrücke geht es unruhig zu, denn es gibt gleich vier Kapitäne und dazu Offiziere, die teils der Handelsmarine, teils der Kriegsmarine angehören. Für die Regelung der Kompetenzen war in den vorangegangenen Tagen, in denen die *Wilhelm Gustloff* zum Flüchtlingsschiff umgebaut und dann mit Tausenden von Menschen „beladen" wurde, keine Zeit. So beäugen sich jetzt die zivilen und die militärischen Marinevertreter auf der Brücke misstrauisch. Über wichtige Fragen herrscht Uneinigkeit: über die Route oder über die Geschwindigkeit zum Beispiel. Bei der Route setzt sich Petersen durch. Es gibt zwei Möglichkeiten: entweder die Küstenroute oder die einzig minengeräumte Tiefwasserroute, den sogenannten „Zwangsweg 58". Die erste hat den Vorteil, dass U-Boote nur wenige Meter zum Tauchen haben und daher relativ leicht auszumachen sind. Außerdem können sie wegen der geringen Entfernung zwischen Küste und Zielobjekt nur von der Seeseite her angreifen – womit die Landseite nicht geschützt werden muss. Der Nachteil: Ein großes Schiff wie die *Wilhelm Gustloff* läuft jederzeit Gefahr, auf Minen zu laufen und zu sinken. Diese Gefahr besteht beim Zwangsweg 58 nicht. Dafür kann das Schiff von beiden Seiten angegriffen werden. Trotzdem fällt die Entscheidung schließlich für diese Strecke.

Die Ostsee ist unruhig in dieser Nacht. Das Wasser ist mit nur zwei Grad eisig kalt, die Außentemperatur beträgt 18 Grad unter Null. Die Wellen, die auf die Decks brechen, lassen eine Eisschicht zurück, auf der kaum ein Halten ist. Schneetreiben sorgt für schlechte Sicht – doch schlechtes Wetter ist für die *Wilhelm Gustloff* gutes Wetter, weil sie für den Feind so schwieriger auszuspähen ist und man sich wegen Fliegerangriffen keine Sorgen machen muss.

Das riesige Schiff kämpft sich mit 12 Knoten durch die aufgewühlte, stürmische See. Gegen 18 Uhr, es ist schon dunkel, erreicht die Kommandobrücke ein Funkspruch, nachdem ein Minensuchverband auf direktem Gegenkurs ist. Was tun? Zahn setzt sich gegen andere Meinungen auf der Brücke durch und lässt die Positionslichter setzen, damit es nicht zu einer Kollision kommt. Nun ist die *Wilhelm Gustloff*, die zuvor völlig abgedunkelt gefahren war, weithin sichtbar. Später werden sich Gerüchte um diese mysteriöse Meldung ranken, denn ein Minensuchverband

Das Schwimmbad der *Wilhelm Gustloff*. Hier starben beim Einschlag eines der drei Torpedos 370 Marinehelferinnen.

wird nie gesichtet. Ein Irrtum? Vielleicht gar Verrat? Die Frage ist bis heute ungeklärt und wird es wohl auch bleiben. Um 19.30 Uhr jedenfalls werden die Positionslichter wieder ausgeschaltet, weil von einem entgegenkommenden Marinesuchverband nichts zu sehen ist.

Zu spät. Doch noch ahnt niemand an Bord, dass das russische U-Boot *S13* die Fährte des Riesen aufgenommen und sich an seine Schrauben geheftet hat. Die *Wilhelm Gustloff* selbst kann schon seit Stunden wegen atmosphärischer Störungen keine Funksprüche mehr empfangen. So wissen die Kapitäne nicht, dass inzwischen eine U-Boot-Warnung für ihren Bereich ausgegeben wurde. Und auf der *Löwe,* dem letzten verbliebenen Begleitschiff, ist das U-Boot-Ortungsgerät wegen Vereisung ausgefallen. Ein Hund bewacht einen Riesen? Angebrachter ist wohl dieser Vergleich: Ein blinder Hund bewacht einen tauben Riesen.

Geschickt ist die Taktik des U-Boot-Kapitäns Alexander Marinesko: Weil sein potenzielles Opfer auf der Seeseite von der *Löwe* begleitet wird, fährt *S13* von der Landseite so lange parallel zur *Gustloff*, bis es wegen seiner größeren Geschwindigkeit auf gleicher Höhe ist. Dann verkürzt es den Abstand von zunächst 2000 auf nur noch 700 Meter. Das ist nicht ungefährlich für die russische Besatzung, denn das Wasser auf der Küstenseite ist nur 30 Meter tief – zu wenig, um sich bei einem gegnerischen Angriff zu verstecken. Wie stark – oder besser: wie schwach – der Begleitschutz ist, weiß Marinesko nicht. Ebenso wenig, was für ein Schiff er da überhaupt vor seine Torpedorohre bekommen hat. Klar ist ihm nur, dass es irgendetwas ganz Großes sein muss, mit 20 000 Bruttoregistertonnen oder mehr. Ein toller Fang!

An Bord des deutschen Schiffes spricht gerade der „Führer“. Über Lautsprecher wird seine Rede zum Tag der „Machtergreifung“ exakt zwölf Jahre zuvor übertragen. Es ist Adolf Hitlers letzte öffentliche Rede, und sie endet mit dem Abspielen der Nationalhymne. Dann wird es auf dem Schiff allmählich ruhig. Vor allem Frauen, Kinder und Greise liegen überall in drangvoller Enge auf Matratzen und versuchen, Ruhe zu finden. Trotz der widrigen Umstände sind sie nach tagelanger Flucht durch den eisigen Winter und nach ausgestandenen Todesängsten froh, auf dem Schiff zu sein, mit warmen Essen versorgt zu werden und ein festes, wenn auch schwankendes Dach über dem Kopf zu haben. Das wichtigste: Sie fühlen sich sicher, wähnen sich auf dem Weg in den Westen, wo sie hoffen, den Amerikanern und Engländern in die Hände zu fallen und den Russen zu entkommen.

Um 21.15 Uhr ist es vorbei mit der trügerischen Ruhe. Die *Wilhelm Gustloff* wird von drei Torpedos der *S13* getroffen. Die Torpedos, denen die U-Boot-Mannschaft liebevoll Namen wie *Für Leningrad, Für das sowjetische Volk* und *Für das Mutterland* gegeben haben, landen Volltreffer. Nur *Für Stalin* bleibt im Rohr stecken. Eine todgefährliche Situation für *S13*, denn *Stalin* kann bei der kleinsten Erschütterung explodieren und alles an Bord zerfetzen. Später gelingt es der Besatzung jedoch, *Stalin* zu entschärfen.

Die *Wilhelm Gustloff* ist tödlich getroffen. Die drei Torpedos sind knapp unter der Wasseroberfläche eingeschlagen. In den unteren Decks werden auf Befehl von Kapitän Zahn sofort die Schotten geschlossen, um ein schnelles Sinken zu verhindern. Für die Menschen dort ist das gleichbedeutend mit einem Todesurteil, denn sie können nicht mehr entfliehen und ertrinken als Erste.

Noch schneller trifft es nur die 372 jungen Marinehelferinnen, die im ehemaligen Schwimmbad des Schiffes untergebracht sind. Es liegt unterhalb der Wasseroberfläche und bekommt einen Volltreffer. Die allermeisten der Mädchen sind vermutlich auf der Stelle tot. Nur von zweien ist bekannt, dass sie überlebt haben.

Weiter oben aber beginnt der Überlebenskampf. Nach den drei von den Torpedos verursachten lauten Detonationen versuchen die Menschen auf die oberen Decks zu gelangen, in der Hoffnung, auf ein Rettungsboot zu kommen. Panik macht sich breit, wer stürzt, wird einfach totgetreten. Dramatisch die Situation im unteren Promenadendeck, das mit seinem Glasdach zur tödlichen Falle für rund 1000 Menschen wird. Sie werden beim Versuch, nach oben zu gelangen, dorthin abgedrängt – und erkennen bald, dass sie bei lebendigem Leibe in einem gläsernen Sarg gefangen sind. Denn das Dach ist unzerstörbar, auch Pistolenschüsse helfen nicht. Die Soldaten lassen die Menschen aber nicht heraus und schießen sogar in die Menge, weil oben ohnehin kein Platz für noch mehr Flüchtlinge ist. Als das Wasser in das Deck eindringt, ertrinken die Gefangenen jämmerlich.

Sehr rasch hat die *Wilhelm Gustloff* eine starke Neigung nach Backbord und nach vorne. Dort bietet sich ein erschreckender Anblick: Mehrere Decks sind durch die Torpedotreffer einfach weggerissen worden. Der Bug senkt sich rasch nach vorne ins Wasser, riesige Wellen brechen über das Schiff hinweg und reißen die Menschen von den rutschigen, vereisten Decks in die eiskalte See. Andere retten sich mit großer Mühe in Boote oder auf Flöße. Manch einer kämpft nicht nur gegen das Wasser, sondern auch gegen andere Passagiere, um zu überleben.

Nach 62 Minuten ist der Todeskampf der *Wilhelm Gustloff* beendet. Der Riese versinkt im Meer – nicht ohne einen letzten Aufschrei gegen diesen schrecklichen Krieg: Im letzten Augenblick heulen die Sirenen und alle Lichter auf dem Schiff erleuchten.

## Wettlauf mit dem Tod

Als erste empfängt die *Hansa* den SOS-Ruf der *Wilhelm Gustloff*. Auf der Brücke des Füchtlingsschiffes, das noch immer vor Hela festliegt, löst das Signal blankes Entsetzen aus. Viele Familien wurden in Gotenhafen beim Besteigen der Schiffe auseinandergerissen, und auf der *Hansa* befinden sich viele Menschen, deren Mütter, Großeltern oder Geschwister nun gerade auf der *Wilhelm Gustloff* um ihr Leben und gegen die eiskalte See kämpfen. So wird das Ereignis an Bord als Geheimnis behandelt und nicht bekanntgegeben. Zu groß ist sonst, so die Befürchtung der Schiffsleitung, die Gefahr, dass eine Panik ausbricht.

Auch der Schwere Kreuzer *Admiral Hipper*, der begleitet wird vom Torpedoboot *T36*, empfängt das Signal. Die beiden Schiffe sind am frühen Abend von Gotenhafen aus Richtung Westen losgefahren und erreichen gegen 21.30 Uhr die Stelle, an der die *Gustloff* sinkt. Als die *Amiral Hipper* an der Unglücksstelle eintrifft, stoppt sie indes nur kurz – und setzt dann zum Entsetzen der im eiskalten Wasser schwimmenden Schiffbrüchigen ihre Fahrt fort. Sie hat selbst 1500 Flüchtlinge an Bord und wäre eine leichte Beute für das U-Boot, das die *T36* noch immer ganz in der Nähe ortet.

Die *Löwe*, das einzige Begleitschiff der *Wilhelm Gustloff*, beginnt bereits zwanzig Minuten nach den Torpedotreffern, unter dem Befehl ihres Kommandanten Kapitänleutnant Paul Prüfe, Schiffbrüchige an Bord zu nehmen. Eine schwierige Arbeit, denn die See ist eiskalt, der Wellengang hoch und die Menschen in Todesangst. Besonders die Frauen haben oftmals dicke Pelzmäntel an, die mit Wasser vollgesogen sind und die sie extrem schwer machen.

Um 22.15 Uhr erreicht auch die *T36* den Unglücksort. Das Schiff ist selbst mit 250 Menschen eigentlich voll, doch für die Mannschaft ist es keine Frage, dass sie Hilfe leisten muss. Wegen der noch immer drohenden U-Boot-Gefahr dreht sich *T36* ständig so, dass Bug und Heck immer in Richtung des georteten U-Bootes zeigen – eine große zusätzliche Nervenbelastung für die Mannschaft, die nicht das gleiche Schicksal wie die der *Wilhelm Gustloff* erleiden möchte. Um 0.25 Uhr, das Schiff ist längst zum Bersten gefüllt mit Menschen, entfernt sich *T36*, nachdem sie tatsächlich von einem U-Boot angegriffen worden ist.

Nun wird es an der Untergangsstelle allmählich ruhiger. Diejenigen, die bis jetzt noch nicht gerettet sind und noch immer auf Flößen aushalten, verlieren zusehends die Kraft, um nach Hilfe zu rufen. Diejenigen, die im kalten Wasser ausharren mussten, sind längst erfroren. Plötzlich taucht die *Gotenland* an der Unglücksstelle auf. Niemand an Bord ahnt etwas von dem Unglück, weil das SOS-Signal das Schiff nicht erreicht hat. Doch rasch wird der Besatzung klar, was passiert ist – überall schwimmen Flöße und tote Menschen. Das Schiff transportiert selbst 3300 Flüchtlinge, doch die Besatzung der *Gotenland* versucht ebenso wie die Besatzungen der zwei Begleitschiffe *M341* und *M387*, Menschenleben zu retten. Ebenso wie die *Göttingen*, die gegen 1.30 Uhr die Stelle erreicht. Auch ihre Mannschaft ist völlig ahnungslos, weil sie kein Funkspruch erreicht hat. Sie setzt zwei Rettungsboote aus. Doch zu dieser Zeit sind nach Einschätzung von Heinz Schön nur noch rund zehn Prozent der Menschen, die noch nicht von einem der Schiffe gerettet wurden, am Leben. Aber auch die Männer auf der *Göttingen*, die selbst 2436 Verwundete und 1190 Flüchtlinge an Bord hat, ziehen noch Schiffbrüchige aus dem Wasser.

Auch das Minensuchboot *M375*, das noch später zum Ort des Geschehens kommt, rettet noch den einen oder anderen, doch zu diesem Zeitpunkt sind die allermeisten Menschen, die an Bord der *Wilhelm Gustloff* waren, schon tot oder wurden zum wesentlich geringeren Teil gerettet. Um 5.15 Uhr wird die Suche nach Überlebenden eingestellt. Doch dann geschieht das Unglaubliche: Das Vorpostenboot *1703*, das als letztes an die Unglückstelle gelangt, findet auf einem Floß zwischen Toten ein Bündel aus Decken. Darin eingewickelt ist ein etwa einjähriger Junge – und er lebt.

Die *Löwe* hat am Ende 472 Menschen gerettet, die *T36* 564, die anderen Schiffe weniger. Sie werden nach Kolberg, Sassnitz und Swinemünde gebracht. Insgesamt, so hat Heinz Schön errechnet, haben 1239 Schiffbrüchige überlebt. Von den 10 582 Menschen an Bord fanden 9343 den Tod, darunter etwa 5000 Kinder.

## U-Boot-Kapitän auf Abwegen

Am 2. Januar soll es endlich losgehen. Das letzte Kriegsjahr bricht an, die deutschen Truppen sind an der Westwie an der Ostfront auf dem Rückzug, Stalin will in zehn Tagen zum großen Sturm auf Berlin blasen. Das ist die Chance für die Mannschaft der *S13*. Das U-Boot der russischen Ostseeflotte liegt im finnischen Hafen Turku. Lange mussten die Matrosen untätig warten, schon der bisher ruhige Kriegsverlauf in der Ostsee bot kaum Chancen zur Profilierung. Nun aber ist der Tag da, an dem *S13* die Deutschen jagen soll, die zu Hunderttausenden vor der Roten Armee über die See nach Westen fliehen – Soldaten wie Zivilisten.

Nur einer fehlt, und zwar ausgerechnet der Kapitän. Alexander Marinesko, Kapitän 3. Ranges, ist verschollen, seit Tagen schon. Wo er ist, was er treibt – niemand weiß es. Die stets wachsamen und misstrauischen Leute vom *NKWD*, dem Volkskommissariat für innere Angelegenheiten, haben sofort einen schlimmen Verdacht: Spionage. Ein sowjetischer Kapitän verlässt nicht einfach sein Schiff. Schon gar nicht in einem Land, das wie Finnland noch vor kurzem zu den Kriegsgegnern der Sowjetunion gehörte. Da drängt sich der Verdacht, Marinesko arbeite mit deutschen oder auch amerikanischen und englischen Spionen zusammen, geradezu auf.

Die Wahrheit ist wohl viel banaler. Der 31-jährige Kapitän ist bekannt als notorischer Frauenheld und Trinker. Er begeht an den Tagen seines Verschwindens die Sünden, die so manch ein Seemann auf der ganzen Welt vor und nach ihm begangen hat. Er treibt sich in den Bordellen der Hafenstadt herum, vergnügt sich mit den Damen vom Gewerbe und begießt seine Eroberungen mit Pontikka, gegen den Wodka sanft wie Muttermilch sein soll.

Nur mit Mühe entkommt Marinesko mit Hilfe seines Vorgesetzten und seiner Mannschaft, die eine Petition zu seinen Gunsten einreicht, den Fängen des *NKWD.* Vorerst. Denn von nun an steht er auf der Liste der verdächtigen Personen. Dass der gewiefte, aber nicht sonderlich intelligente Kapitän spätestens für die Zeit nach dem Krieg für die Einlieferung ins Straflager vorgesehen ist, ahnt er nicht. Er glaubt, mit guten Leistungen – also dem Abschuss möglichst vieler deutscher Schiffe mit möglichst vielen „Faschisten" – könne er nicht nur der drohenden Verschleppung auf den Archipel Gulag entgehen, sondern sich zugleich für Auszeichnungen, Lob und höhere Aufgaben empfehlen.

Marineskos Tochter Leonora hat übrigens in entscheidenden Punkten andere Versionen parat als die Heinz Schöns oder der Briten Dobson, Miller und Payne. Demnach habe sich ihr Vater in der Silvesternacht 1944 im finnischen Hafen Hanko in die schwedische Wirtin des Gasthauses verliebt, in dem er mit anderen russischen Seeleuten gefeiert habe. Nach einer Schlägerei zwischen Finnen und Russen seien die russischen Seeleute zurückgerufen worden. Nur einer sei geblieben: Alexander Marinesko, der sich um die schöne Schwedin gekümmert habe. Ein Frauenheld und Trunkenbold sei er erst nach der Entlassung aus der Armee geworden.

Das Wilde liegt jedenfalls offenbar in seiner Natur. Geboren als Sohn einer ukrainischen Mutter und eines rumänischen Vaters in Odessa am Schwarzen Meer, lernt der junge Alexander rasch, sich in einer schwierigen Zeit durchzuschlagen. Odessa: Die zu Zarenzeiten mondäne Hafenstadt mit ihren vielen Palästen und großen Kirchen leidet schwer unter dem russischen Bürgerkrieg. Armut breitet sich infolge der Oktoberrevolution aus. Getreu seiner Lebensregel – „Wer essen will, muss wissen, wie man die Ärmel einer Weste verkauft" – schlägt er sich im Hafenviertel mit Diebstählen durch oder taucht nach Münzen, welche die Passagiere der Luxusdampfer, die bald nach der Revolution wieder in Odessa festmachen, ins Wasser werfen. Nur mit der Schule hat er es nicht so. Als er sie 1928, mit 15 Jahren verlässt, kann er schreiben und lesen – viel mehr wohl nicht.

Doch schließlich findet er Arbeit als Schiffsjunge auf einem Frachtschiff. Er fällt einem Beamten auf, der ihm einen Platz im Marineinstitut von Odessa verschafft. Dann wird er Maat auf dem Küstendampfer *Schwarzes Meer*. Ein eigentlich unglücklicher Zufall gibt ihm die Chance zur Profilierung – und zum Karriesprung. Als vor der

Hafenstadt Skadowsk ein Torpedoboot im Sturm kentert, rettet er mutig die Mannschaft vor dem Tod. Als Folge holt ihn die Marine in ihre Reihen. Er bekommt eine Navigationsausbildung und wechselt dann zur U-Boot-Flotte.

Das ist knapp neun Jahre her, als am 11. Januar 1945, einen Tag vor Beginn der russischen Offensive, *S13* endlich in See sticht – mit Marinesko als Kapitän. Für seinen Job ist der erste Mann an Bord genau der richtige. Er gilt seinen Vorgesetzten als Menschenführer, bei seiner Mannschaft ist er beliebt. Die Männer haben Respekt vor ihm und mögen ihn zugleich, weil er keine Schranken zwischen sich und ihnen aufbaut. Er duzt seine Leute, nennt sie beim Vornamen anstatt bei ihrem Dienstgrad. Zugleich hat er sich Eigenschaften angeeignet, die für einen U-Boot-Kapitän im Kampf gegen einen Feind sehr wertvoll sind. Er gilt als gewitzt, frech, verfügt über eine schnelle Auffassungsgabe, wenn es um das Belauern des Feindes geht, das Angreifen oder das Ausweichen, Verstecken, Verbergen. Er ist geschickt, mutig und besessen von dem Gedanken, sich dem „faschistischen Feind" überall in den Weg zu stellen, wo er ihn trifft, um ihn auszurotten.

Nur: Er trifft ihn lange Zeit gar nicht. Wie schon im Jahr zuvor, ist Marineskos Suche nach deutschen Schiffen zunächst nicht von Erfolg gekrönt. Er streift durch die Ostsee, taucht auf, taucht ab, lauert – alles vergeblich. Allmählich wird die Mannschaft unruhig vom Nichtstun, es muss etwas geschehen. Da endlich kommt es am Abend des 30. Januar 1945 zu der schicksalhaften Begegnung mit der *Wilhelm Gustloff*.

Wen und was er in dieser Nacht in der eisigen Ostsee abgeschossen hat, weiß Marinesko zunächst gar nicht. Er meldet an das Marinehauptquartier in Kronstadt, einen Dampfer mit mindestens 20 000 Tonnen versenkt zu haben. Ob er und seine Mannschaft etwas von der Tragödie, die sich nach dem Abschuss abspielt, mitbekommen, ist unklar. In Kronstadt ist man skeptisch und traut Marineskos Angaben nicht. Schließlich hatte er sich im Vorjahr schon einmal hinsichtlich der Größe eines versenkten deutschen Schiffes stark verschätzt. *S13* bleibt nach dem Abschuss der *Gustloff* auf See und versenkt im Februar auch noch das Lazarettschiff *Steuben.* Dann kehren der Kapitän und seine Mannschaft nach Turku zurück.

Dort erwartet ihn eine böse Überraschung. Nicht nur, dass die Marineführung die Abschüsse der *Wilhelm Gustloff* und der *Steuben* nicht bestätigt beziehungsweise anerkennt oder auch nur in ihren Berichten notiert. Sie verweigert ihm auch, worauf er einen Anspruch zu haben glaubt: den Orden „Held der Sowjetunion", der weniger als 12 000-mal verliehen wurde. Stattdessen fühlt er sich mit einer untergeordneten Auszeichnung, die im „Großen Vaterländischen Krieg" 250 000-mal vergeben wurde, abgespeist. Das will Marinesko nicht akzeptieren. Hat er nicht Tausende deutsche „Faschisten" getötet? Hat er dafür nicht eine echte Auszeichnung verdient?

Kurze Zeit darauf ist der Krieg zu Ende, Deutschland hat kapituliert. Marinesko will seinen persönlichen Kampf aber nicht aufgeben. Er kämpft weiter um seinen Orden. Und mehr noch: Er schreibt eine Abhandlung über Mängel und Fehler in der sowjetischen U-Boot-Flotte und hofft, sie werde zu einem Standardwerk für künftige Generationen von U-Boot-Schülern. Solch ein kritisches Werk lesen die oberen Stellen in der Marineführung indes gar nicht gerne. Seine Freunde warnen ihn davor, es einzureichen. Mit guten Grund – aber vergeblich. Schon bald kommt die Quittung: Marinesko wird zum Oberleutnant degradiert und verliert sein Schiff. Exakt ein Jahr nach dem Abschuss der *Wilhelm Gustloff* wird er aus der Marine entlassen.

Doch nun beginnt der Abstieg des ehemaligen *S13*-Kapitäns erst richtig. Er nimmt einen Arbeitsplatz in einem Lager für Baumaterial in Leningrad an und beschuldigt schon bald den Leiter der Korruption. Es ist sehr gut möglich, dass die Vorwürfe wahr sind. Leningrad hungert noch immer nach allem, zugleich gehört Bestechung von Staatsvertretern und Leuten auf wichtigen Posten zum Alltag. Doch in diesem Streit ist Marinesko der Schwächere. Der Direktor der Firma dreht den Spieß einfach um, und Marinesko wird selbst zum Angeklagten. Das Urteil ist hart: Weil er angeblich Staatseigentum gestohlen hat (er ließ beschädigtes Baumaterial an Mitarbeiter verschenken), wird er für drei Jahre in das berüchtigte Lager Kolyma geschickt. Im tiefsten Sibirien bei Temperaturen bis zu minus 60 Grad und Bedingungen, die eher auf die Vernichtung der Häftlinge denn auf ihre Arbeitskraft zielen, sind das grauenvolle Aussichten. Bei der Verurteilung hat wohl auch eine Episode aus seiner Vergangenheit eine Rolle gespielt: die Vorgänge um sein mehrtägiges Verschwinden in Turku um die Jahreswende 1944/45. So gelangt Marinesko doch noch dahin, wo ihn der *NKWD* ohnehin schon damals hatte sehen wollen.

Erst 1955, zwei Jahre nach Stalins Tod, kommt Marinesko frei. Er wird wieder in die Partei aufgenommen – eine Quasi-Rehabilitation. Schließlich sorgt ausgerechnet – welch Ironie – die Moskauer Aufführung des deutschen Films „Nacht fiel über Gotenhafen" über die Versenkung der *Wilhelm Gustloff* auch für seine Rehabilitation als U-Boot-Kapitän, berichtet Heinz Schön. Nun plötzlich bekommt er eine Vitrine im größten Marinemuseum der Sowjetunion in Leningrad. Hinweise auf die getöten Zivilisten fehlen gänzlich. *S13* habe einen Truppentransporter versenkt, so lautet die offizielle Version. In einem Buch aus dem Jahre 1967 wird die Versenkung der *Gustloff* als „beispiellose Heldentat" bezeichnet. Für Alexander Marinesko kommt diese Ehrung zu spät – er stirbt 1963 an Krebs und wird in Leningrad beigesetzt.

Ausgerechnet zum Ende der Sowjetunion, während der Gorbatschow-Ära, geschieht das, worauf Marinesko selbst so lange gehofft hatte. Am 8. Mai 1990, 45 Jahre nach Ende des Krieges und 27 Jahre nach seinem Tod, wird er auf Bestreben eines eigens gegründeten Komitees von Präsident Michail Gorbatschow zum „Helden der Sowjetunion" ernannt. Sicher kein Beitrag zur Verständigung zwischen Deutschen und Russen, die sich einander im Krieg so viele schreckliche Dinge – beginnend mit den deutschen Gräueltaten auf sowjetischem Boden – angetan haben. Ebenso wenig wie die Tatsache, dass Kaliningrad, einst unter dem Namen Königsberg eine deutsche Stadt, einen Teil des Pregelufers nach Marinesko benannt und ein Marinesko-Denkmal errichtet hat oder dass die Marineschule in Odessa seinen Namen trägt. In Russland ist noch heute die weitgehend akzeptierte Version in Umlauf, nach der auf der *Wilhelm Gustloff* „3800 deutsche Soldaten und 6000 Offiziere samt Familien" vernichtet worden seien, wie die Zeitung *Moskowskij Komsomolez* im Januar 2005 schreibt.

Wie empfindlich viele Russen auf Kritik an dem Denkmal reagieren, musste im Jahr 2003 auch der Literaturnobelpreisträger Günter Grass erleben. Der deutsche Schriftsteller hatte in einem Vortrag in Kaliningrad die Meinung vertreten, es mache „keinen Sinn, noch immer über Heldentaten zu reden, wenn es um diese Art von Opfern geht". Es gebe keinen Grund, Marinesko ein Denkmal zu bauen. Für Viktor Germanow, einen russischen Autoren, der ein Buch über Marinesko schrieb, und Vorsitzender der örtlichen Marinesko-Gesellschaft ist, eine „übelriechende Provokation". Überhaupt gebe es in Grass' Novelle „Im Krebsgang" eine ganze Reihe von Fehlern. So sei zum Beispiel die Darstellung von toten Kindern, die kopfunter im Wasser trieben, „psychologisch übertrieben". Bizarr mutet Germanows These an, dass es zur der Katastrophe überhaupt nicht gekommen wäre, wenn die *Wilhelm Gustloff* von Begleitschiffen beschützt worden wäre. Für Oleg Schtscheblykin, Offizier der Baltischen Flotte, ist „Marineskos Heldentat" bis heute ein „leuchtendes Beispiel für die russische Marine". Immerhin betont der Militär aber, dass auch die unschuldig zu Tode gekommenen Opfer des deutschen Volkes Opfer seien, denen gegenüber man nicht gleichgültig sein sollte.

# Das Inferno überlebt

Heinz Schön

## Erinnerung als Lebenswerk

Die *Wilhelm Gustloff* kennt Heinz Schön schon lange, als er das erste Mal im Februar 1944 vor dem Stahlkoloss mit seinen beeindruckenden Maßen steht. Schon als Junge hat sich der inzwischen 18-Jährige für die Schifffahrt interessiert – klar, dass er die Berichte über das *KDF*-Schiff, den Stolz der Nazis, intensiv verfolgte. Doch nun ist er enttäuscht: Statt strahlend weiß ist es im tristen Grau angemalt, statt stolz über die Meere zu fahren, liegt es angetaut an der Pier in Gotenhafen-Oxhöft. Bekommt Strom, Wasser und Wärme über Leitungen vom Land. Aber Heinz hat eine Hoffnung: Der Endsieg im schon Jahre andauernden Ringen mit so vielen anderen Mächten der Welt wird Deutschland gehören, dem

„Dritten Reich", dem „Führer". Daran kann es keinen Zweifel geben – auch Anfang Februar 1944 nicht, da sich die Wehrmacht schon an nahezu allen Fronten auf dem Rückzug befindet und viele deutsche Städte bereits schwer unter den Fliegerangriffen der alliierten Kriegsgegner leiden. Heinz glaubt fest daran. Mehr noch: Er weiß es mit der Gewissheit eines Jugendlichen, der 1926 geboren wurde und von seiner Kindheit an der nationalsozialistischen Propaganda- und Erziehungsmaschinerie ausgesetzt war. Und nach dem Sieg, auch daran glaubt Heinz fest, würde er, der junge Zahlmeister-Assistent der *Hamburg-Südamerikanischen Dampfschifffahrtsgesellschaft*, kurz *Hamburg Süd*, über die Weltmeere fahren. Auf der *Wilhelm Gustloff*.

Heinz ist an diesem Februartag 1944 von Hamburg angereist, um seine erste Dienststelle auf der *Gustloff* anzutreten. Als Assistent des Zahlmeisters hat er keine übermäßig anstrengende Arbeit zu erledigen. Es bleibt immer wieder Zeit, sich das Schiff in Ruhe anzuschauen, so dass er es bald in- und auswendig kennt. Auch das Leben in Gotenhafen, dieser Hafenstadt vor den Toren Danzigs, ist noch ganz gemächlich. Vom Krieg ist nicht viel zu spüren, die alliierten Bomber lassen die Stadt links liegen. Erst im Dezember kommt es zu einem größeren Bombenangriff mit mehreren hundert Toten, allerdings nicht in Oxhöft, das etwas entfernt ist vom Hafen, wo die *Gustloff* als Wohnschiff für die Schüler der 2. U-Boot-Lehrdivision liegt, sondern auf der Werft. Doch im Dezember ändert sich das Bild. Nach dem ersten Durchbruch der Roten Armee in Ostpreußen und dem

Memelland strömen schon vor Weihnachten Zigtausende Flüchtlinge aus diesen Gebieten in die Hafenstädte Pillau, Danzig und Gotenhafen, um auf einem Schiff über die Ostsee nach Westen zu fliehen. Noch viel dramatischer wird die Situation nach dem Beginn der großen russischen Offensive am 12. Januar des neuen Jahres, als es für Hunderttausende kein Halten mehr gibt. Gotenhafen ist plötzlich überfüllt mit Flüchtlingen, die sich in unübersehbarer Zahl vor den im Hafen liegenden Schiffen, der *Hansa*, der *Cap Arcona*, der *Hamburg* oder eben der *Wilhelm Gustloff* drängeln. Der Marineführung unter Großadmiral Karl Dönitz bleibt da nur die Entscheidung, alle Schiffe mit Soldaten und Flüchtlingen zu beladen und nach Westen zu schicken. Nun beginnt für den jungen Zahlmeisterassistenten eine arbeitsreiche Zeit. Mit deutscher Gründlichkeit sollen alle Flüchtlinge, die auf die Schiffe gelangen, registriert werden. Tagelang drängeln sich die Menschen nun in langen Schlangen. Die allermeisten haben allerdings nur ein Ziel, so erinnert sich Heinz Schön: die *Wilhelm Gustloff*. Obwohl am selben Pier links auch die *Hansa* liegt und Menschen aufnimmt, steuern alle nach rechts zu dem berühmten *Kraft-durch-Freude-Schiff*. Es gilt als das sicherste, wirkt irgendwie beruhigend auf die oftmals von einer langen, strapaziösen Flucht erschöpften und verwirrten Flüchtlinge und ist scheinbar auch das größte Schiff in Gotenhafen. Was gar nicht stimmt – die *Cap Arcona* ist noch größer, aber der Eindruck der Menschen zählt in einer solch verzweifelten Situation mehr als die Fakten. Nach einiger Zeit entscheidet das Hafenkommando, nur noch Mütter mit kleinen Kindern auf die *Gustloff* zu lassen, weil dort die Verpflegung und die medizinische Versorgung am besten gewährleistet sind. Großeltern, die oft mit den Frauen gemeinsam geflohen sind, während die kriegsfähigen Männer an der Front kämpfen, werden mit den älteren Kindern und Jugendlichen auf die *Hansa* geschickt. Das hat nach der Tragödie eine fatale Folge: Viele Familien sind auseinandergerissen, die Großeltern und die größeren Kinder überleben, die Eltern und die Kleinen sterben. Davon, dass die Aufnahme der Menschen allerdings so geordnet abläuft, wie der junge Heinz Schön damals glaubt, kann jedoch keine Rede sein. Viele kommen ohne Registrierung auf das Schiff. Dieser Umstand macht es später so schwer, die Zahl der Opfer zu bestimmen.

Die Stimmung an Bord ist gut in den Tagen vor dem Auslaufen, nur die Ungeduld steigt von Stunde zu Stunde spürbar. „Niemand fragte mich: Kommen wir heil an unser Ziel? Sind wir sicher?“, erinnert sich Heinz Schön heute. „Alle fragten nur: ‚Wann fahren wir endlich los? Wohin fahren wir denn überhaupt?‘“ Unter den Tausenden Menschen macht sich ein Gefühl der Sicherheit breit. Sie können nicht glauben, dass ein solches Schiff, eine Burg mit neun Stockwerken, untergehen könnte. Sie machen sich nicht einmal Gedanken darüber, wie sich in den Augenblicken des Untergangs dramatisch zeigen wird. So haben viele Frauen ganz sorglos ihre Kleidung und Schwimmwesten abgelegt und tragen nur Nachthemden.

Heinz hat am 30. Januar abends gegen 21.00 Uhr gerade seine Kammer betreten, als er kurz hintereinander drei

Donnerschläge hört. Eben noch lief über die Schiffslautsprecher die Rede Adolf Hitlers zum 12. Jahrestag der „Machtergreifung". Zuerst glaubt er, das Schiff sei auf eine Mine gelaufen. Doch als die Lichter erlöschen und die Maschinen verstummen, wird ihm klar, dass die *Gustloff* von drei Torpedos getroffen wurde. Rasch zieht er seine Uniform, seinen Mantel und seine Schwimmweste an. Als er die Kabine verlassen will, klemmt die Tür, so dass er sie mit Gewalt aufdrücken muss. Heinz rennt durch den Frühstücksraum und versucht, nach oben zu gelangen. Das ist gar nicht so einfach: „Es herrschte Panik. Überall lagen Menschen, die totgetrampelt worden waren." Doch er weiß: Wer überleben will, muss auf das Oberdeck gelangen. Wer es nicht schafft, wird ertrinken, weil das Wasser sehr schnell in die anderen Decks eindringen wird. Als er endlich oben ankommt, hat er nur noch einen Schuh an, ein Ärmel des Mantels ist abgerissen und die Schwimmweste ist verlorengegangen. Aber er ist immerhin auf dem Oberdeck. Doch auch dort ist die Situation beunruhigend. Das Schiff hat Schlagseite, das Deck bietet auch längst nicht genug Platz für so viele Menschen, so dass Besatzungsmitglieder etwa 1000 Flüchtlinge ins verglaste untere Promenadendeck umleiten, wo bis auf zwei Frauen alle jämmerlich ertrinken. Zudem ist das Deck völlig vereist. Doch Heinz gehört zur Besatzung und muss zu dem Rettungsboot gelangen, dem er für den Notfall als Steuermann zugewiesen worden war. Ein Offizier hindert ihn jedoch mit der Pistole daran, einzusteigen, weil er Heinz nicht glaubt. So hilft er Frauen und Kindern beim Einsteigen. „Jeder war sich nach den Treffern selbst der

Nächste. Es waren ja alle betroffen mitten drin im Chaos, es gab niemanden, der anderen hätte helfen können, ohne selbst in akuter Lebensgefahr zu sein", beschreibt Heinz Schön die Stimmung in der Stunde zwischen den Torpedotreffern und dem Versinken im Meer.

Die ganze Zeit über fragt er sich: Wie lange wird das Schiff halten, wann geht es endgültig unter? Im Vorbeilaufen hatte er sich bei einem Offizier über die Wassertiefe informiert: 60 Meter. Da die *Wilhelm Gustloff* 23 Meter breit ist, rechnet Heinz sich aus, dass bei einem Kentern nur gut 35 Meter unter dem Schiff bleiben. Zu wenig, um einen Sog zu entwickeln, vor dem sich so viele der Flüchtlinge fürchten. So entschließt er sich, so lange wie möglich auf dem Schiff zu bleiben, um sich vor dem kalten Wasser zu retten. Schließlich kriecht er auf dem eisglatten, schon sehr schrägen Deck mit größter Mühe zu einem der Flöße, die dort noch liegen, und legt sich drauf. Doch eine Welle spült ihn ins kalte Wasser. Das erste was er nach dem Auftauchen sieht, sind Köpfe überall um sich herum, Boote, Flöße. Von letzteren waren Hunderte mit den Wellen ins Meer gerutscht – ohne Menschen, weil es zuvor keine Besatzung gab, die sie hätte geordnet ins Wasser lassen können. Wie viele Passagiere mit ihm ins Meer gespült wurden, kann Heinz Schön, der sich wie kein Zweiter mit der Schiffskatastrophe beschäftigt hat, nur sehr grob schätzen. „Zwischen 2000 und 4000 dürften es gewesen sein. Die meisten sind wohl gar nicht nach oben gelangt und in dem schnell steigenden Wasser in den Gängen jämmerlich ertrunken."

Doch Heinz hat es geschafft. „Im ersten Augenblick war das Wasser ganz warm, weil es ja zwei Grad plus hatte und 20 Grad wärmer war als die Außentemperatur." Doch schon nach wenigen Sekunden kriecht die Kälte in seinen Körper, unerbittlich. Bis sie ihn fest im Griff hat. Kurz darauf wird er von einem Offizier auf ein Floß gezogen, auf dem schon mehrere Menschen liegen. In diesem Augenblick sieht Heinz ein unglaubliches Schauspiel, an das sich viele andere Schiffbrüchige ebenfalls erinnern können. Die Beleuchtung und die Sirenen der *Gustloff* gehen an, der sinkende Riese geht hell erleuchtet und mit lautem Getöse im Wasser unter. Die ganze Floßbesatzung schafft es dann, auf ein Rettungsboot zu gelangen. Etwa zwei Stunden nach dem Untergang der *Gustloff* fischt sie das Torpedoboot *T36* aus dem Wasser. Es bringt 564 Gerettete nach Sassnitz, wo es am nächsten Nachmittag um kurz vor 14 Uhr ankommt.

In Sassnitz bleibt Heinz bis Mitte Februar. Zu seinen Eltern nach Hause kann er nicht. Sie leben in Jauer in Niederschlesien, befinden sich aber bereits mit unbekanntem Ziel auf der Flucht vor der Roten Armee. Also übernimmt er ein neues Kommando auf der *General Sankt Martin.* Elfmal fährt er noch zur Halbinsel Hela, um Flüchtlinge herauszuholen, jedesmal auf der Hin- und Rückfahrt überquert er das Seegrab der *Wilhelm Gustloff.* Dann ist der Krieg vorbei und Heinz zieht nach Hamburg, wo er zunächst einige Monate bei seiner Reederei arbeitet.

Mit dem Ende des Krieges bricht für den 18-Jährigen eine Welt zusammen. Die Welt des Nationalsozialismus, an den er bis zum Schluss glaubte – ebenso wie an den Sieg Deutschlands, den von den Nazis propagierten „Endsieg". Heinz ist ein begeisterter Hitlerjunge. „Wir waren viel zu jung, um zu erkennen, wohin die Nazi-Herrschaft führte." Das weiß er heute – damals lässt er nichts auf den „Führer" kommen. Weil er gerne und viele Bücher über die Seefahrt liest, gründet er in seinem Heimatort die Marine-Hitlerjugend, in der sich von der Seefahrt begeisterte Jugendliche sammeln und neben der typischen vormilitärischen Ausbildung der Hitlerjugend auch Kenntnisse über die Marine vermittelt bekommen. Heinz schafft es sogar in die Lokalzeitung, als er für sich und seine Kameraden Uniformen besorgen will – allerdings unfreiwillig. Weil so etwas in Schlesien wegen des Krieges schon nicht mehr zu bekommen ist, gibt ihm ein Offizier vom Wehrbezirkskommando den Tipp, nach Danzig zu fahren, wo er auf jeden Fall Uniformen in ausreichendem Maße kaufen könne. Er stellt ihm und zwei anderen Jungen auch gleich noch einen Militärfahrschein aus, damit die Fahrt nichts kostet. In Danzig gelingt es den drei Hitlerjungen auch tatsächlich, Uniformen zu erwerben. Sie bummeln anschließend ein wenig durch die Stadt, vergessen die Zeit – plötzlich ist es höchste Eisenbahn. Die drei eilen zum Hauptbahnhof, springen im letzten Augenblick in den Zug und sind froh, es doch noch rechtzeitig geschafft zu haben. Die böse Überraschung kommt bei der Fahrscheinkontrolle: Sie sitzen nicht wie geplant im Zug nach Breslau, sondern in einem Transporter für Fronturlauber – nach Warschau. Im ersten Augenblick ist der Schrecken groß, die Fahrt dauert immerhin zwölf Stunden und der Zug hält bis zu seinem Zielort nicht mehr. Doch die Rotkreuzschwestern, zu denen sie geschickt werden, amüsieren sich nicht nur köstlich über das Missgeschick der Jungen, sie sorgen sich auch rührend um sie. In Warschau ruft Heinz erst einmal seinen besorgten Vater an. Dann setzen sich die drei in einen Zug nach Breslau, wo sie unbeschadet ankommen. Die Geschichte kommt der örtlichen Presse zu Ohren und so kann ganz Jauer über das Missgeschick der drei Hitlerjungen schmunzeln.

Es ist Heinz' Traum, eines Tages über die Weltmeere zu fahren, so wie er es in den Abenteuerromanen gelesen hat. Wenn ich auf ein Passagierschiff komme, kann ich die ganze Welt sehen, ohne dafür bezahlen zu müssen, denkt er sich. Mit Stolz und Interesse verfolgt er die Berichte über die neuen *Kraft-durch-Freude-Schiffe* wie die *Wilhelm Gustloff* oder die *Robert Ley*. So ist für Heinz keine Frage, dass er sich nach der Schulzeit freiwillig zur Kriegsmarine meldet. Seine Bewerbung für die Laufbahn des Reserveoffiziers ist zunächst auch erfolgreich. Doch dann wird bei einem Test festgestellt, dass Heinz kurzsichtig ist. Damit ist er zu seiner großen Enttäuschung nur noch für die Verwaltungslaufbahn geeignet. Per Zufall erfährt er, dass die *Hamburg-Süd* gerade einen Zahlmeisteraspiranten sucht. Er fährt nach Hamburg, bewirbt sich und bekommt die Stelle. Die Ausbildung findet im Hamburger Zentralbüro statt. Das ist nicht gerade das, was Heinz sich erhofft hatte. Er will auf ein Schiff. Als er das Kommando ausgerechnet auf die *Wilhelm Gustloff* bekommt, ist er zunächst hocherfreut – bis zu jenem Tag im Februar 1944, an dem er in Gotenhafen-Oxhöft das erste Mal vor dem grauen Riesen steht. Das Schiff wird ihn trotzdem für den Rest seines Lebens nicht mehr loslassen.

Erst recht nicht nach dessen Untergang. Die ständige Konfrontation mit der Unglücksstelle während der elf Rettungsfahrten nach Hela veranlasst ihn zu einem Schritt, der sein ganzes weiteres Leben mitbestimmen wird. Der junge Mann will wissen, wie es zu dieser Katastrophe unglaublichen Ausmaßes kommen konnte. Er befragt gleich in den ersten Monaten nach Kriegsende in Hamburg persönlich Kapitän Friedrich Petersen, den Ersten Offizier Louis Reese, den Zweiten Ingenieur Erich Goering. War die Tragödie nicht zu vermeiden? Musste die *Wilhelm Gustloff* untergehen? Eine überraschende Auskunft erteilt ihm Petersen: Niemand in der Kriegsmarine wollte etwas wissen von dem Untergang, fragte nach den Umständen oder Gründen. Nie gab es eine Untersuchung des Vorfalls. Nur Korvettenkapitän Zahn bekam einen Fragebogen zugeschickt, den er auch beantwortete. Niemand hat sich darüber hinaus dafür interessiert, welche Schiffe welche und wie viele Flüchtlinge geborgen haben.

Dafür macht sich Heinz Schön auf die Suche nach der Wahrheit. Er beginnt nachzuforschen, wo Gerettete leben. Die Umstände sind denkbar ungünstig: Deutschlands Städte liegen in Schutt und Asche, es gibt kaum Telefon, schon gar keine Telefon- oder Adressbücher – und wenn doch, stimmen die Angaben oft genug nicht mehr. Er schreibt Briefe, die nur allzu häufig unbeantwortet bleiben. Vieles geht über Hörensagen, doch wenn er eine

Adresse herausbekommen hat, steht oft das dazugehörige Haus gar nicht mehr. Natürlich muss Heinz sich auch um andere Dinge kümmern, sein zukünftiges Leben zum Beispiel. Er zieht nach Göttingen, heiratet schon sehr bald und wird Geschäftsführer der dortigen Volkshochschule. Dann hilft ihm ein großer Zufall weiter. Als er sich eines Tages in eine Druckerei begibt, um seinen Arbeitsplan drucken zu lassen, kommt er mit einem Redakteur der Zeitschrift *Heim und Welt* ins Gespräch. Der traut seinen Ohren kaum, als er hört, dass er einen Überlebenden des *Gustloff*-Untergangs vor sich hat. Am nächsten Tag steht der Chefredakteur des Blattes in seiner Wohnung, er will einen Beweis. Heinz zeigt ihm sein Seemannsbuch und man vereinbart die Veröffentlichung eines von ihm verfassten Artikels. Als der erscheint, ist die Resonanz überwältigend. Heinz muss drei Fortsetzungen schreiben, es kommen 1500 Leserbriefe mit Berichten und Anfragen von Menschen, die den Untergang überlebt haben, Angehörige auf dem Schiff hatten oder einfach nur Fragen haben. Der Autor verschickt an jeden der Briefeschreiber einen Fragebogen, der mehr als 1000-mal beantwortet wird. Diese Antworten sind die Basis für sein erstes Buch über die *Wilhelm Gustloff*, das 1952 erscheint. Sie sind auch der Grundstock für sein *Wilhelm-Gustloff*-Archiv. Denn von nun an beginnt er alles zu sammeln, was er über das Schiff bekommen kann. Bald erweitert er seinen Blickwinkel, so dass Material über die gesamte Rettungsaktion in der Ostsee zusammenkommt. Nach fast 60 Jahren haben sich in seinem Haus in Bad Salzuflen gut sortiert 1000 Ordner mit Material, 4000 Fotos, und 20 000 Briefe angesammelt.

Sein erstes kleines Büchlein fällt dem deutsch-amerikanischen Regisseur Frank Wisbar in die Hände. Er hatte zuvor bereits zwei Antikriegsfilme gedreht: „Haie und kleine Fische“ sowie mit sehr großem Erfolg den Stalingrad-Film „Hunde, wollt ihr ewig leben“. Nun macht er sich mit Heinz Schön als Berater 1959 an den *Gustloff*-Stoff heran. An den Schauspielern wie Sonja Ziemann, Brigitte Horney oder Dietmar Schönherr liegt es wohl nicht, dass der Film „Nacht fiel über Gotenhafen“ ein ziemlicher Flop an den Kinokassen wird. Die Zeit war damals für einen solchen Film noch nicht reif, glaubt Schön. 15 Jahre nach dem Krieg seien alle damit beschäftigt gewesen, eine neue Existenz aufzubauen. „Fast niemand wollte etwas vom Krieg hören oder wissen. Die Nazi-Vergangenheit war eine Belastung. Wer sich damit beschäftigte, galt schnell als Ewiggestriger“, so erinnert er sich an die Zeit.

Dass das Taschenbuch, das er selbst zu Wisbars Film herausbringt mit 30 000 Exemplaren eine große Auflage erzielt, ist für ihn zu dieser Feststellung kein Widerspruch. Im Westen Deutschlands leben zwölf Millionen Flüchtlinge oder Vertriebene – eine enorme Basis für Bücher oder Filme, die sich mit deren Schicksal beschäftigen. Und diese Menschen wollen lesen, sehen, sich informieren, sich mit anderen austauschen. Auch ihre Hoffnung nicht aufgeben, vielleicht doch in die verlorene Heimat zurückgehen zu können, eines Tages. Wie sollten sie auch nicht – zu dieser nicht einzulösenden Hoffnung tragen die Vertriebenenverbände und manche Politiker lange Zeit tatkräftig bei. „Doch die große Mehrheit derjenigen, die nicht fliehen mussten oder vertrieben wurden, interessierte sich für das Schicksal der Vertriebenen oder für dramatische Ereignisse wie den Untergang der *Wilhelm Gustloff* nicht", so Heinz Schön. „Viele wollten das einfach gar nicht wissen."

Einen ersten Stimmungswandel bemerkt Schön 1985 – 40 Jahre nach dem Ende des Zweiten Weltkriegs. Zu diesem Jahrestag organisiert er ein Treffen von *Gustloff*-Überlebenden im Ostseebad Damp. Das Echo ist überwältigend, die Medien berichten darüber. Bis 1995 wiederholt er die Treffen jährlich, der Kreis erweitert sich allgemein auf Flüchtlinge, die 1945 über die Ostsee Richtung Westen geflohen sind. 1985 erscheint auch sein Buch „Ostsee '45", ein dicker Wälzer, vollgepackt mit Informationen und Details aus den Wochen, in denen im Winter und Frühling des letzten Kriegsjahres die deutsche Marine Hunderttausende Flüchtlinge über die Ostsee rettete. Es folgen weitere Bücher wie „SOS Wilhelm Gustloff", mit zahlreichen Fotos bebildert. Allmählich scheint das Interesse auch der breiten Gesellschaft – und damit der nicht direkt Betroffenen – zu wachsen. Schöns Werke kommen insgesamt auf eine sechsstellige Auflage. Nach mehreren Jahrzehnten der Recherche muss Heinz Schön schließlich die Zahl der Opfer des *Gustloff*-Untergangs deutlich nach oben korrigieren. Lange war er von etwa 5000 Toten ausgegangen, weil er sich an die Liste mit den registrierten Passagieren hielt. Doch er musste feststellen, dass Tausende Personen gar nicht erfasst wurden oder noch während des Auslaufens von kleinen Schiffen aufgenommen wurden.

Seit dem politischen Umwälzungsprozess in der einstigen Sowjetunion und in Osteuropa kann Schön auch Kontakte nach Russland und Polen knüpfen. 1990 reist er auf Einladung des Kommandierenden Admirals der Baltischen Flotte, Admiral Samojlow, nach Leningrad. Schön kann offen mit russischen Stabsoffizieren diskutieren. Gemeinsam mit Wladimir Kowalenko berichtet er von seinen Erlebnissen in der Nacht des Untergangs. Kowalenko hat ihn auch erlebt – allerdings vom U-Boot *S13* aus, auf dem er als Ingenieur-Offizier an der Versenkung der *Wilhelm Gustloff* beteiligt war. Schön stellt bei seinen vielen Gesprächen fest, dass die russische Seite völlig einseitig informiert ist. Auch Kowalenko glaubt noch immer, dass auf dem Schiff 3500 U-Boot-Soldaten, also „Faschisten“ waren. Davon, dass es sich um mehr als 9000 Frauen, Kinder und Greise handelte, hört er nach eigenem Bekunden zum ersten Mal. Schön besichtigt auch das Marinemuseum in Leningrad mit der Ecke, in der Marinesko heute als Held verehrt wird.

Schließlich diskutiert er auch mit Viktor Germanow, dem Autor eines Buches, das Marinesko verherrlicht, und Vorsitzenden eines von mehreren Marinesko-Komitees, die sich für die Erinnerungen an ihren Helden stark machen. Der Saal ist brechend voll, mehr als 500 Interessierte haben sich eingefunden, fast ausschließlich Veteranen und sehr junge Leute. Schön und Germanow tragen ihre Versionen der Torpedierung und des Untergangs vor, danach wird der Film „Nacht fiel über Gotenhafen“ gezeigt. Anschließend steht ein sichtlich betroffener russischer Veteran auf und spricht in die Runde: „Seht Ihr, was für Menschen auf dem Schiff waren? Ich fordere Euch auf, aufzustehen und eine Gedenkminute für die vielen Opfer einzulegen." Bewegt kann Heinz Schön vom Podium aus beobachten, dass im Saal nicht einer der Anwesenden auf seinem Stuhl sitzen bleibt. 500 Russen stehen eine Minute still und schweigen – zum Gedenken an 9300 deutsche Opfer. Umso unverständlicher findet Schön, dass Marinesko heute den offiziellen Titel „Held der Sowjetunion" trägt, dass es in Königsberg ein großes Denkmal zu seinen Ehren gibt und ein Uferstück des Pregel nach ihm benannt wurde. Ebenso, dass ein russisches Flugzeug, das auf der Strecke Königsberg-Berlin verkehrt, noch im Jahr 2006 nach dem U-Boot-Kapitän benannt wird. „Das ist eine stalinistische Verehrung, das kann man heute nicht mehr wollen."

Günter Grass ist bereits einige Jahre zuvor auf sein Buch über die *Wilhelm Gustloff* aufmerksam geworden und verarbeitet schließlich die Tragödie als Hintergrundgeschehen in seiner Novelle „Im Krebsgang". Der Nobelpreisträger macht damit das Schicksal des Flüchtlingsschiffs endlich weltweit bekannt. Insgesamt verkauft sich das Buch mehr als zwei Millionen Mal. Erst danach beginnen einige der Überlebenden öffentlich darüber zu reden. Für Heinz Schön ein gutes Zeichen: „Man muss die Dinge offen und ehrlich aussprechen, nur dann kann es zu ehrlicher Versöhnung kommen."

Wer der eigentliche Schuldige an der größten Schiffstragödie aller Zeiten ist, steht für ihn außer Zweifel: Adolf Hitler und die Nationalsozialisten. „Die Katastrophe begann exakt auf den Tag genau zwölf Jahre vor dem Untergang: mit der sogenannten Machtergreifung." Insofern ist schon für den 18-jährigen Zeitzeugen Heinz Schön das Ende der *Wilhelm Gustloff* auch der Anfang vom Ende des „Dritten Reiches". Heute macht ihn eine Beobachtung sehr optimistisch, dass sich solche Ereignisse nicht mehr wiederholen: „Es gibt immer mehr junge Leute, Schüler und Studenten, die sich für das Schicksal des Schiffs und seiner Passagiere interessieren. Je weiter wir uns von der Zeit des Krieges entfernen, desto interessierter und unbefangener reden sie darüber, desto intensiver wollen sie sich informieren." Einer Sache ist sich Heinz Schön, der sich seit mehr als 60 Jahren mit der Tragödie der *Wilhelm Gustloff* beschäftigt, ganz gewiss: „Die Zeit der *Wilhelm Gustloff* ist noch lange nicht vorbei." Ganz im Gegenteil: „Die Phase der Erinnerung beginnt gerade erst richtig."

Waltraud Grüter

## Tragödie am 21. Geburtstag

Wasser ist ihr Element. Zum Wasser geht sie, so oft sie kann. Von Sandkrug aus nur kurz mit der Fähre über die schmale Kurische Nehrung, zehn Minuten. Dann ein kleines Stückchen durch den Kiefernwald – und schon ist sie am Strand, wo man so herrlich schwimmen kann, wenn die Ostsee warm ist und die Luft vor Hitze flirrt. Im Sommer ist der Strand fast ihre zweite Wohnung. Schon zur Schulzeit. Später, als junges Mädchen, am Wochenende oder abends nach Dienstschluss. Wasser, Sonne, der blau-weiß getupfte Himmel, der Sand haben sich fest in die Erinnerung eingebrannt. „Gott, war das schön!", erinnert sich Waltraud Grüter. Nur die jungen Männer zum Flirten fehlen. Die sind im Krieg. Aber der wird irgendwann vorbei sein, der „Führer" wird's schon richten. Sie ist jung, erlebnishungrig, lebensfroh. Und der Krieg noch in weiter Ferne.

Waltraud Grüter lässt den Blick in die Vergangenheit schweifen, hinaus aus den engen Wänden ihrer kleinen Einzimmerwohnung im Hildesheimer Stadtteil Nordstadt. 83 Jahre ist sie nun alt, aber wenn sie erzählt von damals, wie das alles so war, was sie erlebt und gedacht hat, ist noch immer etwas von dem Jungmädchencharme zu spüren, den sie einmal versprüht haben muss. Ein properes junges Wesen wird sie schon gewesen sein, damals in diesen dramatischen Jahren, von denen sie die allermeisten in schöner Erinnerung hat. Proper ja – und wohl auch ein wenig naiv, sicher zu blauäugig und leichtgläubig. Sie wächst in der tiefsten Provinz auf, fernab vom Reich des Adolf Hitler, der ihre Phantasie so anregt.

Memel. Dort ist sie geboren, aufgewachsen, zur Schule und in die Lehre gegangen. Die Kindheit glücklich, in einem behüteten Elternhaus großgezogen. Die Eltern kümmern sich liebevoll um ihre Tochter. Nur einmal gibt es Schläge, drei, mit dem Ledergürtel des Vaters. Weil sie zu spät vom Kastaniensammeln nach Hause gekommen ist. Viel schlimmer aber ist die andere Strafe: Sie muss bei geschlossenen Fensterläden im Zimmer bleiben – draußen strahlt die frühherbstliche Sonne vom blauen ostpreußischen Himmel herunter und die Freundinnen rufen von draußen: „Trautchen, warum kommst du nicht raus?“ Seitdem, sagt Waltraud Grüter, ist Pünktlichkeit ein hohes Gut für sie. „Ich bin fast nie wieder in meinem Leben zu spät gekommen.“

Schon in ganz jungen Jahren ist Deutschland das ferne Reich, das sie fasziniert. Dabei gehört sie, gehört das Memelgebiet überhaupt nicht dazu. Sie liebt ihre Heimatstadt, dieses kleine, gemütliche Memel mit seinen vielleicht 35 000 Einwohnern. Dass Memel eine alte, Mitte des 13. Jahrhunderts gegründete Stadt ist, ist unverkennbar. Zahlreiche Fachwerkhäuser aus dem 17. bis 19. Jahrhundert prägen das Stadtbild, das Wahrzeichen der Stadt ist der Simon-Dach-Brunnen mit einer Figur aus dem „Ännchen von Tharau“ auf dem Theaterplatz in der Altstadt. Die Grenze, die 1525 zu Litauen gezogen wird, hat bis 1923 Bestand und gilt als eine der am längsten unveränderten Grenzen in Europa überhaupt.

Seit 1871 gehört Memel zum deutschen Kaiserreich. Im Ersten Weltkrieg wird es kurzzeitig von den russischen Truppen besetzt. Nach der deutschen Niederlage 1918 wird das Memelgebiet auf Betreiben Frankreichs ohne die übliche vorherige Volksabstimmung unter internationale Kontrolle gestellt. Es kommt zu einer autonomen deutschen Verwaltung unter französischer Herrschaft. Doch die Franzosen werden bereits drei Jahre später von litauischen Truppen, die sich nur schlecht als Aufständische tarnen, vertrieben. Memel wird besetzt und in „Klaipeda“ umgenannt. 1925 garantieren die Siegermächte des Ersten Weltkriegs einen Sonderstatus des Memelgebietes, der die Autonomie der deutschen Bevölkerung unter litauischer Verwaltung sicherstellen soll.

Viel von dieser Geschichte weiß Waltraud als junges Mädchen natürlich nicht. „Uns Deutschen ging es eigentlich unterm Litauer nicht schlecht“, erinnert sie sich heute. Man hat seine Freiheiten. Klar, in der Schule ist zwei Stunden Litauisch pro Tag Pflicht. Aber sonst? Die Deutschen dürfen sich organisieren, auch die Jugend. Abends treffen sie sich, schwärmen von dem, was im Reich geschieht. Deutschland – das „Dritte Reich" – ist wieder wer, wichtig in der Welt, kein Spielball der anderen Mächte und der Parteien mehr wie noch kurz zuvor. Daran glaubt Waltraud fest. Das hat man dem „Führer" zu verdanken, das wissen die Memeler sehr wohl – trotz ihrer Abgeschiedenheit. Selbstverständlich bekennen sie sich zum neuen Deutschland. Das provoziert Unmutsäußerungen der litauischen Bevölkerung, litauische Jungs versuchen schon mal, ihre Altersgenossen ordentlich zu verdreschen, wenn die abends von den Treffen der Deutschen heimkehren. So wird ein deutscher Ordnungsdienst organisiert, um die Mädchen und Jungen sicher nach Hause zu geleiten. Waltraud geht auch zum deutschen Männerturnverein, Mädchenabteilung. „Auch dort habe ich viel über Deutschland gelernt", sagt sie. Sicher zumeist nicht das Richtige, aber das vermag sie damals nicht einzuschätzen. Mehrfach reist sie zu Verwandten ins „Altreich", wie man so schön sagt. Nach Tilsit und Königsberg.

Auch zu Hause hat der neue Geist Einzug gehalten. Waltrauds Vater Georg besitzt als Schlossermeister eine eigene Werkstatt. Es geht der Familie nicht schlecht, aber große Sprünge sind auch nicht drin. Vati, wie sie noch heute sagt, ist ebenfalls von Hitler und seinem neuen Deutschland begeistert. Ist er Parteigenosse? „Er war so ein bisserl in der Partei", sagt Waltraud Grüter heute. Ein bisschen? „Ja, war wohl zahlendes Mitglied." Und Maria, die Mutter? Die nicht. Aber auch sie ist ganz begeistert. Ihr Großvater dagegen sieht die Nazis ganz anders. Er ist Großbauer – eigentlich eine bevorzugte Zielgruppe der Nazis mit ihrer Ideologie von der deutschen Scholle. In Ostpreußen bekommen sie aber eher mühsam einen Fuß auf den Ackerboden. Auch beim Großvater, der wenige Jahre später seinen jüngsten Sohn bei Stalingrad verliert und spätestens seit diesem Tage nichts mehr von Hitler und seinen Schergen wissen will. Wenn Waltraud ihn nach diesem tragischen Verlust besuchen will, muss sie Zivilkleidung anlegen. Uniformen sind auf Großvaters Hof nicht erlaubt.

Ostpreußische Mädchen in Trachten auf der *Wilhelm Gustloff* während einer Fahrt nach Madeira.

Das Verhältnis zwischen Litauern und Deutschen ist auch auf offizieller Ebene nicht gut. Schon 1926 war das Kriegsrecht im Memelgebiet eingeführt worden, wodurch die autonome Verwaltung eingeschränkt wurde. Verschiedene Wahlen in den folgenden Jahren zeigen indes regelmäßig eine deutsche Mehrheit, bis zu 75 Prozent sprechen sich für die Unabhängigkeit von Litauen aus. 1938 stimmen 87 Prozent für eine deutsche Einheitsliste. Hitler drängt gegenüber dem kleinen, schwachen Litauen auf die Angliederung Memels mit seiner deutschen Mehrheit ans Reich. Das stärkt den Bekenntniswillen der Deutschen. Waltraud Grüter, die 14-, 15-Jährige, grüßt wie viele andere mit „Heil". Das ist offiziell erlaubt – aber nicht mit dem Zusatz „Hitler". Und auch der Arm darf nicht zackig-deutsch in die Höhe gerissen werden, sondern muss unten bleiben. „Wenn ich eines Morgens rein komme und mit erhobenem Arm ‚Heil Hitler' rufe, dann ist es so weit. Dann sind wir deutsch", kündigt Waltrauds Lehrer in froher Erwartung an. Alles, was mit Deutschland zu tun hat, findet sie gut. Sie ist elektrisiert, begeistert. Sie kann es kaum erwarten, endlich zum Reich zu gehören. Heute sagt sie: „Das war eine faszinierende Zeit. Man muss das mitgemacht haben, um es zu verstehen." Und weiß, dass es nach allem schwer ist für diejenigen, die nicht dabei waren, solches Verständnis aufzubringen.

Gläubig ist das junge Mädchen auch. Der gleichzeitige Glaube an Gott und Hitler ist für sie kein Widerspruch. Abends betet sie „… dein Reich komme …" Und dann kommt das Reich, zumindest das „Dritte", endlich auch nach Memel. Am 22. März 1939 tritt Litauen auf Druck Berlins das Memelgebiet an Deutschland ab. Der „Führer“ reist persönlich herbei, um die heim ins Reich „zurückgekehrten“ Memeler zu begrüßen. Auf dem Balkon des Stadttheaters, im Angesicht des „Ännchen von Tharau“, hält er eine flammende Rede. Waltraud steht in der ersten Reihe, Ehrensache. Seine Reden, seine Gesten, sein Gehabe, sein ganzes Äußeres haben das junge Mädchen schon seit Jahren fasziniert. Und wie er da nun so nah vor ihr steht … fast zum Greifen nah … Waltraud gerät fast in Ekstase, wie viele andere deutsche Frauen und Mädchen beim Anblick des „Führers“ ja auch. Schon zur litauischen Zeit ist sie „ein kleines bisserl nationalsozialistisch“. Was sollte sich jetzt daran ändern? Ausgerechnet jetzt, da auch sie eine richtige Deutsche ist und Memel zum Reich der Träume gehört? Daran wird sich auch den nächsten Jahren nichts ändern. Bis zum Tag der Kapitulation glaubt Waltraud fest an den deutschen „Endsieg“. Heute werfen ihr gerade jüngere Menschen in Gesprächen über diese Zeit ihre Blauäugigkeit vor. Aber so hat sie damals gedacht, geglaubt, gehofft. Und was wirklich vorging im „Dritten Reich“, welches Unwesen die Nationalsozialisten trieben – das hat sie nicht durchschaut, damals. Dabei hätte sie gerne mit allen in Frieden gelebt in Memel. Auch mit den Juden, die fast alle höheren Positionen, als Anwälte oder Ärzte zum Beispiel, in der Stadt bekleiden.

Waltraud wird nach der Angliederung Memels für ihre Treue zum nationalsozialistischen Reich während der Zugehörigkeit Memels zu Litauen belohnt. Im August 1939

– wenige Wochen vor dem deutschen Angriff auf Polen – winkt eine Seereise, bezahlt vom Bund deutscher Mädel. Das Schiff, das Waltraud acht Tage in die traumhafte Welt der norwegischen Fjorde entführt, heißt *Wilhelm Gustloff*. Es ist eine der letzten Fahrten des Riesen als Kreuzfahrtschiff. Waltraud ist begeistert – von allem. Das Schiff mit seinen großen Sälen, den Decks und den Freizeitmöglichkeiten findet sie sensationell, die Fjorde märchenhaft schön. In besonders guter Erinnerung hat sie die sportlichen Betätigungen wie Gymnastikvorführungen. Es herrscht eine wundervolle Kameradschaft unter den Mädchen. Ihre Liebe zu Deutschland, das ihr dieses einmalige Erlebnis ermöglicht und ihre Bewunderung für den „Führer" wachsen weiter. Auch durch das goldene Abzeichen der Hitlerjugend, das ihr für besondere Verdienste verliehen wird.

1939. Letztes Schuljahr. Danach wird Waltraud wie alle Altersgenossinnen zum Pflichtjahr „eingezogen". Sie geht zum Landdienst der Hitlerjugend. Das hat den Vorteil, dass die Zeit sich um die Hälfte auf sechs Monate verkürzt. Ebenso wie die Arbeitszeit, die sie bei einem Bauern im westpreußischen Marienburg an der Weichsel und direkt an der deutsch-polnischen Grenze absolviert. Der Dienst beim Bauern ist einfach, dann kommt sie gar zum Bürgermeister, wo sie anstatt aufs Feld zu gehen ein bisschen Schreibkram erledigen muss. Aber vor allem der Rest der Zeit als Mädel beim Landdienst gefällt ihr sehr gut: morgendliche Fahnenappelle und nachmittägliche politische Schulung im Sinne der nationalsozialistischen Sache. Die „wunderbare" Einheitskleidung der Mädels findet sie prima: blauweiß karierte Kleidchen, blaue Schürzchen und eine Jacke in der Art der Berchtesgadener.

Der Beginn des Krieges bedeutet für Waltraud einen kleinen Einschnitt. Sie wird vorzeitig wieder nach Hause ins sichere Memel geschickt. Nun soll der Ernst des Lebens beginnen, nicht wegen des Krieges, sondern weil eine Berufslehre auf sie wartet. Säuglingsschwester möchte sie eigentlich werden. Doch der Vater denkt praktisch. Seine Tochter soll eine kaufmännische Lehre machen. Schließlich werde sie eines Tages jemanden aus dem Kaufmannsmilieu heiraten, da ist er sich ganz sicher. Dann soll sie gut vorbereitet sein. Er besorgt Waltraud eine Lehrstelle in einem großen Textilbetrieb. Viel lernen, rechnen, alle Abteilungen durchwandern – da bleibt nicht viel Zeit, sich im abgeschiedenen, ruhigen Memel mit dem weit entfernten Krieg zu befassen.

Der Vater aber kennt seine Pflicht. Schon am Tag des Kriegsausbruchs, dem 1. September 1939, meldet er sich freiwillig als Copilot zur Luftwaffe. Seinen Betrieb stellt der frischgebackene Unteroffizier ganz in den Dienst der nationalen Sache. Die Firma arbeitet fortan für die Wehrmacht, in erster Linie als Reperaturwerkstatt für deren Autos. Nicht aber für Panzer, wie Waltraud Grüter betont.

1941 ruft das Vaterland auch Waltraud. Ihr Ausbildungsbetrieb wird auf Kriegsdauer, wie viele andere in Memel auch, geschlossen. Viele Angestellte kommen zum Arbeitsdienst oder in die Munitionsfabriken. Waltraud aber gelangt zum Flugmeldedienst auf dem kleinen Memeler Militärflughafen – und kann in ihrer Heimatstadt bleiben. Während der Ausbildung muss sie alle Flugzeugtypen der Russen und vor allem der Amerikaner und Engländer auswendig lernen; alles über Motoren, Hecks, dazu die Kürzel für die Meldung der feindlichen Flieger. „Ich habe viel gelernt damals, war aber auch sehr wissbegierig." Einige Spickzettel aus der Zeit bewahrt sie noch heute auf.

Als wunderbare Zeit hat Waltraud Grüter diese Monate in Erinnerung! 24 Stunden Dienst, dann 48 Stunden frei. Viel Zeit, um im Sommer mit anderen Mädchen aus der Einheit zum Strand zu fahren. Man hat Spaß, albert herum, tauscht sich über die jungen Soldaten aus, mit denen man zu tun hat. Vom Krieg ist in Memel um diese Zeit noch gar nichts zu spüren, noch hat Hitler seinen Paktfreund Stalin ja nicht angegriffen und die Wehrmacht kennt nur den Weg nach vorne. Nur just am ersten Tag des Russlandfeldzuges greift die Rote Armee aus der Luft an. Getroffen wird ein Barackenlager mit französischen Kriegsgefangenen. Dann wird die Rote Armee erst einmal von der siegreichen Wehrmacht tief in die Weiten ihres eigenen Landes zurückgedrängt. Darüber, dass sie eines Tages grausam zurückschlagen könnte, macht Waltraud sich nicht die geringsten Gedanken.

Dann wird der Memeler Flughafen geschlossen. Waltraud wird von der Marine übernommen. Das hat sie sich Jahrzehnte später behördlich bestätigen lassen, denn die Wehrmachtszeit wird immerhin zur Hälfte auf die Rente angerechnet. Noch ist der Krieg weit weg und rückt dennoch kaum merklich näher. Im Wald werden

Flakgeschütze aufgestellt, Soldaten und Marinehelferinnen werden nicht weit entfernt in getrennten Baracken kaserniert. Waltraud hat Glück: Sie darf zu Hause wohnen, wohl wegen der Beziehungen ihres Vaters. Sie arbeitet in der Leitstelle und muss auf einer riesigen Karte mit Nadeln die Flugbewegungen der feindlichen Flieger kenntlich machen, die ihr zuvor von den Außenwachen mitgeteilt wurden. Sie macht ihre Arbeit gut und wird bald befördert. Nun hat sie einen Streifen auf der Uniform. Überhaupt ist sie stolz darauf, eine solche tragen zu dürfen. Sie beurteilt sie aber auch stark unter modischen Aspekten. Und wenn irgendetwas modisch ist in dieser Zeit in Deutschland, dann sind es Uniformen.

Memel ist zwar ein wichtiger Knotenpunkt für die Wehrmacht, aber von Angriffen wird die Stadt verschont. Waltraud Grüter bleibt eine „wunderschöne Zeit“ in Erinnerung. Da sind die Italiener, schmucke Soldaten in schicken Uniformen. Ihre Aufgabe ist es, die Stadt einzunebeln, wenn Fliegerangriffe drohen. Der Kontakt aber ist zum Leidwesen der Marinehelferinnen verboten. Waltraud schwärmt jedoch ohnehin mehr für die Marinesoldaten, schließlich gehört sie selbst ja dazu. Freilich: Ein „Blitzmädchen“, eins von diesen leicht verruchten jungen Dingern, die gleich mit jedem losziehen, ist sie nicht. Obwohl kontaktfreudig, hält sie sich zurück. Und hat dann sogar einen festen Freund. „Er wäre wohl mein Partner fürs Leben geworden“, glaubt sie noch heute. Allein, er fällt an der russischen Front. Einen Stapel mit Briefen, in denen er einfühlsam von seinen Kriegserlebnissen berichtet, besitzt sie noch immer.

Schließlich wird sie versetzt, zur Außenwache nach Hagenshöh, direkt auf der Kurischen Nehrung. Die Mädchen werden neu zusammengewürfelt, ausgesucht werden nur solche mit stabilem Charakter. Denn von nun an leben sie mit den Soldaten unter einem Dach, gemeinsam in einer Baracke. Nur durch den Gemeinschaftsraum zwischen den Schlafsälen getrennt. Draußen haben die Soldaten ein ganzes System von Gängen errichtet, mit Tarnnetzen überspannt. Holztische und ein Grammophon sorgen für Geselligkeit. Man tanzt, lacht viel und sitzt häufig beisammen. In der Freizeit lockt immer wieder auch der Strand, „eine wunderschöne Zeit". Nur die Nachtwachen stören. Wenn es kalt ist und man in dicken Mänteln Wache schieben und Ausschau nach feindlichen Flugzeugen halten muss. Und beobachtet, wie der Krieg allmählich näherrückt. In der Ferne sieht Waltraud jetzt immer öfter den Nachthimmel hell erleuchtet – mal ist es ein großer Angriff auf Königsberg, mal einer auf Tilsit. Ein Gewehr bekommt sie nun auch in die Hand gedrückt, für den Fall, dass Partisanen angreifen. Und einmal entrinnt sie nur mit Glück dem Tod, als bei einem amerikanischen Luftangriff ein Bombensplitter nahe an ihrem Kopf vorbei saust. Die Amerikaner dachten, sie würden Memel angreifen, doch irrten sie sich, da die Stadt von den Italienern eingenebelt worden war.

Ja, der Krieg rückt näher, aber er beunruhigt Waltraud noch nicht wirklich. Unter den Kameradinnen, mit denen sie schöne Stunden am Strand verbringt, ist auch eine andere Waltraud, Nachname Iselis. Mit ihr freundet sie sich an. Eine richtige Hamburgerin, die das Leben von der anderen Seite her sieht. Die locker ist, auch im Umgang mit den Männern, die sie unter den Soldaten rekrutiert. Und eine Traumfrau, wunderschön, findet Waltraud. Die beiden freunden sich an, ziehen immer wieder gemeinsam los.

Genau erinnert sich Waltraud Grüter an einen Sonntag im Sommer 1944. Zufällig lernt sie auf der Straße Paul, einen jungen Fähnrich kennen, der nur für einen einen Tag in Memel ist. Ein flotter, hübscher junger Mann, der als Münchner aber doch ein wenig anders ist das junge Mädchen von der Ostsee. Beide verbringen einen herrlichen Tag zusammen am Strand, tauschen später Adressen aus und haben auch tatsächlich eine Zeitlang Briefkontakt. Ihn wird sie später wiedertreffen.

Im Juli 1944 ist dann ganz plötzlich der Krieg auch in Memel angelangt. Die Rote Armee steht vor der Tür, die Zivilisten werden überstürzt evakuiert, werden aber nahe der ostpreußischen Grenze untergebracht. Der Vater, der bereits bei einem Abschuss schwer verwundet worden war und seitdem nur noch beim Bodenpersonal eingesetzt wird, hatte bereits seit längerem geahnt, dass der Krieg nicht mehr zu gewinnen sein würde. So hatte er im Fronturlaub Holzkisten gebaut, mit vielen Dingen aus dem Besitz der Familie vollgepackt und sie nach Plauen ins Vogtland zu einem Kameraden geschickt. Die russischen Soldaten werden indes noch einmal zurückgeschlagen, die Memeler können für kurze Zeit noch einmal zurückkehren. Die Bauern fahren die Ernte ein. Am 7. Oktober 1944 aber ist die Rote Armee erneut da –

und nun gibt es kein Zurück mehr. Die Bevölkerung flieht, Hals über Kopf. Für immer.

Auch für Waltraud heißt es nun: Rückzug. Und zwar ebenfalls Hals über Kopf. Es geht nach Gotenhafen zur 2. U-Boot-Ausbildungseinheit, der Stammeinheit. „Wir wussten, dass jetzt das schöne Leben vorbei war", erinnert sie sich. Während eines kurzen Lehrgangs in Kiel überlebt sie einen großen alliierten Bombenangriff auf die Stadt im Bunker. Die Baracken, in denen sie während des Lehrgangs untergebracht war, hat sie Jahrzehnte später einmal gemeinsam mit ihrem Mann besucht. Sie standen noch – nun genutzt als Asylbewerberheim.

Zurück in Gotenhafen, erfährt Waltraud, wo es hingehen soll: auf die *Wilhelm Gustloff.* Ausgerechnet auf das Schiff, auf dem sie einige Jahre zuvor eine wunderschöne Woche verbracht hatte. Sie freut sich darauf, und am 25. Januar 1945 ist es so weit. Gemeinsam mit ihrer Freundin Traudl Iselis meldet sie sich zur Versorgung der zahlreichen an Bord befindlichen kleinen Kinder, deren Mütter oftmals nach langer und beschwerlicher Flucht dazu nicht mehr in der Lage sind. Vor allem viele Babys sind krank und haben Hilfe bitter nötig. Und die Sache hat noch einen Vorteil: Die zwei Helferinnen bekommen jeden Tag etwas von dem leckeren Grießbrei, der für die Kinder gekocht wird.

Eines Abends macht Waltraud einen Spaziergang über das Promenadendeck. Plötzlich steht Paul vor ihr, der Fähnrich, mit dem sie einst einen so schönen Sommertag am Strand verbracht hat. Beide sind hoch erstaunt –

und freuen sich über das Wiedersehen. „Jetzt gehörst du also auch zu dem Haufen hier", sagt Paul mit Blick auf Waltrauds Marineuniform. Als er hört, dass sie mit fast 400 anderen Helferinnen unten im Schwimmbad untergebracht ist, räumt er die Kabine, die er gemeinsam mit einem Kameraden auf dem B-Deck belegt hat, für Waltraud und ihre Freundin. „Damit ist er mein eigentlicher Lebensretter", weiß sie. Erstens ist das B-Deck der sicherste Ort auf dem Schiff überhaupt. Und zweitens: Wäre sie an ihrem zugewiesenen Schlafplatz geblieben, hätte sie den Untergang nicht überlebt – das Schwimmbad bekommt einen Volltreffer eines Torpedos. Die Mädchen dort unten sind sofort tot.

Doch noch ahnt Waltraud nichts von dem drohenden Unheil. Auf der *Wilhelm Gustloff* fühlt sie sich sicher. Wie sollte ein so großes Schiff auch untergehen? Unvorstellbar! Am nächsten Morgen treffen sich Waltraud und Paul wieder – es gibt etwas zu feiern, denn es ist ihr 21. Geburtstag. Endlich volljährig – ein wichtiger Tag im Leben. Paul und Waltraud beschließen, das Ereignis abends um 9 Uhr in ihrer Kabine zu feiern. Mit einem Kuchen, den ihr der Koch versprochen hat und einer Flasche Kognak, die Paul gebunkert hat.

Es ist gerade kurz nach 21 Uhr, just ist die Rede des „Führers" über die Bordlautsprecher zu Ende gegangen, als die zwei jungen Frauen sich bereit machen für den Besuch und die kleine improvisierte Geburtstagsfeier. Ihre Freundin ist, wie viele Passagiere an Bord, inzwischen schwer seekrank. Den hohen Seegang sind sie nicht gewohnt. „Ich will sterben", jammert sie, doch

Waltraud antwortet ihr: „Ach Trautchen, du stirbst schon nicht.“ Plötzlich ein Knall, kurz darauf zwei weitere. Das Geräusch des Torpedoeinschlags hat Waltraud Grüter auch mehr als 60 Jahre später noch genau im Ohr: „Es klang wie ein Schrank voller Gläser, der auf eine Stahlplatte fällt.“ Die Lichter gehen aus und sofort gerät das Schiff in leichte Schräglage.

Waltraud ist sofort an der Tür und reißt sie auf. Auch ihre Freundin springt vom Bett auf und schafft es bis zur Kabinentür. Die Schwimmwesten haben beide zuvor abgelegt – zu warm, zu unbequem, zu unkleidsam. Genau wie die Erkennungsmarken, die an einer großen Kette unter der Bluse baumeln und stören. Waltraud versucht zunächst, ihre Freundin mitzuziehen, doch die scheint den Kampf schon jetzt aufgegeben zu haben. „Im Gang herrschte das totale Durcheinander. Frauen und Kinder lagen auf dem Boden, andere trampelten einfach über sie hinweg. Auch ich bin über die Menschen gestiegen. Wenn die Angst so groß ist, werden die Menschen zu Tieren, man denkt nur noch an sich. Das galt in dem Augenblick auch für mich.“ Instinktiv weiß Waltraud, dass sie nach oben muss, aufs Sonnendeck. Je höher, desto größer sind die Chancen, denkt sie sich. Sie stürmt los, fällt mehrfach, rappelt sich wieder auf, schlägt sich Kinn und Knie auf, klemmt sich einen Finger sehr schmerzhaft ein. Jemand versucht sich in der Panik an ihren Haaren festzuhalten. Jeder kämpft gegen jeden auf dem Weg nach oben. Waltraud schafft es. Hier erst stellt sie fest, dass sie die Freundin verloren hat. Sie wird sie nie wiedersehen. Wie weit sie es geschafft hat, ob sie überhaupt aus der Kabine gelangt ist – Waltraud Grüter weiß es nicht. Das nagt an ihr später. Jahrzehntelang.

Oben an der Reling angelangt, überlegt sie panisch, was sie tun soll. „Richtg denken konnte ich gar nicht. Irgendwie lief mein Leben an mir vorbei, wie in einem Film." Das Schiff legt sich immer schräger, Menschen verlieren den Halt und rutschen über das vereiste Deck an ihr vorbei ins Wasser. Da spricht sie ein Soldat an, gibt ihr seine Jacke. Denn Waltraud ist leicht bekleidet, nur mit Rock und Bluse. Er zurrt auch eine Schwimmweste fest um das Mädchen, das wie in Trance fragt: „Werden wir gerettet?" „Gute Frage", antwortet der Soldat. „Bis Schiffe kommen, sind wir längst untergangen. Also müssen wir uns selbst retten!" Dass die *Wilhelm Gustloff* kein SOS absetzen kann, erfährt Waltraud Grüter erst Jahrzehnte später.

Der Soldat hat eine Idee. „Wir müssen den Schiffsrumpf runter ins Wasser rutschen." So rutscht er vor, und Waltraud, die eine gute Schwimmerin ist, hinterher. Da sieht sie etwas, das sich tief ins Gedächtnis einprägt: „Als ich am verglasten unteren Promenadendeck vorbeirutschte, sah ich die vielen Menschen, die dort drinnen gefangen waren, während das Wasser einströmte und stieg. Ich hörte ein lautes Gurgeln und Hunderte riefen nach Hilfe."

Tatsächlich schaffen es Waltraud und der Soldat ins Wasser. Der Aufprall ist wie ein Schock, so kalt ist es. Überall schwimmen Flöße, doch alle sind voll mit Menschen, die niemanden mehr hinauflassen. Allmählich verlässt Waltraud die Kraft, sie ist schon ein ganzes Stück vom Schiff weg geschwommen. Schießlich erzwingt der Soldat, der noch immer bei ihr ist, dass beide in ein Boot aufgenommen werden. Er weiß, dass Waltraud nicht mehr lange durchhalten wird. Im Boot beobachtet sie etwas, was ihr später niemand glauben will, wenn sie Freunden oder Verwandten davon erzählt: Plötzlich gehen auf der *Wilhelm Gustloff* alle Lichter und die Sirenen an. Im selben Augenblick versinkt der Riese im Meer.

Dann beginnt das leise Sterben auf dem kleinen Boot. Eng an eng sitzen die Menschen nebeneinander – bis einer einfach nach vorne kippt und tot ist. Auch Waltraud bekommt eine übergroße Müdigkeit. „Wenn du jetzt einschläfst, wachst du nie wieder auf", warnt sie der unbekannte Soldat. Die Ohren schmerzen wahnsinnig, kein Wunder bei minus 18 Grad und zwei Grad kaltem Wasser, das immer wieder in Wellen über das Boot schwappt und alle klatschnass macht. Ein Offizier gibt ihr einen Schal, damit sie wenigstens die Ohren etwas wärmen kann. Später, in der schlechten Zeit der Nachkriegsjahre, strickt sie sich einen warmen Pullover daraus.

Fünf Stunden müssen die Menschen, die im Boot überleben, ausharren. Immer wieder sehen sie die Lichter von Schiffen, aber sie fahren vorbei. Stiller und stiller wird es an Bord, immer mehr der Insassen sterben oder verlieren zusehends an Kraft. Dann aber gerät das Floß in einen Lichtkegel. „Da wurden wir wieder munter und schrien verzweifelt um Hilfe." Es ist ein Minensuchboot, das aus Pillau unterwegs und selbst vollgestopft mit Flüchtlingen ist, das sie schließlich rettet. Ein Soldat steigt eine Strickleiter herunter, legt sich die halb erfrorene, völlig entkräftete junge Frau über die Schulter und schleppt sie an Bord. Dort müssen ihr die Kleider vom Leib geschnitten werden – so steifgefroren sind sie. Dann wird sie mit Kognak eingerieben, fällt in einen tiefen Schlaf – und wacht erst Stunden später wieder auf. Das erste Gefühl ist Hunger. Zum Glück gibt es Erbsensuppe.

Am 31. Januar erreicht das Schiff Sassnitz, wo Waltraud von Bord geht und zunächst ins Lazarett eingeliefert wird. Ihr ganzer Körper ist grün und blau – Erfrierungen und Wunden. Schließlich gelangt sie mit Glück in einen Zug nach Bad Elster in Sachsen, wo sie eine Tante hat. Die Stadt ist bereits von den Amerikanern besetzt – für Waltraud Grüter ist der Krieg so plötzlich vorbei, dass sie es zunächst gar nicht richtig begreift. Die Amerikaner sind freundlich und schicken sie weiter nach Thüringen, wohin ihre Mutter inzwischen geflohen ist. Mutter und Tochter liegen sich glücklich in den Armen. Ihren Vater dagegen sieht sie nie wieder. Er gilt seit September 1944 als in Russland vermisst.

Auch in Thüringen sind zunächst die Amerikaner. Sie machen allerdings der Roten Armee Platz. Was folgt, sind Vergewaltigungen und Plünderungen. Waltraud und ihre Mutter fliehen nach Bremen. 1948 ziehen sie nach Echte am Harz, Waltraud arbeitet in einer Lungenheilanstalt und lernt einige Jahre darauf ihren Mann kennen, der aber bereits 1977 bei einem Autounfall ums Leben kommt.

Familie und Bekannten erzählt sie schon mal über ihre Erlebnisse auf der *Wilhelm Gustloff.* „Aber die ersten

Jahrzehnte nach dem Krieg wollte das eigentlich niemand hören. Und viele haben es auch einfach gar nicht geglaubt." Sie leidet darunter, dass sie keine Schicksalsgenossen kennt, die das Gleiche wie sie erlebt haben. Das ändert sich erst 1985, als Heinz Schön in Damp das erste Treffen der *Gustloff*-Überlebenden organisiert. Damals kamen mehrere hundert Menschen. 1995 sind es schon deutlich weniger. Dass sich ihr Sohn, der Journalist geworden ist, sehr für das Schicksal seiner Mutter und der *Wilhelm Gustloff* interessiert, freut sie ungemein.

Ihren Geburtstag hat Waltraud Grüter seit dem 31. Januar 1945 nie wieder gefeiert. Schon ein oder zwei Nächte zuvor träumt sie vom Unglück, sieht die ganzen dramatischen Bilder und ihre Kameradinnen, von denen keine überlebt hat. Jedes Jahr an diesem Tag gegen 21 Uhr muss sie unwillkürlich an die Ereignisse denken. Dann ist ihr so, als ob sie das alles noch einmal erlebt. „Vergessen kann man das nicht, das kommt immer wieder hoch", sagt sie. „Wir waren alle so lebensfroh, haben Pläne gemacht und uns so viel versprochen vom Leben."

Mit der Mutter ihrer Freundin Waltraud Iselis hält sie in den ersten Nachkriegsjahren noch Kontakt. Sie will alles genau wissen – was hatte ihre Tochter im Augenblick des Unglücks an, warum schaffte sie es nicht nach oben? Die gebrochene Frau erreichte wenige Tage nach dem Untergang ein Brief der Behörden. Ihre Tochter sei äußerlich unversehrt gewesen, vor der Beerdigung noch einmal aufgebahrt und in einem Grab mit vier anderen *Gustloff*-Opfern begraben worden. Blanker Unsinn, doch Waltraud Grüter lässt die Mutter ihrer Freundin in dem

Glauben, weil es ihr die Sache wenigstens ein klein wenig erträglicher macht. Dann aber stellt die Frau neue Fragen: „Warum hast du dich retten können und meine Traute nicht?" Da bricht Waltraud den Kontakt ab, zu nah geht ihr eine solche Frage. „Ich glaube, dass ich es geschafft habe, war Teil meiner Bestimmung, die einem vorgeschrieben ist, wenn man auf die Welt kommt", lautet ihre Antwort auf das Unbeantwortbare.

Eine Antwort hat Waltraud Grüter aber nie gefunden – darauf, wie sie ihre Angst vorm Wasser bändigen kann. Noch viele Jahre nach dem Untergang der *Wilhelm Gustloff* kann sie sich nicht einmal dazu überwinden, über einen kleinen Graben zu springen. Zu groß ist die Furcht, darin zu ertrinken. Ausgerechnet bei ihr, die einst nicht schnell genug in die Ostsee springen konnte und so gerne den Strand auf der Kurischen Nehrung genoss. Viele Jahre später fährt sie mit ihrem Sohn an die Nordsee, weil er an einer chronischen Bronchitis erkrankt ist und der Arzt einen Aufenthalt auf einer Insel empfiehlt. Sie schafft es irgendwie, aufs Schiff zu kommen, durchleidet während der Überfahrt aber große Ängste und sitzt die ganze Zeit – es ist Mitte Januar und eisig kalt – oben an Deck neben dem Rettungsring. Später sitzt sie stundenlang am Strand und starrt aufs Meer. „Ich sagte mir immer wieder: ‚Siehste, da liegen die ganzen Toten von der *Wilhelm Gustloff.*'"

Eine Frau, mit der sie sich ein wenig anfreundet, rät ihr, im Sommer noch einmal wiederzukommen. „Dann sieht alles freundlicher aus und Sie schließen bestimmt ihren Frieden mit dem Meer." Waltraud Grüter befolgt den

Rat. Später überwindet sie tatsächlich ihre Angst und schwimmt sogar wieder im Meer. Allerdings nur so weit, wie sie noch festen Boden unter den Füßen hat. Etwas weiß Waltraud Grüter aber auch, mehr als 60 Jahre nach den dramatischen Ereignissen jener eiskalten Januarnacht: Das Wasser wird nie wieder ihr Element werden, so wie damals auf der Kurischen Nehrung in der geliebten ostpreußischen Heimat.

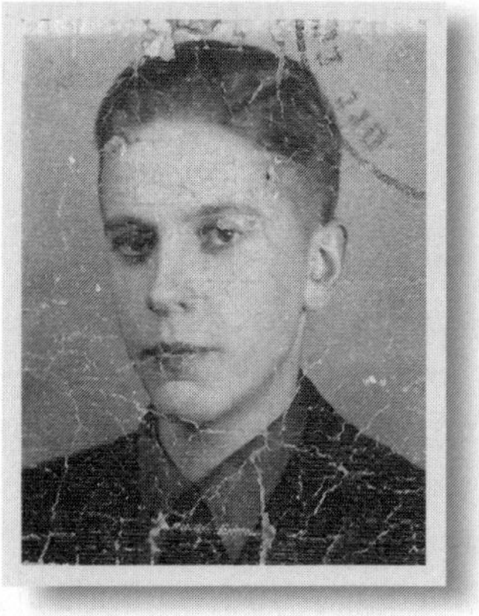

**Erhard Flauss**

## Vergangenheit, die zurückkehrt

Jedesmal, wenn Erhard Flauss an seinen Beinen herunterblickt, wird er an das schlimmste Erlebnis seines Lebens erinnert. Dunkel verfärbt sind sie seit jenem 30. Januar 1945, an dem er als junger Marinesoldat von Bord der *Wilhelm Gustloff* sprang. Mehr als 30 Meter in die Tiefe, in die eiskalte, wogende Ostsee. Der damals gerade 18-Jährige überlebt den Sprung, aber die Kapillaren sind von den Zehen bis zu den Knien zerstört.

Obwohl der Untergang der *Gustloff* mehr als sechzig Jahre her ist und Erhard Flauss in diesen Jahrzehnten Deutschland einmal vom hohen Norden bis ganz nach Süden durchwandert hat, lässt ihn die Erinnerung an jene dramatische Nacht nicht mehr los. Der jahrzehntelange Versuch, das Erlebte für immer zu vergessen oder wenigstens zu verdrängen, war erfolglos. Jetzt, im Alter, sind die Bilder wieder da. Sehr lange kann er nicht darüber reden – dann fängt der 80-Jährige aus Scheidegg am Bodensee an zu zittern und zu schwitzen. Und muss aufhören zu erzählen.

Von dem bayerischen Kurort bis nach Charlottenwerder im einstigen Westpreußen ist es eine ganz schöne Strecke. Hier, in dem kleinen Dorf in der Nähe von Deutsch-Eylau wird Erhard am 17. Januar 1927 geboren. Mitten in die wenigen ruhigen Jahre der Weimarer Republik hinein und genau im richtigen Alter, um dem „Führer" später in der Hitlerjugend zu dienen – und am Ende als Kanonenfutter herzuhalten. Gemeinsam mit seinem sieben Jahre älteren Bruder wächst der Junge wohlbehütet von liebevollen Eltern auf.

Charlottenwerder liegt im Kreis Rosenberg, dem heutigen Susz – eine sehr ländlich geprägte Gegend in Masuren: Erhards Heimatort hat gerade einmal 300 Einwohner, der ganze Kreis im Jahr 1939 knapp 4900. Die Bauern aus der Umgebung beliefern die Molkerei in Charlottenwerder täglich mit Milch. Erhards Vater Ernst ist bis in die dreißiger Jahre Geschäftsführer des Unternehmens – bis die Nationalsozialisten an die Macht kommen. Der Besitzer, Herr Hirsch, ist ein reicher Jude. Eine Seele von Mensch, mit dem die 22 Angestellten ebenso gut auskommen wie Ernst Flauss. Er reist für ihn ins Ausland und genießt sein Vertrauen. Das Verhältnis zwischen den beiden Männern geht längst über das Geschäftliche hinaus, als Hirsch beschließt, vor dem Nazi-Terror die Flucht zu ergreifen. Er hat die Nationalsozialisten früher durchschaut als die allermeisten jüdischen Deutschen, die viel zu lange glauben, so schlimm werde es unter Hitler schon nicht kommen. Für ihn ist es allerdings auch leichter als für die meisten anderen, seine Sachen zu packen und zu fliehen. Hirsch besitzt Fabriken auf dem amerikanischen Kontinent, und so flieht er nach Brasilien. Die Molkerei bietet er Ernst Flauss zum Kauf an. Der kratzt sein Geld zusammen, leiht sich wohl auch etwas. Die Situation auszunutzen und das florierende Geschäft zu einem Spottpreis zu kaufen, wie es viele deutsche Profiteure der „Arisierung" tun, kommt für ihn auf keinen Fall in Frage. An die große Glocke gehängt wird das nicht in Charlottenwerder. Ganz nebenbei ist Erhards Vater nämlich auch der bei den Einwohnern beliebte Bürgermeister der kleinen Gemeinde. Deshalb gehen alle davon aus, dass er Mitglied der Partei ist. Doch das ist falsch – mit den Nazis kann Ernst Flauss nicht viel anfangen. Er hört meist nur zu, hält mit seiner eigenen Meinung aber vorsichtig hinterm Berg. Was ihn nicht daran hindert, freundschaftlichen Kontakt zu alten Bekannten in Charlottenwerder zu wahren, die sich den Nazis angeschlossen haben.

So erzählt er auch lieber nur ganz ausgewählten Menschen von seinem Verhalten dem Juden Hirsch gegenüber. Der Kontakt zu dem Emigrierten bleibt noch lange Jahre bestehen. Als Deutschland nach dem verlorenen Krieg am Boden liegt, die Menschen hungern und frieren und das Land ohne Zukunft scheint, lädt Hirsch Erhard Flauss mehrmals ein, zu ihm nach Brasilien zu kommen. Vielleicht will er sich für das menschliche Verhalten seines ehemaligen Geschäftsführers bedanken, indem er dessen Sohn Hilfe anbietet. Doch der lehnt jedesmal ab, auch als er schon mit seiner Frau Edith verheiratet ist. „Wir waren jung und hatten einfach große Angst vor diesem Schritt. Brasilien war für uns eine ganz andere, eine völlig fremde Welt", erinnert sich Erhard Flauss. Später, als es ihm besser geht und er Lebenserfahrung gesammelt hat, bereut er diese Absagen oftmals.

Der Krieg macht sich in Charlottenwerder nur durch die ausgebombten Rheinländer bemerkbar, die in dem ruhigen Ort untergebracht werden. Gleich sieben Mütter mit Kindern – die Väter sind ja an der Front – bringt Familie Flauss in ihrem geräumigen Haus unter. Ehrensache für den Vater und Erhards Mutter Magdalena. Sie ist die gute Seele im Haus, weiß im Allgemeinen, worauf es ankommt und handelt danach. Zudem ist sie bei allen beliebt. „Der Feldwebel, aber im guten Sinne", so hat ihr Sohn sie in Erinnerung. Aber auch eine gute Geschäftsfrau, die rechnen kann. Auch sie hält sich von den Nationalsozialisten fern.

Anders ihr Sohn. Der geht mit großer Begeisterung zur Hitlerjugend. An politische Schulungen kann er sich kaum erinnern. Zumindest interessieren sie ihn nicht. Er macht sich auch kaum Gedanken über die NS-Ideologie. Über den Widerspruch zwischen deren Judenhass und seinen Erfahrungen mit Herrn Hirsch zum Beispiel, die ja vollkommen andere sind, als die Nazi-Propaganda ihn glauben machen will. „Wir waren ja total verblendet und haben auch nur diese ganzen schlimmen Dinge über die Juden erzählt bekommen." Auch die Lehrer sind in Charlottenwerder durch die Bank Nazis, einer kommt sogar täglich in Uniform zur Schule. Erhard macht sich keine Gedanken darüber, was ihm in der Schule oder der Hitlerjugend vermittelt wird. Für ihn steht ohnedies Sport im Mittelpunkt, und der wird in der Hitlerjugend ja ganz groß geschrieben. Schwimmen ist seine Leidenschaft, und Erhard freut sich jedesmal, wenn er seine Leistung verbessern kann. Einmal allerdings müssen die Hitlerjungen von Charlottenwerder ausrücken zum aktiven Kriegseinsatz. Sie sollen 48 geflohene britische Offiziere wieder einfangen, die aus einem Kriegsgefangenenlager entwichen sind. Jeder von den Jungen bekommt sogar ein Gewehr in die Hand gedrückt – zum Glück muss keiner davon Gebrauch machen.

Für einen Jugendlichen vom Land erstaunlich, hat Erhard nach der Schule ein Ziel: die Beamtenlaufbahn. Er bewirbt sich beim Reichsarbeitsministerium und bekommt dort eine Lehrstelle im Verwaltungsdienst. Seine Stationen sind das Ministerium in Berlin, das schon vom Krieg mitgenommen ist, Bromberg und Thorn im besetzten Polen. Dort ist die Lage jetzt, in der zweiten Hälfte des Krieges, schon recht brenzlig. Abends oder gar nachts dürfen die Schüler das Heim, in dem sie untergebracht sind, nicht verlassen – zu groß ist die Gefahr, von Polen verprügelt zu werden, die ihrem Hass auf die deutschen Besatzer im Schutze der Dunkelheit freien Lauf lassen. Nicht immer halten sich die Jugendlichen an die Vorschrift, einmal mit fatalen Folgen für Erhard: Er wird von einem ihm bekannten kräftigen Polen so heftig verprügelt, dass er anschließend drei Wochen im Krankenhaus verbringen muss. Der Täter, ein junger Mann, wird später wegen einer anderen Prügelei zum Tode verurteilt. Er hatte sich einen Ritterkreuzträger vorgeknöpft – Grund genug für die Deutschen, den Mann zu erschießen. Spätestens von da an weiß Erhard, wie brutal und unmenschlich die deutschen Besatzer in Polen vorgehen. Noch weckt das in ihm aber keine Zweifel.

Schon am Tag nach der Beendigung der Lehre bekommt Erhard den Einberufungsbefehl. Im ersten Augenblick ist er völlig erschreckt, hätte er doch gerne noch eine Weile daheim in Charlottenwerder verbracht. Doch eigentlich zieht es den 17-Jährigen in den Krieg, er will „Führer", Volk und Vaterland verteidigen. Glaubt auch jetzt, Anfang 1944, noch an den Sieg der Wehrmacht. Und hat sich ja auch freiwillig zur Marine gemeldet. Offizier ist jetzt sein Berufswunsch, wie vorher Beamter. Deshalb macht er sich sogar ein Jahr älter als er in Wirklichkeit ist. Heute kann er dieses Verhalten nicht mehr nachvollziehen. „Was war ich bloß für ein Knallsack." Doch die Zeiten sind 1944 eben andere als 2007. In Kiel nimmt er an einem Kurzlehrgang zur Ausbildung als Flakschütze teil. Die Vorgesetzten machen den jungen Leuten den Mund wässrig: Nach sieben Einzelabschüssen feindlicher Flieger gibt es eine Auszeichnung, vielleicht das Eiserne Kreuz Zweiter Klasse. Das wiederum hilft bei der Beförderung. Nach drei Monaten an der 10,5er-Flak haben sie bei den nächtlichen Angriffen der Briten und Amerikaner die sieben Flugzeuge vom Himmel geholt – und bekommen die versprochene Belohnung.

Schließlich wird die Kompanie an einen neuen Einsatzort versetzt: Gotenhafen. Bei einem kurzen Abstecher nach Berlin wird Erhard Flauss während eines Bombenangriffs leicht am Bein verletzt. Trotzdem ist er dabei, als vor Gotenhafen Panzergräben ausgehoben werden müssen. Die Rote Armee steht schließlich schon 100 Kilometer vor der Stadt. Bei einem Fliegerangriff trägt er erneut eine leichte Verletzung davon und verliert eine Weile das Bewusstsein, ehe ihn seine Kameraden im ausgehobenen Graben liegend finden. Die kurze Zeit in der Kälte bei Temperaturen weit unter dem Gefrierpunkt, vielleicht eine halbe Stunde, hat ausgereicht für eine Lungenentzündung, unter deren Folgen Erhard Flauss noch heute leidet. Er wird zunächst mit Fieber im Marinelazarett im Hafen versorgt. Dann kommt der Befehl: Alle Verwundeten und Kranken, die länger liegen müssen, sollen mit der *Wilhelm Gustloff* nach Kiel gebracht werden. Auf dem einstigen Kreuzfahrtschiff wurde eigens ein Lazarett errichtet für die geplante Überfahrt, das aber bei weitem nicht für die an Bord genommenen ausreicht. Fast 800 verwundete Soldaten befinden sich bei der Abfahrt auf dem Schiff. Erhard Flauss wird mit vielen anderen in der „Laube", direkt unter der Brücke und damit vielleicht 25 Meter über der Wasseroberfläche, untergebracht. Mit zwei anderen Soldaten teilt er sich zwei Matratzen, darunter ein Marineoffizier, der nur leicht verwundet ist, anders als viele andere um ihn herum: Der Raum ist voll mit Arm- und Beinamputierten, die von der schon bedrohlich nahen Ostfront hergeschafft wurden. Stöhnen und Schmerzensschreie bilden die ständige Geräuschkulisse in den 48 Stunden vor der Abfahrt des Schiffes.

Anders als die vielen Flüchtlinge an Bord, die sich auf der *Gustloff* sicher fühlen, wissen Marinesoldaten wie Erhard

Flauss und der Offizier natürlich, dass jedes Schiff abgeschossen werden und sinken kann – selbst ein Stahlkoloss wie die *Wilhelm Gustloff*. Sie beratschlagen schon vor der Abfahrt, was im Fall des Falles zu tun sei. „Wir müssen unbedingt sofort versuchen, ins Wasser zu springen", rät der Offizier. Wenn das Schiff erst einmal getroffen ist, werde es auf jeden Fall auch sinken, glaubt er. Flauss vertraut dem erfahrenen Seemann. Zumal er ja Schwimmer ist, und in seiner Freizeit oft vom Zehn-Meter-Turm gesprungen ist.

An die Zeit zwischen dem Auslaufen und den drei Torpedotreffern hat er keine Erinnerung mehr. Für die Verwundeten hat sich ja dadurch nichts geändert. Sie liegen weiterhin auf ihren Matratzen, gequält von Schmerzen, gepeinigt von dem Gedanken, ihr zukünftiges Leben mit nur einem Bein oder einem Arm oder sonstigen schweren Verwundungen fristen zu müssen. Gerade als Erhard vor sich hin döst – an tiefen Schlaf ist wegen der Enge und der stickigen Luft kaum zu denken – nimmt er kurz hintereinander die drei Torpedoeinschläge wahr. Sofort ist ihm klar, was geschehen ist. Der Offizier gibt die Richtung an: raus, nach oben – und ins Wasser springen. Ein gefährliches Unterfangen, denn die Brücke, die über der Laube liegt, befindet sich rund 30 Meter über dem Wasser. Doch zuerst müssen sie überhaupt aus der Laube heraus gelangen. Die Tür, so erinnert sich Flauss, ist verklemmt und es dauert einen Augenblick, bis sie frei ist. Kaum zu beschreibende Szenen spielen sich ab, die Erhard Flauss auch heute noch nur bruchstückhaft erzählen kann – zu sehr überkommt ihn sonst die schmerzhafte Erinnerung. „Viele der verletzten, amputierten Soldaten wussten, dass sie keine Chance haben, dem Tod durch Ertrinken zu entkommen. Manche erschossen sich mit ihren Pistolen selbst, andere gaben hilflosen Kameraden den Gnadenschuss. Lieber schnell auf diese Weise sterben, als einem langsamen, qualvollen Tod entgegenzusehen, so dachten sie sich." Doch es spielen sich auch noch andere Szenen ab, draußen, auf dem Weg zu den Rettungsbooten. „In Panik geratene Passagiere schossen mit Pistolen auf andere, um so an ihre Schwimmwesten zu gelangen. Ich habe Sachen gesehen, die kann man einfach nicht erzählen", sagt Erhard Flauss mehr als 62 Jahre später.

Der Weg zum Aufgang ist nicht allzu weit, daher gelangen Flauss, der Offizier sowie zwei andere Verwundete recht schnell nach oben auf die Brücke. Dort angekommen, laufen sie zum Rand auf der Steuerbordseite, der ein Stück weit über den Schiffsrumpf hinüberragt. Sie blicken kurz herunter in die tobende See, in die hohen Wellen, in die Dunkelheit. Einer der Soldaten will eine junge Frau mit einem Kind davon überzeugen, ebenfalls zu springen. Sie will nicht – da packt der Soldat das Kind und wirft es ins Wasser. Trotz ihrer Angst springt die Mutter hinterher. Ohne lange zu überlegen stürzen sich dann auch die vier Soldaten hinunter. Seit den drei Torpedotreffern sind etwa sechs oder sieben Minuten vergangen. Nur der Offizier und Flauss überleben den Sprung, die anderen beiden Soldaten nicht. Sie tauchen nicht wieder aus dem Wasser auf – entweder haben sie den Aufprall aus rund 30 Metern Höhe nicht überlebt oder durch den Kälteschock beim Eintauchen in das nur zwei Grad kalte Wasser einen Herzinfarkt erlitten. Auch die Mutter und ihr kleines Kind sehen sie nicht wieder. Erhard Flauss aber hat Glück. Vermutlich landet er im Wasser, als gerade eine Welle ganz oben steht. Und er taucht mit den Beinen zuerst ein. „Wäre ich mit dem Bauch oder dem Rücken auf das Wasser geprallt, wäre ich sicher auch tot gewesen“, glaubt er. Den Beinen sieht man den Aufprall wegen der Verfärbung durch die abgestorbenen Kapillaren noch heute an.

Aber natürlich macht auch ihm das eisige Wasser schwer zu schaffen. Schon nach wenigen Minuten bekommt er Krämpfe. Doch der Sportschwimmer ist abgehärtet durch seine Zeit auf der Marineschule in Kopenhagen, in der er immer wieder zu Trainingszwecken einige Minuten ins eiskalte Wasser musste. Auch der viele Sport in der Hitlerjugend hat ihn abgehärtet. „Deshalb kann ich sie einfach nicht verfluchen. Irgendwie hat sie mir auch das Leben gerettet“, sagt Erhard Flauss. Trotzdem: Nach 30 Minuten im Wasser, halb schwimmend, halb treibend, ist er ziemlich am Ende seiner Kräfte, verliert zeitweilig die Besinnung. Dann treibt ein Rettungsboot vorbei mit vielen Menschen darauf. Erhard versucht, in das Boot zu gelangen. Es ist ohnehin fast unmöglich, sich über die Bordwand zu ziehen – doch einige der Insassen hindern ihn zusätzlich, schlagen nach seinen Händen, wenn er sich daran hochziehen will. Sie befürchten, das Boot könnte kentern oder zu voll werden. Mag sein, dass sie Mitleid mit dem im Wasser Treibenden haben, doch ist ihnen ihr eigenes Überleben wichtiger. Aber Erhard weiß, dass er ohne das Boot nicht mehr lange überleben wird und gibt nicht auf. Er bekommt ein Seil zu fassen, das aus dem Boot heraushängt, und lässt sich mitziehen. So muss er wenigstens nicht mehr selbst gegen die Wellen mit seiner schwindenden Muskelkraft ankämpfen. Ein Soldat, der ein Herz für seinen Kameraden hat, versucht ihn dann doch an Bord zu ziehen – erfolglos. Er schafft es nur, ihn ein kleines Stück hoch zu ziehen, so dass Erhard nun mit dem halben Oberkörper auf dem Bootsrand liegt. Er fasst neuen Mut, den Kampf ums Überleben will er nicht aufgeben. Und denkt gar nicht ans Sterben. „Es war für mich irgendwie selbstverständlich, dass ich überlebe", fasst er seine damalige Gemütslage zusammen.

Heute kann er diesen Optimismus nicht verstehen. Die Matrosen auf dem Torpedoboot *T36,* die ihn endlich aus dem Wasser ziehen, glauben sogar, er sei tot. Zumal der erste Rettungsversuch fehlschlägt – der Strick, an dem der Körper an der recht hohen Wand an Bord gezogen werden soll, reißt, und Erhard fällt ins Wasser zurück. Die Rettung klappt erst im zweiten Anlauf. An Deck liegt ein lebloser Körper, den die schwer beschäftigten Lebensretter gar nicht beachten. Tote bleiben erst einmal liegen, die Lebenden haben Vorrang. Doch dann bemerkt einer, dass die rechte Hand des Körpers zuckt. „Der lebt ja noch", ruft er. Sie tragen den steifgefrorenen Körper nach unten in den Maschinenraum, ziehen ihm die Kleider aus und legen ihn nackt auf eines der dicken Wasserrohre zum „Auftauen". Der so knapp dem Tod Entronnene wacht erst auf, kurz bevor die *T36* Sassnitz erreicht. Da erzählt ihm einer die Umstände seiner Rettung, an die er sich selbst nicht erinnern kann.

Sieben Tage bleibt Erhard im Marinelazarett in Sassnitz, dann wird er nach Stralsund verlegt. Er hat starke Probleme mit den Knien, kann kaum laufen. Als die Retter auf der *T36* ihn an Bord zogen, waren seine Knie mehrfach stark gegen die Schiffswand geprallt. Aber was schlimmer ist: Der 18-Jährige bekommt von Tag zu Tag weniger Luft. Den Grund findet ein Arzt: 1,5 Liter Eiter und Wasser in der Lunge. Eine Punktion der Lunge verläuft erfolgreich, doch die Lungenentzündung bleibt. Während einer Verlegung nach Oldenburg/Holstein entkommt Erhard Flauss erneut nur knapp dem Tod. Der Zug, der die Verletzten wegbringen soll, steht abfahrbereit im Bahnhof von Stralsund, als feindliche Flieger urplötzlich aus der Luft angreifen. Sirenen jaulen auf, direkt danach fallen Bomben. „Dann kann ich mich nur daran erinnern, dass ich auf dem Bahnsteig lag und der Zug weg war." Vermutlich hatte der Luftdruck ihn aus Wagen geschleudert, bevor der Zug von den Bomben völlig zerstört wurde.

Im Lazarett in Oldenburg holen Erhard Flauss die Engländer ein – das bedeutet Kriegsgefangenschaft. Er kommt in ein großes Lager bei Hannover. Verpflegung und Versorgung sind hier besser als zuletzt bei der Wehrmacht, so dass der junge Mann wieder zu Kräften kommt und die Lungenentzündung scheinbar besiegt. Weil er aufgrund seiner Verwaltungsausbildung Schreibmaschine schreiben kann, muss er Schreibarbeiten erledigen, unter anderem auch Entlassungsscheine tippen.

Das bringt den Stubenältesten aus Erhards 18-Mann-Baracke, einen pfiffigen Kerl aus Stuttgart, prompt auf eine Idee. Er schreibt von allen Männern eine imaginäre Krankheit auf ein Stück Zeitungspapier. Jeder muss natürlich an einer anderen leiden, damit die Sache glaubwürdig ist. Erhard fertigt Entlassungsscheine mit den eingetragenen Krankheiten an und legt sie in die Mappe des zuständigen britischen Offiziers. Der fällt auf den Trick herein – kurz darauf werden alle „Kranken" in die Freiheit entlassen.

Nun macht sich Erhard auf die Suche nach einer Zukunft – und nach seiner Familie. Er hat ja eine solide Ausbildung, findet erst einen Job im Arbeitsamt in Hamburg und kommt dann ab 1947, zuerst im Arbeits-, dann im Wirtschaftsministerium von Thüringen unter. Er lebt in Erfurt, mag die Stadt und seinen Beruf. Aber es belastet ihn stark, dass er seit langem nichts von seiner Familie gehört hat. Wo sind sie geblieben – der Vater und die Mutter? Seinen Bruder hatte er letztmalig durch einen großen Zufall im Sommer 1944 in Kopenhagen gesehen. Während seines Lehrgangs in der besetzten dänischen Hauptstadt bummelt er eines Tages mit einigen Kameraden durch die Stadt, als ihnen plötzlich eine Gruppe von drei Offizieren entgegenkommt, von denen zwei den dritten in ihre Mitte genommen haben und stützen, weil er verwundet ist. Beim Näherkommen traut Erhard seinen Augen nicht: Der Verletzte in der Mitte ist sein Bruder. Beide feiern das überraschende Wiedersehen etwas zu lange. Das gibt anschließend großen Ärger, weil Erhard viel zu spät zurück in der Marineschule ist. Mit seiner Autorität als Offizier biegt sein Bruder die Sache aber wieder gerade. Er kommt schließlich heil aus dem Krieg zurück und zieht nach Husum. Der Kontakt ist nach Kriegsende alsbald wieder hergestellt.

Und Magdalena, seine Mutter? Erst Jahre nach dem Krieg erfährt der junge Mann die grausame Wahrheit. Eines Tages bekommt er einen Brief eines ehemaligen Schulkameraden aus der Kompanie seines Vaters. Dieser erzählte ihm, was sich in den letzten Tages des Krieges, vielleicht sogar am letzten Tag überhaupt, in seinem Beisein in einem kleinen Ort in Pommern abgespielt hatte. Sein Vater war 1944 doch noch zum längst verlorenen Kampf gegen die Rote Armee eingezogen worden, nachdem bis dahin seine Arbeit in der heimischen Molkerei als kriegswichtig gegolten hatte. Ernst war mit seiner Kompanie auf Rotarmisten gestoßen, die den nahen Sieg über Deutschland bereits mit viel Alkohol feierten. Die sowjetischen Soldaten fragten, wer unter den Deutschen die Befehlsgewalt habe. Einer der einfachen Soldaten zeigte auf Ernst. Er sei Offizier und habe auch Russen umgebracht – was nach den Erkenntnissen des Schulkameraden nicht stimmte. Da Ernst neben seiner Offiziersuniform auch noch eine Brille mit goldenem Rand trug, galt er den Sowjets als Mitglied der Oberschicht. Grund genug, schnell und skrupellos zu handeln: Sie stellten Ernst vor ein Scheunentor und erschossen ihn.

Seine Frau Magdalena erlebte die Szene mit. Sie war eigentlich vor der anrückenden Roten Armee nach Jena geflohen, hatte sich aber Ende April auf die Suche nach ihrem Mann begeben, einfach so, mitten in den Wirren der letzten Kriegstage. Sie wollte handeln und ihren Mann nicht einfach der drohenden russischen Kriegsgefangenschaft überlassen. Fast unglaublich, aber wahr: Sie fand ihn sogar, man feierte Wiedersehen – just, bevor die Russen dazukamen. Als Magdalena begriff, dass ihr Mann erschossen werden sollte, wollte sie die gegnerischen Soldaten daran hindern. Sie zielte mit einer Pistole auf einen Offizier, doch die Soldaten hinderten sie daran, ihn zu erschießen. Sie verprügelten und misshandelten die Frau und fügten ihr so schwere Verletzungen zu, dass sie von Pommern nach Jena, wo ihre Schwester lebte, gebracht und dort ins Krankenhaus eingeliefert wurde. Sie musste fast drei Jahre dort verbringen und blieb in dieser Zeit von fremder Hilfe abhängig.

Ihre Schwester macht schließlich den Aufenthaltsort von Erhard aus und schreibt ihm einen Brief. Magdalena wird in ein Krankenhaus nach Lübeck verlegt, um ihrem älteren Sohn, der ja in Husum lebt, näher zu sein. Die Brüder sehen die Mutter nach fast drei Jahren wieder – und sie sind vollkommen schockiert. Noch immer sind die Folgen der Misshandlungen am ganzen Körper zu sehen, die Mutter, eigentlich eine tatkräftige Frau, wirkt so hilfsbedürftig, dass Erhard sie fast nicht mehr zu kennen glaubt. Eigentlich erstaunlich, dass die russischen Soldaten Magdalena überhaupt am Leben gelassen haben oder sie nicht an den Verletzungen gestorben ist. Eine Nacht bleibt Erhard bei seinem ersten Besuch im Krankenhaus – dann raten ihm die Ärzte, wieder nach Hause zu fahren. Er könne seiner Mutter mit seiner Anwesenheit nicht helfen, lautet ihre offizielle Begründung. In Wahrheit machen sie sich auch Sorgen um den psychischen Zustand des jungen Mannes, den der Kontakt zu seiner Mutter sichtbar schwer mitnimmt. Die nächsten Monate sieht Erhard sie regelmäßig, aber nicht allzu oft. Auch, weil er sich häufige Reisen von Erfurt nach Lübeck gar nicht leisten kann.

Als Magdalena so weit wiederhergestellt ist, dass sie aus dem Krankenhaus entlassen werden kann, zieht Erhard mit ihr nach Dortmund, wo er eine neue Arbeitsstelle bekommt. Er heiratet einige Jahre später Edith, das junge Paar bekommt eine Tochter und einen Sohn, der als erwachsener Mann bei einem Autounfall umkommt. Erhard stürzt sich in die Arbeit: Er macht eine Ausbildung zum Oberkellner bei der Mitropa und wird auf Sonderzugfahrten mit bekannten Politikern wie Konrad Adenauer, Franz Josef Strauß, Theodor Heuss eingesetzt. Dann übernimmt er eine Autobahnraststätte bei Düsseldorf, schließlich Kurhäuser im Schwarzwald und zuletzt in Scheidegg am Bodensee, wo Erhard Flauss bis heute lebt.

Viel Zeit, sich an die Nacht des Untergangs der *Wilhelm Gustloff* zu erinnern, bleibt bei so einem ausgefüllten Berufsleben nicht. „Ich habe mich in die Arbeit und in die Familie geflüchtet. Und zwar ganz bewusst.“ Er macht auch ein wenig Kommunalpolitik, wird Mitglied der CSU. Edith fragt nicht nach. Sie weiß von seinen Emotionen, seiner Angst vor der Erinnerung und akzeptiert sein Schweigen. Journalisten, die zuhauf bei ihm nach Interviews anfragen, schickt er wieder weg. Schließlich befürchtet er auch, sich mit seinen Erzählungen den anderen Menschen aufzudrängen, die ihn doch fragen und alles wissen wollen. Vor Wasser hat der einst begeisterte Schwimmer keine Furcht. „Warum sollte ich?“, fragt er fast erstaunt. Im Gegenteil. Er, der selbst dem Tod in der Ostsee durch die Hilfe anderer entging, rettete als Mitglied der *Deutschen Lebensrettungsgesellschaft* Menschen vor dem Ertrinken.

Doch seitdem er nicht mehr berufstätig ist, gelingt auch die Verdrängung nicht mehr. Fast regelmäßig wacht er nachts auf, schweißgebadet – immer wieder dieselben Bilder über den Krieg und die *Wilhelm Gustloff*. Jahrzehntelang redet er fast nicht darüber. Manchmal zeigt er während seiner aktiven Zeit den Film „Nacht fiel über Gotenhafen“ auf einer Leinwand im Veranstaltungssaal seines Kurhauses. Die Kurgäste sind immer sehr interessiert und fragen auch nach seinen Erlebnissen. „Sie bekamen aber fast nichts aus mir heraus. Ich konnte einfach nicht darüber reden.“ Nur seine Tochter rät ihm immer wieder, über sein Schicksal zu sprechen. Vielleicht helfe ihm ja, sich einfach mitzuteilen. Reden als Therapie eben. Irgendwann, als es nach dem Erscheinen von Günter Grass’ „Im Krebsgang“ immer mehr Journalistenanfragen gibt, beginnt Erhard Flauss dann zu sprechen. Nur stockend, es fällt ihm schwer. Aber immerhin. Schließlich spricht er mehr als 62 Jahre nach dem Untergang der *Wilhelm Gustloff* erstmals für dieses Buch ausführlich über die Geschehnisse. Noch immer muss er zwischendurch abbrechen, nimmt einen neuen Anlauf. Die Vergangenheit wird ihn nicht in Ruhe lassen, das weiß der inzwischen 80-Jährige. Sie kehrt sogar je stärker zurück, umso älter Erhard Flauss wird.

Ursula Starke

# Vergangenheit, die nicht loslässt

Musik hat eine große Bedeutung in Ursula Starkes Leben. Noch heute, in ihrem neunten Lebensjahrzehnt, spielt sie in der Altmark an den Sonntagen in sechs Kirchen die Orgel. Meistens kommt dann der Pfarrer vor dem Gottesdienst vorbei und holt sie von ihrem Haus in Dähre mit dem Auto ab, denn sie muss ihr eigenes Keyboard mitnehmen, weil die meisten Gotteshäuser dort keine Orgel haben. Schon zu DDR-Zeiten hat sie neben ihrem Lehrerjob Tanzgruppen und Chöre in der ganzen Gegend unterrichtet und viel musiziert – von Operetten über Werke von Mendelssohn bis zu „Yesterday" von den Beatles, ein Lied, das sie noch immer gerne vor sich hin summt. Deshalb genießt sie in ihrem altmärkischen Umfeld großes Ansehen. Auch der Arbeiter- und Bauernstaat zeigte ihr immer wieder seine Dankbarkeit und verlieh ihr Auszeichnungen wie die Verdienstmedaille der DDR oder die Ehrennadel der *Nationalen Front*. Als sie 80 wurde, hat sie die Musik aufgegeben. Bis auf das sonntägliche Orgelspielen in den Kirchen.

Mitglied der SED war sie nicht, sie interessierte sich eher für ihre Musik und ihre pädagogische Arbeit. Aber Ärger mit der Partei wollte sie auch nie haben. Deshalb hat sie auch nie öffentlich von ihrem Schicksal erzählt, solange der Teil Deutschlands, in dem sie jahrzehntelang wohnte, DDR hieß, ein Staat, der es mit der freien Meinungsäußerung und der Wahrheit nicht so genau nahm. Davon nämlich, dass sie in jener Januarnacht 1945 als Überlebende des Untergangs der *Wilhelm Gustloff* nur knapp dem Tode entronnen ist. „Es wäre nicht opportun gewesen, das zu erzählen. Schließlich war die Sowjetunion unser großer Freund, da geziemte es sich nicht, daran zu erinnern, dass ein sowjetisches U-Boot ein Schiff mit so vielen Menschen an Bord abschoss", begründet sie heute ihr Schweigen außerhalb der Familie und des engsten Freundeskreises. Ihr Mann wusste natürlich Bescheid, ihr Sohn, der sich aber nie dafür interessierte, und einige Freudinnen. Aber öffentlich darüber reden – nein, besser nicht. „Die Partei wäre darüber sehr böse gewesen, und ich hätte sicher Ärger bekommen." Viele wollten von der ganzen Sache ohnehin nichts wissen. Das war im Osten nicht anders als im Westen. So zeigte sie auch kaum jemandem das Schulheft, in das sie kurz nach Ende des Krieges im Juni 1945 mit Mädchenhandschrift die Erinnerungen an ihre Flucht aufschrieb. Noch heute muss man sie ein wenig dazu überreden, daraus vorzulesen. Sie geniert sich, denn der Schreibstil ist der ehemaligen Lehrerin ein wenig zu kindlich-naiv. Und hier und da taucht mal ein junger Mann auf, der ihr wohl gefallen hat. Damals, als sie selbst ein junges Mädchen war. Ein ganz hüsches zumal, ein Eindruck, dem sie selbst gar nicht widersprechen mag. Aber ein paar alte Fotos zeigen das unwiderlegbar.

Die Nacht des Untergangs, die dramatischen Ereignisse, die Leichen derjenigen, die weniger Glück hatten als sie, hat Ursula Starke indes nie vergessen. Noch nicht einmal den ersten Anblick der Wilhelm Gustloff, die am Pier von Gotenhafen-Oxhöft lag. Gehört hatte sie von dem Nazi-Traumschiff, von dem die Zeitungen und Zeitschriften voll sind und die Radioprogramme berichten, nie zuvor. Auf dem heimischen Bauernhof bei Goldap in Ostpreußen gibt es keinen Strom – und daher keinen Volksempfänger. Und zum Zeitunglesen haben die Eltern kaum Zeit. So blickt Ursula Starke an jenem Tag Ende Januar 1945 fassungslos auf diesen Giganten, der da in 300 Metern Entfernung aus dem dichten Nebel auftaucht, als sie nach längerer Flucht Gotenhafen erreicht und bei Eiseskälte und durch den hohen Schnee stapfend ein Schiff gen Westen sucht. Aber ihr und ihrer Freundin Elvira, die sie auf der Flucht kennengelernt hat, ist sofort klar: Auf dieses Schiff müssen wir. Kann es schließlich einen sichereren Platz geben als diesen Koloss, der jegliche Vorstellungskraft des Mädchens aus der tiefsten ostpreußischen Provinz bei weitem übertrifft?

Tatsächlich schaffen es die beiden jungen Frauen, im Gegensatz zu vielen anderen Wartenden, am Tag der Ab-

Die *Wilhelm Gustloff* liegt zu Beginn des Krieges als Lazarettschiff im Hafen von Stettin.

fahrt vormittags auf das Schiff zu gelangen, das ihnen Rettung verheißt vor den Soldaten der Roten Armee. Der Luxus, den sie hier sehen, wäre ihnen zuvor unvorstellbar gewesen. Das Traumschiff der Nazis entfaltet vollkommen seine beabsichtigte Wirkung. Die zwei bekommen Kojen im unteren Schiffraum zugewiesen, es riecht überall nach frischgebackenem Brot, die Bohnensuppe, die es gegen die Essensmarke gibt, ist lecker und würzig. Über die Schwimmwesten, die an jeden Passagier ausgehändigt werden, lachen sie nur und legen sie beiseite. Ein solches Schiff und untergehen? Lächerlich! Und abends gibt's schon wieder eine reichhaltige Mahlzeit.

So fühlen sich Ursula und Elvira geradezu wohlbehütet, als sie sich an jenem 30. Januar gegen 20 Uhr in ihre Kojen legen und in einen tiefen Schlaf versinken, während die *Wilhelm Gustloff* mit zwölf Knoten durch die Nacht gleitet. Doch plötzlich: ein ohrenbetäubender Knall, dann noch einer und noch einer. Im Nu ist alles in der Kabine auf den Beinen. Kinder schreien und halten ihre Mütter umklammert. Das Licht geht aus, ein furchtbar stinkender Qualm macht sich breit. Ursula tastet nach ihrem Mantel, doch der ist fort. Hat ihn Elvira mit heruntergerissen, als sie von ihrem Bett sprang? Egal, bloß raus hier, denkt Ursula. Gerade noch schafft sie es, in die Schuhe zu schlüpfen, die unterm Bett stehen, eine Decke und die Schwimmweste zu greifen. Dann nichts wie nach oben. Doch die Treppen sind kaum noch zu erklimmen. Kinder schreien, stolpern, werden niedergetreten. Greise und manche Frauen genauso. Niemand achtet auf sie. Wie viele Menschen auf dem Weg über die Treppen nach oben sterben, weiß Ursula Starke nicht – aber es sind sicher viele. Elvira ist in dem Gewühl der panisch nach oben strebenden Menschen verlorengegangen.

Fast schon sind ihre Kräfte vollkommen aufgebraucht, als sie endlich auf Deck ankommt. Der Wind pfeift eiskalt. Sie legt sich die Decke um, sie sieht, wie Matrosen versuchen, Rettungsboote loszumachen – vergebens. Unter sich hört sie das Wasser brausen. Offiziere versuchen, die von Todesangst erfüllten Menschen zu beruhigen: Das Wasser steige nicht mehr, weil das Schiff bereits mit der Schlagseite auf Grund liege. Wenn sie das nur glauben könnte! Doch Ursula erkennt, dass die Aussage falsch sein muss. Denn das Schiff legt sich immer weiter auf die Seite, das ist deutlich zu spüren. Es wird fast unmöglich, sich auf den Beinen zu halten, das Deck ist bei dem starken Frost vollkommen vereist und damit spiegelglatt. Ursula rutscht nach unten, gewinnt irgendwie wieder Halt und schafft es auf Händen und Füßen kriechend zurück zu Reling. Ein verwundeter Soldat reicht ihr die Hand und hält sie fest.

„Doch dann war das Wasser da. Mit Macht war es angestiegen und hatte mich nun erreicht. Wasser, nichts als Wasser. Und Eiseskälte. Vergeblich versuchte ich mich an der Oberfläche zu halten. Ich tauchte unter. Meine Kleidung war zu schwer. Ich schaffte es, wenigstens die Stiefel abzustreifen und kam schließlich wieder nach oben. Angst? Nein. Ich arbeitete mit Todesverachtung", erinnert sie sich Jahrzehnte später. „Um mich herum trieben viele andere, Hunderte, Tausende. Eine gespenstische Totenstille hatte sich breitgemacht. Nur das Wasser platschte und gluckerte." Welle auf Welle jagt der eisige Wind ihr und den anderen über den Kopf. Dann endlich – nach wie langer Zeit? – entdeckt sie ein überfülltes Floß. Als es vorbeitreibt, versucht sie, sich daran festzuklammern. Zunächst vergeblich – die Hand eines auf dem Boot sitzenden Matrosen schüttelt sie energisch ab. Es ist ein Kampf jeder gegen jeden. Doch die junge Frau im Wasser bleibt hartnäckig – den Tod vor Augen entwickelt sie ungeahnte Kräfte. Sie findet erneut Halt und behauptet ihren Platz. So treibt sie eine Weile mit dem Floß weiter.

Dann endlich – ein Rettungsboot. Sie stößt sich vom Floß ab und erreicht trotz ihrer halberfrorenen Glieder den Kahn. Auch der ist übervoll. Aber Ursulas Entschluss steht fest: Sie will in das Boot, es ist die einzige Hoffnung, zu überleben. Und sie schafft es irgendwie hinein, während Soldaten mit ihren Stiefeln das Wasser herausschöpfen, das sich auf dem Boden gesammelt hat. Immer wieder schütten sie dabei Ursula das eiskalte Wasser auf den Kopf. Doch sie ist zu erschöpft, um sich noch zu rühren. Nur die schon halb erfrorenen Arme schiebt sie bei einer Frau unter die Decke, damit sie sie wärmt. „Die brauche ich noch“, denkt sie.

Etwas Entsetzliches nimmt sie aber doch wahr, trotz ihrer völligen Entkräftung. Am Rand des Boots halten sich viele Hände krampfhaft fest. Von Menschen, die im eisigen Wasser ausharren, die nicht untergehen wollen und die doch ihre Chancen schwinden sehen. Blass sind sie, weiß von der Anstrengung, sich festzukrallen. Ein junger Matrose bittet sie, ihm seine Hände zu wärmen. Sie versucht es, so gut es geht, mit wenig Erfolg. Ja, sie versucht sogar, den Mann ins Boot zu ziehen, aber damit ist sie völlig überfordert. Allmählich lässt eine Hand nach der anderen los. Oft hört man noch einen tiefen Seufzer, bevor die Gestalt für immer in der dunklen, kalten Tiefe versinkt und sich dem Tod ergibt. Schreie vernimmt sie nicht. Diese Bilder, diese Geräusche haben sich tief eingeprägt in ihre Erinnerung.

Irgendwann kommt ein Schiff. Die Insassen des Rettungsboots werden mit Tauen an Deck gezogen. Ursula ist zu schwach, um ihre Retter noch zu unterstützen. An Deck erwacht ihr umnebelter Geist noch einmal kurz. Sie bemerkt, dass ihre Füße total erstarrt sind vor Kälte, die Kleidung ist steifgefroren. Matrosen schleppen sie in den hell erleuchteten Maschinenraum und ziehen ihr die Kleider aus. Sie fällt in einen Halbschlaf. Als sie wieder erwacht, sitzt Elvira neben ihrem Bett, die Freundin, mit der sie gemeinsam auf die *Wilhelm Gustloff* gekommen war. Auch sie hat es also geschafft. Überall ist Weinen und Jammern zu vernehmen. Mütter suchen ihre Kinder, Kinder ihre Mütter. Immerhin: Ursula hat Hunger. Während die meisten anderen Schiffbrüchigen nichts essen, weil sie seekrank sind, langt sie ordentlich zu. In Sassnitz geht sie barfuß an Land. Ein Soldat besorgt ihr Holzschuhe. Man fragt sie, wohin sie möchte. Nach Zausewitz in Sachsen, zu ihren zwei Tanten, lautet ihre Antwort. Ursula Starke bekommt ein Papier in die Hand gedrückt, um sich ausweisen zu können. Sie besteigt einen Zug nach Süden. Dass ihre Fluchtodyssee mit dem Untergang der *Wilhelm Gustloff* und ihrer Rettung noch lange nicht zu Ende ist, ahnt sie nicht.

Wenn Ursula Starke heute in ihrem Wohnzimmer, zwischen Möbeln mit DDR-Charme und der alten, wertvollen Holzvitrine aus einem früheren Jahrhundert sitzt und zurückdenkt daran, was sie damals nach ihrer Rettung empfunden hat, gibt sie unumwunden zu: „Ich habe nicht daran gedacht, ob andere Menschen um mich herum sterben. Ich wollte überleben. In diesen Stunden war sich jeder selbst der nächste. Das mag böse oder egoistisch klingen. Aber so war es.“ Mit Hartherzigkeit habe diese Einstellung nichts zu tun. „Man konnte ja doch nichts tun, wenn die Kinder oder die anderen Frauen neben mir untergingen und ertranken“, sagt die weißhaarige Frau, die ihr Gegenüber durch eine große Brille anschaut. Man merkt: Wenn sie ihre Empfindungen von damals heute ungeschminkt wiedergibt, ist das ist kein Selbstschutz, es ist einfach ehrlich.

Dass sie eines Tages in eine solche dramatische Situation geraten könnte, hat Ursula Starke sich nie vorgestellt, damals in Goldap, wo sie geboren und behütet aufgewachsen ist. Hier, am östlichsten Rand Deutschlands und Ostpreußens, bekommen die Menschen nicht allzu viel mit von den Ereignissen im Reich. Zumal die Familie Starke nicht, die ja auf ihrem Bauernhof, vor den Toren der Stadt, keinen Strom hat, so dass sie die Reden Hitlers oder Goebbels' nicht via Volksempfänger hören kann. Nur manchmal lauscht Ursula dem „Führer", nachmittags bei einer Schulfreundin, die in Goldap wohnt. Im Elternhaus gibt es auch nur eine lokale Zeitung. Ursulas Vater Max interessiert sich nicht so für das Geschehen in Deutschland und der Welt. Und von lesenden Frauen hält er ohnehin nichts. Ursula und ihre Mutter Agnes verbergen ihre Bücher gewöhnlich unter dem Strickzeug, das auffällig häufig auf ihrem Schoß liegt. Denn beide sind wahre Leseratten und versinken gerne in anderen Welten, wie denen Tolstois oder Gogols.

Politik wird nicht großgeschrieben in Ursulas Elternhaus. Auf ihrem 100 Hektar großen Hof – 75 Hektar Ackerland, 25 Hektar Flusswiese – stehen harte Arbeit und großer Fleiß im Mittelpunkt, diktiert vom Wandel der Jahreszeiten. Oft sieht Ursula von ihrem Fenster aus die Mutter, wie sie in zwei schweren Körben Steckrüben vom Keller über den Hof in den Kuhstall schleppt. „Die hat sich fast tot malocht“, erinnert sie sich heute. Dabei haben ihre Eltern ursprünglich einmal ganz anders gelebt. Bis 1928 wohnten sie in Potsdam-Babelsberg, die Mutter hatte ein Feinkostgeschäft und bereitete alle Waren eigenhändig zu. Der Vater spielte Klavier. Potsdam entwickelt sich gerade zur Filmstadt, in der viele UFA-Stars leben. Und Berlin, die quirlige Hauptstadt, in den zwanziger Jahren eine der aufregendsten Metropolen der Welt, liegt vor der Tür. Ein Foto aus jenen Jahren, das Ursula Starke aufbewahrt, zeigt ein elegantes junges Paar, von dem man sich nicht vorstellen kann, dass es später einen mittelgroßen Bauernhof in der ostpreußischen Provinz übernimmt. Dahin verschlägt es sie, weil es dort billiges Land und damit scheinbar eine bessere Zukunft gibt. Denn so richtig gut laufen die Geschäfte in Babelsberg nicht.

Auch Ursula wird schon als Schülerin eingespannt, da kennen ihre Eltern kein Pardon. Nicht gegenüber der Schule: Wenn die Klasse nachmittags im Goldaper See schwimmen lernt, ist Ursula nicht dabei, weil sie arbeiten muss. Und nicht einmal gegenüber der Partei: Zu den Treffen des *Bundes Deutscher Mädel* darf sie nur an den Samstagen. Mittwochs nachmittags, wenn die Mädchen sich auch unter der Obhut der Partei treffen, muss sie auf dem Hof helfen. Was sie ärgert, denn die Treffen gefallen ihr. Vor allem, dass die Mädchen immer so schön zusammen singen. Praktischerweise war die Klasse gleich komplett in den Jungmädelbund eingetreten. Von den Nationalsozialisten ist die 16-, 17-, 18-Jährige begeistert. In der Schule wird sie eingedeckt mit

Nazi-freundlichen Geschichten oder Nachrichten, alle Lehrer gelten als Anhänger Hitlers. „Deutschland unter Hitler empfanden wir als aufgehende Sonne. Jeder sagte das", erinnert sich Ursula Starke. Als ihre beste Freundin 1936 mit ihren Eltern zur Olympiade nach Berlin fährt, platzt Ursula fast vor Neid. Wie gerne wäre sie doch auch hingefahren zu dem Großereignis in die mit all diesen bunten Fahnen geschmückte Hauptstadt mit den vielen Menschen aus aller Herren Länder und dem „Führer". Ihre Eltern dagegen stehen den neuen Herrschern nicht so aufgeschlossen gegenüber. Aber auch sie werden durch die allgemeine Begeisterung angesteckt, zumal ein Freund der Familie Ortsbauernführer von Goldap ist. Aber eine Nazi-Anhängerin ist Mutter Agnes nicht. So verbietet sie zum Beispiel ihrer Tochter ausdrücklich, in Propaganda-Filme zu gehen, auch, wenn sie als Spielfilme getarnt sind. Erst am Ende, kurz bevor sie die Flucht vor der Roten Armee nach Westen antritt, richtet die Mutter eine verzweifelte Hoffnung darauf, dass die vom „Führer" versprochenen „Wunderwaffen" doch noch rechtzeitig zum Einsatz kommen und den Feind zurückschlagen werden. „Ob sie das wirklich geglaubt hat, weiß ich nicht. Aber sie wollte es glauben", sagt ihre Tochter heute. Vielleicht diktierte ihr auch eher die Furcht vor den russischen Soldaten diese Hoffnung.

Man lebt bodenständig. Der Hof, den sie mit ihren Eltern und ihrem neun Jahre jüngeren Bruder Rudolf bewohnt, liegt zwei Kilometer vor den Toren der Stadt, so dass Ursula nicht allzu viele Bekannte dort hat; den Doktor, den Zahnarzt und ein paar Schulfreundinnen. Aber noch heute erinnert sie sich an eine schöne kleine Stadt. Drei Kirchen hat das 1570 gegründete Goldap, das im Ersten Weltkrieg von den Russen besetzt und zerstört wurde. Knapp 13 000 Einwohner leben hier, 130 Kilometer südöstlich von Königsberg. Sie sind stolz, dem Rest des Reiches eine echte Attraktion bieten zu können: den zweitgrößten Marktplatz nicht nur Ostpreußens, sondern Deutschlands. Auch die Landschaft, genannt „Rominter Heide", kann sich sehen lassen. Nicht umsonst machte Kaiser Wilhelm II. sie zu seinem Jagdgebiet. Heute gehört Goldap zu Polen, trägt immer noch seinen alten Namen und hat 20 000 Einwohner.

An die Juden von Goldap kann sich Ursula noch gut erinnern. Vor allem an den kleinen, bettelarmen Händler, an den sie manchmal Kaninchenfelle verkaufen und das Geld behalten darf. Sie verlangt zehn Pfennig pro Fell und bekommt oft nur fünf. Ja, der Mann weiß zu handeln, das muss sie anerkennen. Heute lacht sie darüber, damals ärgert sie sich über den entgangenen Gewinn. Ansonsten sind die Juden in Goldap eher Besitzer der größeren Geschäfte, was Ursula erst durch den Boykott vom 1. April 1933 erfährt, als die jüdischen Geschäfte mit Parolen wie „Ich bin ein Jude" beschmiert oder die Fenster eingeschlagen werden. Auch die „Reichskristallnacht" am 11. November 1938 erlebt sie, in der auch die Goldaper Synagoge niedergebrannt wird. Am Morgen danach sieht sie die schwarze Ruine und fragt, wer der Täter gewesen sei. Eine Antwort bekommt sie nicht. Dass solche Vorkommnisse in fast jeder Stadt passieren, erfährt sie auch nicht – sie hat ja kein Radio und ist somit quasi vom politischen Informationsfluss abgeschnitten.

Vom Krieg, der in Europa tobt, bekommen die Menschen in Goldap lange Zeit gar nichts mit. Das Leben nimmt seinen alltäglichen Lauf, mit all seinen normalen Sorgen und Ereignissen. Gut, es gibt einige kleine Einschränkungen. Zucker wird immer knapper und Schweine dürfen nicht mehr geschlachtet werden. Ein Verbot, das natürlich umgangen wird – damit man wiederum das Fleisch gegen Zuckermarken tauschen kann. Aber von den Kriegsschauplätzen erfährt Ursula nur aus den Wochenschauen im Kino. Das wird im Sommer 1944, als die Rote Armee der Reichsgrenze schon bedrohlich nahekommt, anders. Nun ist das ständige Donnern der Kanonen deutlich zu vernehmen. In der Schule war schon zuvor eine Brandwache eingeführt worden – die Mädchen müssen abwechselnd in kleinen Gruppen dort übernachten, um im Fall eines Angriffs und Treffers entweder selbst den Brand zu löschen oder Hilfe zu holen. Doch die feindlichen Flieger lassen Goldap, die kleine, militärisch unbedeutende Stadt links liegen und fliegen weiter nach Westen.

Nach der Schule wird sie zum einjährigen Arbeitsdienst eingezogen, in der Nähe von Stolp, gerade dort, wo später auf der Ostsee die *Wilhelm Gustloff* im Meer versinkt. Sie muss mit anderen Mädchen bei großer Hitze im Moor Torf stechen. Bis sie eines Tages nach Feierabend mit einigen Kameradinnen ein wenig Musik macht. Ein Glücksfall: Weil sie Geige spielen kann, werden die Mädchen von nun an zu den verschiedenen Lagern geschickt, um die anderen Mädchen ein wenig zu unterhalten. Von da an hat Ursula den Arbeitsdienst als angenehme Zeit in Erinnerung. Verschiedene Instrumente hatte sie ja auch vorher schon gerne gespielt – vor allem Orgel. Eines Tages, nach dem Anschluss Österreichs, setzt ihr ein Bekannter einen Floh ins Ohr. Jetzt, da das Land heim ins Reich zurückgekehrt sei, könne sie doch nach Salzburg zum Musikstudium gehen. Ursula ist sofort völlig begeistert von dem Gedanken und läuft zu ihren Eltern, um ihnen von ihrem neuen Plan zu erzählen. Sie trifft sie bei der Arbeit auf der Flusswiese. Ihre Antwort ist ein kurzes und bündiges Nein. „Nachher wird Österreich wieder selbständig und dann sitzt du da", so die Begründung der Mutter. Sie soll einen ordentlichen Beruf lernen.

Lehrerin zum Beispiel. Mit der Vorgabe kann Ursula leben. Ein Beruf, der sie schon immer fasziniert hat, wenn auch nicht so stark wie die Musik. In Hannover möchte sie eine Lehrerausbildung absolvieren. Doch die Eltern lassen sie nicht in die Großstadt ziehen, die bereits regelmäßig von den alliierten Bombern angegriffen wird. Das Leben sei dort zu gefährlich, so ihr Argument. So kommt Ursula nach Schneidemühl in Hinterpommern. Ein langweiliges Kaff, jammert sie, doch ihre Eltern sind unerbittlich. Sie bekommt eine Kurzausbildung, schon nach einem Jahr darf sie in der Nähe von Goldap Schüler unterrichten. Sie wohnt zu Hause und fährt täglich zehn Kilometer mit dem Rad. Noch sind die Zeiten friedlich, man denkt praktisch und zukunftsorientiert. So hat Ursulas Mutter noch einen anderen Vorschlag: Ursula soll sich einen Tierarzt zum Mann nehmen. Der sei auf dem

Land angesehen und habe ein recht gutes Auskommen. So hält Ursula Ausschau nach so einem Bräutigam – aber in Goldap und Umgebung ist weit und breit kein lediger, junger Tierarzt in Sicht.

Doch dann erreicht plötzlich der Krieg auch Goldap. Eines Tages, im Sommer 1944 sind sie da, die Flüchtlinge aus dem Osten. Deutsche, aber auch Polen, die nicht in die Fänge der Roten Armee geraten wollen. Die meisten Goldaper beäugen sie scheel und sind oft nicht besonders hilfsbereit und großzügig. Daran erinnert sich Ursula kurze Zeit später, als sie selbst Richtung Westen zieht und auf die Hilfe anderer angewiesen ist. Am 19. Oktober 1944 ist es soweit. Die Rote Armee ist so nahegerückt, dass keine Zeit mehr zu verlieren ist. Vor allem für die Frauen, die sich in Sicherheit bringen müssen, denn was mit ihnen geschieht, wenn sie in die Hände der sowjetischen Soldaten geraten, hat sich durch die Flüchtlinge auch ohne Volksempfänger bis nach Goldap herumgesprochen. Wirklich überraschend kommt das Aufbruchsignal nicht, man ist vorbereitet und hat die Fuhrwerke so voll wie nur möglich mit allem erdenklichen Hausrat gepackt. Ursula ärgert sich aber aus einem speziellen Grund besonders über die Flucht: Sie hat an diesem 19. Oktober Geburtstag, und endlich hat die Mutter ihr erlaubt, auch ein paar junge Männer zur geplanten kleinen Feier einzuladen. Schließlich sind ja einige schmucke Offiziere unter den Wehrmachtssoldaten in Goldap dabei. Und Offiziere müssen es sein, darauf besteht die Mutter. Doch statt zu feiern, zieht die Familie nun los. Ursula muss drei Schafe an der Leine führen.

Doch die sind bockig und ziehen in alle Richtungen. Schließlich lässt sie sie im Einvernehmen laufen und kümmert sich um zwei Fohlen.

Zunächst übernachten sie im Stall eines Bauern in der nächsten Stadt. Sehr schnell bekommen die Goldaper nun, in der schon recht kühlen Oktobernacht, mehr Verständnis für die Situation der Flüchtlinge, die nur wenige Wochen zuvor durch ihre Heimatstadt gezogen waren. Schließlich geht es nach Bischoffsburg, etwa 150 Kilometer westlich von Goldap. Die Rote Armee scheint zurückzubleiben, so hat man es nicht mehr eilig. Viele Goldaper kommen in Bischoffsburg unter. Die Familie Starke wohnt nun eine längere Zeit auf dem Hof der Familie Bernstorff. Eigentlich ein schönes Anwesen, nur ist das Haus unendlich verschmutzt. Der Hausherr, Benno von Bernstorff, schläft nachts in seiner Uniform aus dem Ersten Weltkrieg. Ein belesener Mann, Insekten- und Pflanzenkenner, der immer eine stark geflickte Jacke trägt, obwohl es einen Raum im Haus gibt, der vollgepackt mit besten Stoffen ist. Ursula freundet sich mit dem pockennarbigen, hässlichen polnischen Hausmädchen Pulka an, einer geschwätzigen, aber gutmütigen Person, die das Arbeiten nicht erfunden hat und ein Auge auf Marcel, den 43-jährigen französischen Kriegsgefangenen geworfen hat. Er lächelt manchmal zurück und lässt sich dafür von Pulka die Socken stopfen. Ihm gibt Ursula beim ersten Treffen nicht die Hand, obwohl sie gut französisch kann – schließlich ist er ja ein Kriegsgefangener. Schon bald tut ihr ihr Verhalten leid. Das Essen ist sehr eintönig, fünfmal die Woche gibt es morgens Mehlsuppe und mittags Sauerkohl mit Kartoffeln. Und immer muss Ursula daran denken, dass Pulka mehrfach beim Kochen mit einem Kochlöffel probiert und ihn nach dem Ablecken wieder in den Topf gesteckt hat.

Zweimal begeben sich Ursula und ihre Eltern in dieser Zeit noch auf den Weg nach Hause, weil die Rote Armee noch einmal ein Stück zurückgeschlagen wird. Beim ersten Versuch mit Fahrrädern kommen sie nicht durch. Beim zweiten Mal nehmen sie einen Fuhrwagen und schaffen es tatsächlich bis auf den heimischen Hof. Doch der Anblick ist grauenvoll. Das Haus ist völlig ausgeplündert, nichts ist mehr da. Was die Plünderer nicht mitnehmen konnten, zerstörten sie, wie das Ledersofa im Wohnzimmer, das einfach der Länge nach aufgeschlitzt wurde.

Doch als dann die Russen wieder näherkommen und die Wehrmacht diesmal keine Chance mehr hat, sie aufzuhalten, versucht Ursula gemeinsam mit ihrer Mutter, nach Zausewitz in Sachsen zu ihren zwei Tanten zu fliehen. Sie ergattern einen Zug, doch der schafft es nur noch ein Stück weit, dann ist Schluss. Die Rote Armee hat sich im deutschen Osten endgültig festgesetzt. Mutter und Tochter gelangen noch bis nach Königsberg, kommen irgendwie sogar in die Stadt hinein. Schließlich flieht Ursula mit einem Zug nach Pillau, wo sie die gleichaltrige Elvira kennenlernt, die sie von nun an ein Stück begleitet. Von Pillau gelangen sie auf einem Kohlenkahn nach Gotenhafen. Wo sie erstmals in ihrem Leben so etwas Riesiges wie die *Wilhelm Gustloff* sehen, die bei Nebel im Hafen liegt und wie die sichere Zuflucht wirkt.

Als Ursula nach ihrer Rettung bei ihren Tanten in Zausewitz ankommt, staunen die nicht schlecht über den Anblick ihrer völlig heruntergekommenen Nichte. Sie bleibt eine Zeitlang, sieht in der Nacht des 13. Februar einen hellen, feuerroten Schein am Himmel und weiß: Dresden brennt. Dann stehen die Russen auch kurz vor ihrer neuen Zufluchtsstätte, und so zieht Ursula gemeinsam mit einer jungen Frau aus dem Ort weiter. In Leipzig gerät sie beinahe russischen Soldaten in die Hände. In einer Schule, wo sie eines Nachts auf dem Boden liegend ruhen, stehen die Russen plötzlich im Zimmer und wählen sich Frauen aus, die ihnen gefallen. Auch Ursula und ihre Freundin gehören dazu. Doch sie schaffen es, in einem unbeobachteten Augenblick aus dem Fenster zu springen und zu fliehen. In Wurzen entkommen sie wieder nur knapp sexuellen Übergriffen. Diesmal aber sind es französische Kriegsgefangene, die in der sich auflösenden Ordnung auf der Flucht nach Hause sind. Einer gibt ihnen den Tipp, nachts Vorsicht walten zu lassen und so passiert ihnen am Ende nichts. Die beiden jungen Frauen landen unbehelligt bei der Familie von Ursulas Begleiterin in Leipzig.

Ursula ist nun 21 Jahre alt, mittellos, ohne Heimat, ohne Einkommen, ohne Familie und ohne Freunde. Sie weiß nicht, wohin sie gehen oder wovon sie ihr Leben bestreiten soll, hat keine Ahnung, wie ihre Zukunft aussehen könnte. Da schickt ihr der Himmel einen Engel in der Person des Pfarrers der Kirche in Großbadau bei Grimma. Helmut Lehmann sucht jemanden, der Orgel spielen kann. Ursula bewirbt sich bei ihm. Immerhin hatte sie bereits in den letzten Wochen vor der Flucht in Goldap sonntags während der Messe an der Orgel gesessen, weil sie die Einzige in der Gemeinde war, die überhaupt noch spielen konnte. Das Vorspielen geht zwar schief, denn die Kirche besitzt eine richtige große Orgel mit vielen verschiedenen Knöpfen, wie sie Ursula aus Goldap nicht kennt. Aber Pfarrer Lehmann hat wohl ein wenig Mitleid mit ihr, und Orgelspieler laufen ihm ja schließlich auch nicht jeden Tag über den Weg. So nimmt er Ursula trotzdem auf. Sie bleibt acht Jahre. Ihr Orgelspiel verbessert sich zusehends, nicht zuletzt, weil sie Superkantor Günter Ramin kennenlernt, der mit seinem berühmten Thomanerchor aus Leipzig in Grimma untergebracht ist und ihr Übungsstunden in der Leipziger Markuskirche vermittelt. Helmut Lehmann und seine Frau kümmern sich rührend um Ursula. Fast so, als wäre sie ihre eigene Tochter.

Von ihrer Familie hört Ursula lange nichts. Später erfährt sie, dass ihr Vater von den Russen gefangengenommen und in ein Lager nach Sibirien geschickt wurde. Sie wird ihn niemals wiedersehen oder etwas von ihm hören. Das gilt auch für ihre Mutter. Sie ist zurückgegangen nach Goldap, als die Russen über Ostpreußen hinweggestürmt waren. Sie wollte von ihrer Heimat nicht lassen, konnte sich kein Leben woanders vorstellen, wollte nicht ein zweites Mal von vorne anfangen. Sie versucht, sich mit ein wenig Landwirtschaft über Wasser zu halten, muss sich ja auch noch um Ursulas Bruder Rudolf kümmern. 1946 stirbt sie, im Alter von nur 44 Jahren. An Leukämie, so lautet die offiziell vom Krankenhaus mitgeteilte Ursache. Doch Rudolf, der später in der DDR Arzt wird, ist sich sicher, dass ihr Herz versagt hat. Die Frau, die jahrelang auf dem Bauernhof geschuftet hat, konnte zuletzt den körperlichen und seelischen Strapazen einfach nicht mehr standhalten. Ursula holt den 14-jährigen Rudolf zu sich nach Sachsen.

1953 heiratet Ursula – sie bekommt doch noch den Tierarzt, den ihre Mutter sich so für sie gewünscht hat. Man lebt in der Altmark im heutigen Sachsen-Anhalt, ein Sohn wird geboren, Ursula wird Lehrerin. 1963 fahren sie und ihr Mann mit dem Auto nach Goldap. Zu groß ist die Sehnsucht nach der Heimat. Der Anblick ist entsetzlich. Der Friedhof, auf dem die Mutter begraben liegt, ist völlig verwildert. Die Kreuze und Grabsteine sind umgestoßen, der Boden voller Kuhmist. Die Polen lassen ihre Kühe darauf weiden. Wer interessiert sich schon für die letzten Ruhestätten der Deutschen, die hier so lange gelebt haben? Noch schlimmer ist der Anblick des alten Hofes der Familie. Völlig heruntergekommen, kaum wiederzuerkennen ist der einstmals so schöne und gepflegte Bauernhof. Die polnische Familie fürchtet ganz offensichtlich, dass die einstigen Besitzer wieder einziehen wollen und gibt sich dem überraschenden Besuch gegenüber reserviert. Erst als die Deutschen ihnen versichern, dass das nicht der Fall ist, lassen sie Ursula Starke einen Blick in ihr ehemaliges Haus werfen. Mit sehr gemischten Gefühlen reist sie anschließend in ihre neue Heimat, die Altmark, zurück. Gelegentlich betrachtet sie heute noch die wenigen Fotos von dem heruntergekommen Gebäude, die sie damals gemacht hat. Viel lieber sieht sie sich aber die Fotos aus der Zeit vor der Flucht an. Oder zwei Zeichnungen, die eine Tante gemacht hat und die den Innenhof zeigen, mit Blick aus einem Fenster heraus. Eigentlich sehr gut getroffen, nur die Perspektive habe die Zeichnerin nicht so richtig hinbekommen, findet Ursula Starke.

Obwohl sie über die Ereignisse immer geschwiegen hatte, hat sie die Vergangenheit nie losgelassen. Nicht die Erinnerung an Goldap und auch nicht an die Ereignisse auf der *Wilhelm Gustloff* oder an die restliche Flucht. Das Schulheft mit den Erinnerungen, die sie 1945 aufschrieb, verwahrt sie wie einen Schatz. Darüber, wer an der ganzen „Misere" Schuld ist, hat sie sich bisher noch kein endgültiges Urteil gebildet – die Deutschen, die Russland angegriffen und in vielen Ländern schlimm gewütet haben? Oder die Russen, die die Deutschen aus ihrer Heimat vertrieben haben? Gesündigt, sagt Ursula Starke, wurde letztlich auf beiden Seiten. Wer der schlimmere Sünder sei, ob Hitler oder Stalin, hält sie für noch nicht ausgemacht. „Aber eins darf man nie vergessen: Es waren die Deutschen, die mit all dem Schrecken angefangen haben."

Heinrich Korella

## „Opfer zweiter Klasse"?

Den Schlüsselbund bewahrt Heinrich Korella noch heute auf, mehr als sechzig Jahre, nachdem seine Mutter das Haus in Tiegenhof an jenem kalten Tag Ende Januar das letzte Mal abgeschlossen hat. Es ist das Jahr 1945, der Zweite Weltkrieg geht in seine letzte Runde und die endgültige Niederlage Deutschlands ist nur noch eine Frage der Zeit. Das bekommen Heinrich und seine Mutter wie alle Tiegenhöfer am eigenen Leibe zu spüren. Als die ersten sowjetischen Panzer bereits im nahen Elbing eingefahren sind, verlassen die meisten der rund 4000 Einwohner den Ort und machen sich auf die Flucht gen Westen. Wie bereits viele Hunderttausende vor ihnen. Wie anders war doch die Stimmung damals gewesen, im September 1939, als die Wehrmacht durch Tiegenhof zog, um es den Polen einmal so richtig zu zeigen. Und als nach getaner Arbeit der Tross und ein Teil der Soldaten nur wenige Wochen später wieder ins Deutsche Reich zurückmarschierten, lief Heinrich neben den Panzern her und reichte Zigaretten hoch. So lange, bis die Mutter ihm Einhalt gebot. Denn so dicke hatten die Korellas es ja schließlich nicht.

Der Name Korella ist bekannt in dem Dorf im Danziger Werder. Das Café kennt jeder, die dazugehörige Konditorei verpachtet die Mutter nach dem Tod ihres Mannes im Januar 1940. Er stirbt kurz nach dem Ende des Polenfeldzuges an den Folgen seines Kriegseinsatzes – allerdings dem während des Ersten Weltkriegs. Heinrich ist da gerade neun Jahre alt. Er hat seinen Vater immer wieder kränkelnd erlebt. Das Geschäft läuft nicht schlecht, obwohl es in dem kleinen Ort sage und schreibe acht Bäckereien gibt. Aber die Bauern in der Umgebung, Mennoniten zumeist, leben zwar bescheiden, sind aber durchaus wohlsituiert. Und schließlich ist in Tiegenhof die Welt noch in Ordnung, selbst im Krieg. Von dem spüren die Menschen hier wenig. Klar, es gibt Lebensmittelmarken, aber die meisten haben keine Probleme, sich das, was rationiert wird, von den Bauern ringsum im Werder zu beschaffen. Und Heinrich Korellas Mitschüler von damals, mit denen er sich heute noch regelmäßig trifft, schwärmen noch immer von dem Wassereis, das die Konditorei herstellte, als es kein Milchspeiseeis mehr gab.

Tiegenhof, das heutige *Nowy Dwór Gdański*, ist mit seinen 4000 Einwohnern nicht gerade der Nabel der Welt. Immerhin kann der Ort mit einer kleinen Attraktion aufwarten: einer evangelischen Kirche, die von Karl-

Friedrich Schinkel erbaut wurde. Und *Heinrich Stobbes Machandel-, Branntwein- und Liqueurfabrik*, 1776 gegründet, versorgt erst die ganze Gegend, dann auch das Reich mit *Stobbes extra feinem Machandel No.00* und den dazugehörigen speziellen Trinksitten. Alles in allem ein berühmtes Markenzeichen des kleinen Ortes in Westpreußen. Danzig aber ist die große Stadt in der Nähe. Der kleine Heinrich ist manchmal dort. Dann geht es immer auch ins *Kaufhaus Sternfeld*, in die Spielwarenabteilung. Obwohl Danzig mit seinen gut 300 000 Einwohnern dem Jungen groß erscheint, erinnert er sich doch an den eher heimeligen Charme dieser Stadt, zum Beispiel an die Straßenbahnen, die sich gemächlich durch die engen Straßen schleppen, an die berühmte, riesige *Marienkirche* oder an den *Langen Markt*. Ebenfalls eine Erinnerung: Im *Grünen Tor* sieht er 1944 seine erste Kunstaustellung – Wilhelm Busch.

Von der großen Politik bekommt der Junge aufgrund seines Alters praktisch gar nichts mit. Zumal Tiegenhof ja gar nicht zum Reich gehört, sondern zum Freistaat Danzig, den die alliierten Sieger des Ersten Weltkriegs errichtet haben und der unter Aufsicht des Völkerbunds steht. Die Bevölkerung ist nach einer Volkszählung von 1923 zu 95 Prozent deutsch und zu drei Prozent polnisch, die Amtssprache und die Zeitungen sind deutsch, aber Bahn und Post wiederum polnisch. Da die Abtrennung vom Deutschen Reich ohne Volksabstimmung stattfand, fühlen sich viele Danziger in ihrem Selbstbestimmungsrecht verletzt. Seit Mitte 1933 haben die Nationalsozialisten in Danzig die Mehrheit, der Freistaat lehnt sich immer stärker an das Deutsche Reich an. Mit dem Beginn des Krieges, der in Danzig mit dem Beschuss eines polnischen Munitionsdepots auf der Westerplatte beginnt, verfügt Gauleiter Albert Forster völkerrechtswidrig den Anschluss an Deutschland.

Heinrich bekommt von dem Erstarken der Nationalsozialisten und von den wachsenden Ressentiments vieler Deutscher gegen die polnische Minderheit als Junge nichts mit. Deshalb wundert er sich 1939, als Danzig „befreit" wird, wie die offizielle Parole lautet, woher so plötzlich all die Hakenkreuzfahnen kommen. „Befreit" seien sie übrigens tatsächlich worden, sagen die Danziger – von Butter und Kaffee. Denn anders als im Reich sind solche Lebensmittel im Freistaat noch nicht rationiert, als der an Deutschland fällt. Aber das Reich hat auf die Menschen durchaus eine große Ausstrahlungskraft. Möglichst vieles versuchen sie, von dort einzuführen; selbst, wenn es das in Danzig auch zu kaufen gibt. Heinrichs Spielzeug zum Beispiel oder das Brautkleid seiner Mutter. „Es war einfach schick, die Sachen in Deutschland zu kaufen", erinnert sich Heinrich Korella. Meist müssen sie dann noch über die Zollgrenze zwischen Polen und dem Freistaat geschmuggelt werden. Ein kleines Geschenk für die polnischen Zöllner tut oft die gewünschte Wirkung.

Als er im richtigen Alter ist, zieht es Heinrich zu den Pimpfen. Sie sind für das eher ruhige Einzelkind eine Möglichkeit, mehr mit gleichaltrigen Jungen zusammenzukommen. Er wird in den Fanfarenzug aufgenommen, was den Vorteil hat, dass er ein hoch angesehenes

„Schwalbennest“ an die Schulter geheftet bekommt – eine Art Klappe, die an Musikanten vergeben wird. Geige hatte er schon als Junge gelernt, da liegt es nahe, ihn zu den Musikern zu stecken. In irgendeiner Weise prägend ist für ihn die Zeit beim Jungvolk nicht. Der Dienst ist noch nicht sehr streng. Ein wenig marschieren, den Hitlergruß mit der Hand genau auf Augenhöhe lernen, Geländespiele, Disziplin – die Stunden vergehen wie im Fluge. Im Winter wird Spielzeug fürs Winterhilfswerk gebastelt und es werden Lieder gesungen. Nicht nur das Horst-Wessel-Lied, sondern alte deutsche Volkslieder. „Die hätte ich sonst nie gelernt“, glaubt Heinrich Korella heute. Einmal kommt er für sechs Wochen in ein Kinderheim bei Zoppot, dem berühmten Badeort in der Nähe Danzigs. Als Halbwaise wird er dort hingeschickt, zur Erholung. Eine schöne Zeit, die Heinrich ohne die Partei nie erlebt hätte, sagt er noch heute.

Zu den Älteren schauen die Jungen neidisch empor. Sie können es kaum erwarten, endlich auch zur Hitlerjugend zu kommen. „Wir kannten den Fortlauf unserer Karriere: Pimpf, Hitlerjugend, dann wohl automatisch in die Partei.“ Die deutschen Kriegserfolge der Jahre 1939 bis 1941 verfolgen sie mit sportlichem Stolz. Fast alle haben eine Karte, auf der sie mit Stecknadeln die eroberten Städte markieren. Das Interesse daran erlahmt allerdings sichtlich nach der katastrophalen Niederlage der Wehrmacht bei Stalingrad im Winter 1942/43 und dem beginnenden Rückzug. Gleichwohl betrachten sie das deutsche Militär mit kindlicher Bewunderung, kennen alle Typen der U-Boote, Schiffe, Haubitzen und

Flugzeuge, sammeln Papiermodelle. „Überblickt habe ich das natürlich alles gar nicht. Das war viel zu groß für mich, die Ideologie, das ganze Brutale des Krieges", so Heinrich Korella. „Wir waren Jungens und keine Krieger." Wenn man ihm heute in seiner Wohnung im Hamburger Stadtteil Altona gegenüber sitzt, glaubt man das gerne. Ein ruhiger Mann spricht da, der wohlüberlegt formuliert und absolut gar nichts Militärisches an sich hat. Heinrich Korella singt seit über 50 Jahren im Chor. Für Panzer oder U-Boote hat er sich nie wieder interessiert.

Seine Mutter Käthe steht dem Nationalsozialismus kritisch gegenüber. Die Kreisleiter der Partei, die in einem Haus direkt gegenüber residieren, beäugen das *Café Korella* kritisch. Und meiden es. Nicht, dass Käthe in irgendeiner Weise Widerständlerin gewesen sei. Aber ihr Haus scheint, ohne dass ihr Sohn das wirklich begreift, Treffpunkt für Tiegenhöfer Bürger zu sein, die in Hitler nicht die Verheißung eines neuen Deutschlands sehen. Abends beim Schnaps fällt schon das eine oder andere kritische Wort. Da sind zum Beispiel die Busfahrer, die unter der Hand erzählen, wie sie polnische Familien, die überstürzt ausgesiedelt werden und fast nichts mitnehmen dürfen, abtransportieren. „Die erleben ganz schreckliche Sachen", erzählt die Mutter ihrem Sohn. Und wenn der wieder einmal spitze Ohren macht, mahnt sie ihn: „Sei bloß still. Sag nichts, frag nichts." Heute fällt Heinrich Korella auf, dass seine Mutter von den Busfahrern sprach, die Schlimmes erlebten – nicht von den Polen. Auch Soldaten, die während des Rückzugs der Wehrmacht bei Korellas einquartiert werden, berichten der Mutter offenbar von Ereignissen an der Front, wie sie die Nazi-Propaganda nicht verbreitet. Heinrichs Oma dagegen mutierte von einem auf den anderen Tag zu einer begeisterten Nationalsozialistin. Die fromme Protestantin hat in der Nähe von Tiegenhof einen Bauernhof. Als sie für ihre vier Kinder das Mutterverdienstkreuz verliehen bekommt, wandelt sie sich ganz plötzlich zur glühenden Hitler-Verehrerin. Als ihr Neffe sie im Sommer wie so oft besucht, schenkt sie ihm sogar zu seiner Überraschung ein Bild des „Führers".

Dabei gerät ihr Sohn, Heinrichs Onkel und Käthes Bruder, der als kriegswichtiger Bauer noch bis 1944 auf dem Hof bleiben kann, sogar ins Visier der Behörden. Weil er verbotenerweise mit einer polnischen Erntehelferin angebändelt hat und verpfiffen wird, wird er ins Konzentrationslager Stutthof gebracht. Es liegt kaum 20 Kilometer von Tiegenhof entfernt. Dass es dort ganz furchtbar zugehen soll, hat selbst der kleine Heinrich gerüchteweise schon vernommen. Seine Mutter beweist nun ungeahnten Mut. Sie schnappt sich ihren Sohn und fährt ins Hauptquartier der Gestapo nach Danzig. Ihr Ziel: Sie will ihren Bruder aus dem KZ befreien. Was genau geredet wird, versteht Heinrich nicht. Aber der Ton zwischen der Mutter und dem Gestapo-Mann, der sie empfangen hat, wird lauter und ruppiger. Plötzlich ergreift Käthe die Hand ihres Sohnes und rennt aus dem Zimmer über die Flure nach draußen. Fast wäre die Flucht gescheitert: „Haltet die Frau fest", ruft der Gestapo-Mann dem Pförtner zu. Doch da ist Käthe schon draußen und läuft weg. Was sie gesagt hat, warum sie geflohen ist – Heinrich Korella weiß es nicht. Obwohl er sie später, auch lange nach dem Krieg, dazu befragt hat, hat sie nie von der Sache erzählt. Fest steht aber: Eine Woche später ist ihr Bruder frei. Über die drei Wochen in Stutthof verliert er kein Wort.

Heinrichs Lehrer sind in der Mehrzahl nicht nationalsozialistisch eingestellt. Die guten Fachleute sind zur Wehrmacht eingezogen, Physik- und Chemieunterricht bekommt der Junge nie. Die anderen Lehrer kommen nie in Uniform oder mit Parteiabzeichen in die Schule. Bis auf den Lateinlehrer. Das fällt Heinrich aber in erster Linie deshalb auf, weil die Uniform denkbar schlecht am Körper sitzt. Eine seiner Kolleginnen bringt den Schülern sogar bei, dass die Liedzeile „Heute gehört uns Deutschland und morgen die ganze Welt“ eigentlich heiße: „Heute hört uns Deutschland …“. In seiner Freizeit schmökert Heinrich gerne Bücher. Aber keine Kriegsgeschichten, sondern Abenteuer- und Reiseromane. Typische Jungenliteratur eben.

Das Zusammenleben mit den Polen im Danziger Werder funktioniert nicht schlecht, so hat es Heinrich Korella in Erinnerung. Von den Spannungen, die es durchaus zwischen der deutschen Mehrheit und der polnischen Minderheit gibt, bekommt der Junge nichts mit. Bis Weihnachten 1944 lebt sogar Anna, das polnische Hausmädchen, in einer Kammer mit Mutter und Sohn Korella unter einem Dach. Die junge Frau gehört fast zur Familie, fährt im Sommer mit zum Baden an den See. Sie lässt sich sogar als Volksdeutsche eintragen, so entgeht sie einer möglichen Verfolgung. Aber selbst dem Jungen fällt auf, dass Anna jedesmal, wenn sie von einem ihrer Heimatbesuche in Mittelpolen zurückkehrt, ein wenig fanatischer die Sache der Polen vertritt. Natürlich bleibt ihr nicht verborgen, was die Deutschen ihren Landsleuten in diesen Jahren antun. Im Herzen bleibt sie ihrem polnischen Volk treu. Von ihrem letzten Weihnachtsurlaub 1944 kehrt sie nicht mehr zurück. Ob sie tatsächlich zu denen gehörte, die nach der Flucht der Tiegenhöfer in den Ort kam und das Haus der Korellas plünderte, wie ihm berichtet wurde, weiß Heinrich Korella nicht. Wenn es so wäre, wäre er ihr nicht böse. „Dann hätte wenigstens sie unsere Sachen und kein Fremder."

Auch Juden gibt es, die im Ort wohnen. Andere ziehen als fahrende Händler über Land. Alles achtbare und angesehene Leute, so erinnert sich Heinrich Korella. An Probleme aus antisemitischen Motiven kann Heinrich Korella sich nicht erinnern, das Zusammenleben funktioniert demnach. Nicht alle jüdischen Einwohner Tiegenhofs sind den Nazis zum Opfer gefallen, einige haben sich rechtzeitig ins Ausland retten können.

Vom Krieg bekommt Heinrich bis in die letzten Wochen, bis zum Beginn der Flucht, fast nichts mit. Außer ganz am Anfang. An einem der ersten Tage nach dem deutschen Überfall auf Polen, Anfang September 1939, hört er früh morgens einen lauten Knall, der sich über die Weite des flachen Danziger Werders verbreitet. Heinrich verbringt gerade die Ferien bei seiner Oma auf dem Bauernhof bei Neukirch. Das Dorf liegt nahe an der Weichsel und ist ein wichtiger Verkehrsknotenpunkt der Bahn.

Den abrückenden Polen ist es gelungen, die wichtige Eisenbahnbrücke über den Fluss zu sprengen – sehr zum Ärger der Deutschen. Ansonsten verschont der Krieg die ländliche Gegend in der nordöstlichen Ecke des Reiches die allermeiste Zeit. Aus dem Rheinland und auch aus Danzig werden Kinder nach Tiegenhof in Sicherheit vor den feindlichen Bombenangriffen gebracht. Auch die Korellas nehmen immer wieder welche auf. An Verpflegungsbeschränkungen leiden die Tiegenhöfer nicht. Und wenn es einmal irgendetwas nicht gibt – die Bauern im Umland können sicher aushelfen. Selbst die langen Flüchtlingstrecks nimmt Heinrich nicht so richtig wahr, als der Sturm der Roten Armee ab Mitte 1944 und dann verstärkt ab Januar 1945 losbricht und die ostpreußische Bevölkerung in Panik Richtung Westen flieht. Tiegenhof hat, quasi als Willkommensgeschenk, vom Reich noch während des Krieges eine neue Umgehungsstraße bekommen, so dass die Trecks nicht durch den Ort, sondern am Ort vorbeiziehen. Am Anfang muss sich Heinrich auf Geheiß seiner Mutter allerdings an die Straße stellen und schauen, ob ein Treck aus Labiau vorbeikommt. In dem Dorf nahe Königsberg lebt ihre Schwester, und Heinrich soll sie auf dem Weg abfangen. Doch seine Suche ist vergeblich, sie nimmt einen anderen Weg.

Im Leben von Käthe ereignet sich dann etwas sehr Schönes. Mit ihrem Dasein als alleinstehende Witwe will sich die 40-Jährige nicht abfinden. So sucht sie – mitten im Krieg – über ein Eheanbahnungsinstitut in Danzig einen neuen Lebenspartner. Und findet ihn in Arthur Krohn. Er ist Koch auf der *Wilhelm Gustloff*, die als Schulungsschiff im nahen Gotenhafen liegt. Die Beziehung von Käthe und Arthur wird enger, bald kommt er regelmäßig mit dem Zug herübergefahren. Heinrich schließt ihn rasch ins Herz. Arthur Krohn ist ein vielseitiger Mann, kann zum Beispiel malen. Und ist – für Käthe wohl wichtig – kein Nazi. Obwohl Mitglied der Handels-, nicht der Kriegsmarine, weiß er ziemlich gut Bescheid über den Kriegsverlauf und über den Vormarsch der Roten Armee. Auch auf seinen Rat hin beginnt Heinrichs Mutter zur Jahreswende 1944/45, Sachen für die drohende Flucht zusammenzupacken. Die beiden verabreden, sich nach dem Krieg bei Arthurs Mutter zu treffen. Die Adresse muss Heinrich auswendig lernen, seine Mutter schreibt sie nirgends auf. Er hat sie heute noch im Kopf: Löwenstraße 18, Hamburg-Eppendorf.

Heinrich aber hat zunächst ganz andere Probleme. Mitte Januar 1945 muss der Junge ins Krankenhaus – die Mandeln müssen raus, nachdem sie jahrelang für immer wiederkehrende Halsschmerzen gesorgt haben. Heinrich kommt ins Krankenhaus nach Marienburg. Die Situation empfindet er noch heute als unfassbar, fast schon komisch: Die Russen stehen schon kurz vor Elbing und Heinrich Korella wird ins Krankenhaus eingeliefert, in die Kinderabteilung. Die ist ziemlich leer. Auch Heinrich wird kurz nach der Operation wieder entlassen, obwohl er Fieber hat. Das solle er lieber zu Hause auskurieren, rät der Arzt, ein robuster Kerl, der weit und breit als Koryphäe gilt. Seinen Patienten hat er nicht gerade ins Herz geschlossen, weil der ihm den schönen weißen Kittel mit Blut bespuckt. Fast setzt es dafür ein paar Backpfeifen, denn ein makellos weißer Kittel ist eine Rarität in dieser Zeit. Von den Zuständen im Krankenhaus bekommt Heinrich nichts weiter mit.

Nur wenige Tage nach seiner Rückkehr nach Hause machen sich die Tiegenhöfer auf die Flucht vor der heranbreschenden Roten Armee. Heinrich und seine Mutter kommen auf einem der Wagen eines örtlichen Fuhrunternehmers unter, weil sie selbst keinen besitzen. Mit Koffern, Rucksäcken und Bettzeug bepackt, setzt sich der Wagen wie die anderen auch am späten Abend des 26. Januar bei dichtem Schneetreiben und lausiger Kälte in Gang – die Russen stehen schon fast vor der Tür. Heinrich hat noch immer Fieber, doch viel schlimmer ist für ihn die Langsamkeit des Trecks. Für zehn, zwölf Kilometer bis über die Weichsel benötigen die Flüchtlinge eineinhalb Tage. Auf der anderen Seite des Flusses fühlen sich die Tiegenhöfer zunächst sicher. Bis hierher und nicht weiter werde die Rote Armee vordringen, glauben sie. Ein böser Irrtum, wie sie sehr bald feststellen müssen. In Käsemark hat Heinrichs Mutter genug. Sie will vorausgehen und schauen, welchen Weg der Treck nehmen kann. Sie kehrt bald unverrichteter Dinge zurück. Gemeinsam mit den Tiegenhöfern im Schneckentempo weiterziehen will sie aber auch nicht. Sie entscheidet sich, den Zug nach Gotenhafen zu nehmen und sich zur *Wilhelm Gustloff* durchzuschlagen – zu Arthur Krohn.

Doch was für ein Anblick! Als Heinrich das berühmte Schiff im Hafen liegen sieht, ist er entsetzt. Im grauen Grieselschnee sieht er den ebenso grauen Riesen daliegen – der gar nicht so schön und so weiß und so beeindruckend aussieht, wie in Krohns Erzählungen oder auf den Postkarten, die der Junge schon früher gesehen hat. Zwei Treppen führen links und rechts hinunter in den Rumpf des Schiffes. Die rechte für Leute mit Passierscheinen, die linke für die Mannschaft. Da Heinrich und seine Mutter keine Passierscheine haben, gehen sie zur Mannschaftstreppe und fragen nach Arthur Krohn. Für ihn ist es kein Problem, die zwei an Bord zu holen. Sie werden sogar recht priviligiert untergebracht: in der Zimmermannskabine ganz vorn am Bug, wo das Schiff spitz zuläuft. Krohn hatte sie in weiser Voraussicht extra freigehalten – Zimmerleute sind schon seit langem nicht mehr an Bord, die Kabine mit den zwei doppelstöckigen Betten steht leer. Heinrich Korella kann sich noch heute an die vielen neidischen Blicke derjenigen erinnern, die nicht das Glück hatten, ein Mitglied der Mannschaft zu kennen und so aufs Schiff zu gelangen.

Heinrich und seine Mutter fühlen sich auf der *Wilhelm Gustloff* vollkommen in Sicherheit. Was soll auf so einem großen Schiff schon passieren? Und im Fall des Falles ist ja Arthur Krohn da, der erfahrene Seemann, auf den beide fast blind vertrauen. Am 28. Januar sind sie auf dem Schiff angekommen. Heinrich nutzt die Zeit vor dem Auslaufen, um sich in Ruhe auf dem Riesen umzuschauen. Er geht nicht verloren, wie so viele andere Kinder – der Weg zur Spitze am Bug, wo sich die Kabine befindet, ist immer wieder leicht zu finden. Aber er ist überrascht, wie viele Menschen überall auf Matratzen liegen, selbst in den Gängen.

Als es zwei Tage später endlich Richtung Westen geht, wird Heinrichs Mutter rasch schwer seekrank. Am Abend des 30. Januar liegt sie in ihrem Bett und döst vor sich hin. Auch Heinrich, dessen Magen ebenfalls ein wenig flau ist, liegt früh am Abend in seinem Bett. Er schläft, als der „Führer“ das letzte Mal via Radio sein Volk, das er selbst an den Abgrund geführt hat, mit Durchhalteparolen aufzupeitschen versucht. Plötzlich hört er einen sehr lauten Knall, fast so, als sei etwas direkt neben seinem Ohr explodiert. Der erste Torpedo der *S13* trifft die *Gustloff* ganz vorne, direkt unterhalb der Zimmermannskabine, in der Heinrich und seine Mutter liegen. Der Aufprall ist so heftig, dass aus dem Bett über Heinrich das Eisengitter herausgeschleudert wird und auf einen Tisch neben dem Bett der Mutter aufschlägt. Es folgen die zwei anderen Einschläge. Heinrich ist sofort auf den Beinen, seine Mutter, die schwer unter ihrer Übelkeit leidet, braucht einen Augenblick länger. Beide ziehen sich rasch an, Heinrich schlüpft aus Zeitgründen in seine Gummistiefel statt in die Schnürschuhe.

Draußen auf dem Gang herrscht bereits das blanke Chaos, als Heinrich die Tür aufreißt und seine Mutter aus der Kabine zerrt. Auf der Treppe liegen zahlreiche Menschen. Heinrich wundert sich, warum sie nicht aufstehen und weiter nach oben fliehen. Der Junge kommt zunächst gar nicht auf den Gedanken, dass sie tot sein könnten. Am unteren Ende der Treppe liegt ein Marinesoldat mit dem Kopf nach unten, das Gesicht im Schaum einiger zerstörter Feuerlöscher und in den Scherben kaputtgegangener Spiegel. Er ist tot, keine Frage. In diesem

Augenblick wird Heinrich erst richtig bewusst, wie gefährlich die Situation ist. „Man bekommt den Instinkt eines Tieres: bloß raus und rauf nach oben", so seine Erfahrung. Überall Leichen – aber Heinrich Korella legt noch heute Wert auf die Feststellung, dass er auf keine getreten sei. Seine Mutter, die offenbar der Lebensmut verlässt, zerrt er mühselig hinter sich her. Die zwei gelangen aufs Deck, müssen aber zu den Rettungsbooten noch ein Deck höher. Durch seine Streifzüge an den Tagen zuvor kennt Heinrich den Durchgang nach oben – und so gehören sie zu den Ersten überhaupt, die bei den Booten ankommen. Dann eine weitere Schrecksekunde: Ein Offizier, der den Zugang regelt, leuchtet Heinrich mit einer Taschenlampe ins Gesicht, eine Pistole in der anderen Hand. „Wie alt ist der Junge", fragt er Käthe. Er glaubt ihrer Beteuerung, dass Heinrich 13 sei, und lässt sie mit dem Jungen durch. So schaffen es die beiden als letzte auf das erste Rettungsboot, das gleich heruntergelassen wird und glücklich auf dem Wasser aufsetzt.

Schnell rudern einige kroatische Mannschaftsmitglieder der *Gustloff* das Boot mit etwa 50 Menschen an Bord weg von dem sinkenden Koloss, um nicht in dessen Strudel zu geraten. Geleitet werden sie von zwei Matrosen. „Echte Seemänner, die uns das Leben gerettet haben", glaubt Heinrich Korella heute. Doch plötzlich taucht eine riesige graue Wand in der dunklen Nacht auf, nur wenige Meter von dem kleinen Rettungsboot entfernt. Es ist der Schwere Kreuzer *Admiral Hipper.* Das Schiff war ungewarnt mitten in die Untergangsstelle hineingefahren. Beinahe rammt es das Rettungsboot, was unweigerlich dessen Untergang und den Tod der Insassen bedeutet hätte. Doch diese entkommen knapp und mit viel Glück diesem Schicksal. Alsbald ist das Boot so weit von der *Wilhelm Gustloff* entfernt, dass Heinrich sie nur noch am Horizont erblicken kann. Immer wenn das kleine Boot hoch oben auf einer der hohen Wellen reitet, sieht er den tödlich getroffenen, schon mit starker Schräglage nach vorne im Wasser schwimmenden Stahlkoloss in der Nacht, die inzwischen von einem fahlen Vollmond beschienen wird. Als das Boot wieder einmal ganz oben ist, ist die *Gustloff* dann plötzlich weg – versunken binnen weniger Augenblicke in ihrem nassen, eiskalten Grab. Auch Heinrich Korella beobachtet das unerklärliche Schauspiel der Lichter, die im allerletzten Augenblick das Schiff noch einmal in vollem Glanz erscheinen lassen. Und ebenso hören die Insassen des Rettungsbootes aus der Ferne noch ein letztes Mal die Sirenen. Viele machen sich Hoffnung und glauben, die Mannschaft gebe Signale an die Schiffbrüchigen, dass sie zurückkehren sollen, weil das Schiff gerettet sei.

Wie lange sie auf Rettung warten müssen, weiß Heinrich Korella heute nicht mehr. Vielleicht eine Stunde. Seine Mutter hat sogar ihre Handtasche mit Bargeld retten können. Die leistet jetzt gute Dienste, denn eine hochschwangere Frau bettet ihren Kopf darauf. Nach einiger Zeit entdeckt die herbeigeeilte *Löwe* das Boot und blinkt Signale. Die Matrosen blinken zurück und die Besatzung des Minensuchers macht sich an die Rettung. Wegen des starken Wellengangs ist das kein leichtes Unterfangen. Die Matrosen können die Schiffbrüchigen immer nur

Die *Wilhelm Gustloff* als schwimmende Wahlkabine in Gravesend bei London, um den in England lebenden Deutschen die Teilnahme am Plebiszit über den "Anschluss" Österreichs zu ermöglichen.

dann an Bord ziehen, wenn das kleine Boot ganz oben auf einer haushohen Welle tanzt. Zwischendurch muss die *Löwe* auch noch wenden, um möglichen Torpedoangriffen von U-Boot *S13*, das sich noch immer in der Nähe befindet, aus dem Wege zu gehen. Endlich an Bord, werden sie in einem Durchgang unter Rohrleitungen gebettet. Ein Matrose verteilt Schnaps und bietet auch dem 13-jährigen Heinrich einen an. „Nein danke, ich trinke nicht", antwortet der. Da lacht der Matrose: „Dann wirst du auch nie ein richtiger Seemann!" Doch Heinrichs Bedarf an Seeabenteuern ist ohnehin gedeckt.

Während der Fahrt nach Sassnitz kommt seine Mutter plötzlich aufgeregt zu Heinrich. „Es ist unfassbar, die Schwangere hat ein Kind geboren – und es lebt." Das berührt ihr Mutterherz – inmitten des Chaos ein neugeborenes Kind! Fast scheint es so, als sauge sie aus diesem Ereignis neuen Lebensmut, neue Kraft. Nachdem die *Löwe* ihre Passagiere in Kolberg an Land gebracht hat, haben die Korellas nur ein Ziel: Hamburg-Eppendorf, Löwenstraße 18 – der Treffpunkt, den sie mit Arthur Krohn verabredet haben. Von ihm haben sie seit dem Untergang nichts mehr gehört. Käthe macht sich Sorgen um ihren Freund, doch dass der große, kräftige Mann umgekommen sein könnte, kann sie sich nicht vorstellen. Wo doch sogar sie selbst und ihr Sohn es geschafft haben! Als sie bei Arthurs Mutter und Schwester ankommen, gibt es von ihm keine Spur, keine Nachricht. Sie werden freundlich aufgenommen – und alle zusammen warten. Einige Tage später kommt ein Freund Arthurs, ein Bäcker von der *Gustloff*, den Käthe bereits in Tiegenhof kennengelernt hat. Nie wird Heinrich seinen Blick vergessen, als er die Korellas sieht, aber nicht seinen Freund Arthur. „Ihr seid hier und Arthur nicht?“, ist seine erste Reaktion. Seit diesem Augenblick ist eigentlich allen klar, dass Arthur nicht kommen wird. Die Situation wird für Heinrich und seine Mutter zunehmend unerträglich. Sie fühlen sich im Angesicht von Arthurs Mutter und Schwester wegen ihres eigenen Überlebens irgendwie schuldig. So ziehen sie alsbald wieder aus – und gehen auf einen kleinen Hof in Schleswig-Holstein, den ein Bauer von einer Verwandten gepachtet hat. Er nimmt die beiden großherzig auf. Die Schüssel mit Bratkartoffeln, die jeden Mittag auf den Tisch kommt und aus der sich alle mit der Gabel bedienen, muss nun eben für zwei Esser mehr reichen.

Viele der zahlreichen Flüchtlinge aus Westpreußen, die in der Gegend untergebracht sind, hoffen zunächst noch auf eine Rückkehr in ihre Heimat. Es gibt Gerüchte, Danzig werde wieder ein Freistaat, so wie vor dem Krieg. Man glaubt daran, weil man daran glauben möchte. Heinrich beginnt mit seinen 14 Jahren eine Bäckerlehre. So könnte er im Fall einer Rückkehr die Konditorei Korella in Tiegenhof übernehmen. Er macht in den nächsten Jahren sowohl seinen Bäcker- als auch seinen Konditormeister, macht sich eine Zeitlang selbständig, arbeitet in guten Häusern – die alte Konditorei der Korellas wird er aber erst fast 60 Jahre später wiedersehen, als Gast.

Über die Ereignisse auf der *Gustloff* wird kaum geredet in der Anfangszeit. Die meisten Flüchtlinge wissen ohnehin Bescheid. Und während der letzten Kriegsmonate mahnt die Mutter ihren Sohn, nicht darüber zu sprechen. Der Untergang des Nazi-Traumschiffs ist kein Ruhmesblatt und Erzählungen davon könnten als Wehrzersetzung gewertet werden. Zudem haben andere auch Schlimmes erlebt, Schlimmeres noch als die Korellas. Den Hamburger Feuersturm zum Beispiel, von dem einige Hansestädter berichten. Dann verdrängt Heinrich das Erlebte, bewusst und unbewusst. Er will einfach nicht daran denken – aber vieles ist nun auch wichtiger. Der Aufbau eines eigenen Lebens vor allem. Schließlich gibt es Jahre später einen weiteren schweren Schicksalsschlag. Auf der Suche nach Geborgenheit trifft Heinrich auf Elisabeth. Es ist kein Zufall, dass auch sie ein Flüchtling aus Danzig ist. Sie alle sind entwurzelt, ihrer Heimat und ihrer Freunde und Familien beraubt, nicht selten einsam – da sucht und findet man Gleichgesinnte mit gleichem Schicksal. „Wir dachten wohl, wir Flüchtlingskinder tun uns einfach zusammen und bauen uns ein warmes Nest." Doch nur sechs Wochen nach der Hochzeit ist Elisabeth plötzlich gelähmt – vermutlich durch Multiple Sklerose. Heinrich ist sich aber sicher, dass das in der Vergangenheit Erlebte zu der schlimmen Krankheit nicht unwesentlich beitrug. Darüber redet er verständlicherweise nicht gern, aber dass Elisabeth die Gräueltaten sowjetischer Soldaten nicht nur aus Erzählungen kennt, wird auch durch die wenigen Andeutungen klar. 44 Jahre bleibt sie gelähmt, 25 Jahre davon sitzt sie im Rollstuhl. Doch Heinrich Korella bleibt seiner Frau treu, pflegt sie die letzten zehn Jahre rund um die Uhr – bis zum Ende im Jahr 2002. Inzwischen hat er eine neue Lebenspartnerin gefunden. Auch ein Flüchtling aus Danzig.

2002 ist auch das Jahr, in dem Günter Grass' Novelle „Im Krebsgang" sein Interesse an der eigenen Vergangenheit, das Jahrzehnte tief in ihm schlummerte, wieder weckt. Einmal, 1959, war es aufgeflammt, durch den Film „Nacht fiel über Gotenhafen" über den Untergang der *Wilhelm Gustloff.* Doch der gefällt ihm nicht, zu dramatisch aufgepeppt, findet er. Seit Ende der sechziger Jahre hat sich der Wind ohnehin gedreht, wie Heinrich Korella feststellt. „Wer jetzt behauptete, es habe im Zweiten Weltkrieg auch deutsche Opfer gegeben, wurde sofort als Faschist abgestempelt", so seine Erfahrung. Dass das oftmals genau durch diejenigen geschieht, die selbst Opfer des Bombenkriegs waren, empört ihn besonders. Allerdings findet er, dass auch so mancher Vertriebenenverband an dieser Entwicklung durch sein revanchistisches Auftreten einen gehörigen Anteil habe.

Im Frühjahr 2004 reist Heinrich Korella nach Tiegenhof. Er sieht das Dorf, das sich verändert hat und doch in vielem gleich geblieben ist. Er sieht die Polen, die jetzt anstelle der Deutschen in *Nowy Dwór Gdański* wohnen. Die selbst oder deren Vorfahren aus ihrer angestammten Heimat vertrieben wurden und die geflüchteten Deutschen ersetzten. Er geht in die alte Konditorei Korella, wo sich immer noch eine Bäckerei befindet, die den besten Kuchen weit und breit macht, wie die Einheimischen sagen. Vorne am Haus hat sich fast nichts geändert, an der Rückfront gibt es Spuren mehrerer Umbauten. Er begibt sich zum Krankenhaus, in dem er geboren wurde und in dem sein Vater starb. Er steht plötzlich auch vor dem uralten, ausgehöhlten Baum an der Straße vom Dorf zur

Weichsel, in dessen hohlen Stamm er als Junge so gerne geklettert ist. Und er steht an dem Fluss, den er 59 Jahre zuvor überquert hat, auf der Flucht vor der Roten Armee. Seine Eindrücke hat er in einer kleinen bewegenden Diashow festgehalten. Dass Tiegenhof seit 60 Jahren unter neuem Namen polnisch ist, stört ihn nicht – das sei das Ergebnis der Geschichte.

Etwas anderes stört Heinrich Korella viel mehr. Er hat beim Untergang der *Wilhelm Gustloff* nicht stundenlang im eiskalten Wasser gelegen, ja nicht einmal nasse Füsse bekommen. Er hat einfach nur überlebt und fühlt sich deswegen manchmal scheel angesehen. Wenn seine Zuhörer ihm heute sagen: „Da haben Sie aber Glück gehabt", heißt das für ihn so viel wie: „Sie sollten sich schämen, dass Sie überlebt haben." Dann kommt er sich vor, wie ein „Opfer zweiter Klasse". Vielleicht ist es also auch ein wenig Selbsttherapie, wenn der mittlerweile 75-Jährige seit einiger Zeit über den Untergang der *Wilhelm Gustloff* spricht. Er selbst drückt das so aus: „Wenn ich heute meine Erinnerungen an jene dramatische Januarnacht preisgebe, möchte ich damit die Opfer ehren, die nicht so viel Glück hatten, wie ich."

Eva Bodén

## Selbstzweifel bis zum Schluss

Die Erinnerung lässt sie nicht los. Die Erinnerung daran, dass sie damals ihre Schwester nicht gerettet hat. Damals, als sich die *Wilhelm Gustloff* eine Stunde nach den Torpedotreffern schon so schräg legte, dass Wasser in den Schornstein lief. Eva Bodén, wie Eva Luck heute heißt, erzählt von den entscheidenden Momenten, in denen sie glaubt, versagt zu haben. Die Augen weit aufgerissen, die sonst so lebhafte Stimme wird leise, tut einen Augenblick lang nicht mehr ihren Dienst. Mit 79 Jahren sieht man dem Tod nicht mehr so locker ins Auge wie als 16-jähriges Mädchen, das sie damals war, als sie ihre kleine Schwester und ihre Mutter verlor.

In jener Nacht jedoch, als die *Gustloff* in der Ostsee versinkt, macht ihr der Verlust der beiden Menschen, die ihr am nächsten sind, kaum etwas aus. Eva Bodén sagt das heute ganz offen. Der Tod ist in den letzten Monaten des Krieges allgegenwärtig, man härtet ab. Als sich der schwer getroffene Riese der See ergibt, geht ja alles ganz schnell. Die Lichter erleuchten noch einmal in hellem Glanz, die Sirenen geben sich selbst ihr letztes Geleit – dann versinkt das 208 Meter lange Schiff nach einstündigem Todeskampf binnen Minuten im Meer. Eva, ihre Mutter Sonja und ihre sechsjährige Schwester Dorrit haben es bis aufs Oberdeck geschafft, aber nicht mehr in ein rettendes Boot. Nun gibt es kein Entkommen mehr vor dem eiskalten Wasser. „Ja, ich dachte an mich selbst, ich wollte mein Leben retten", gesteht Eva Bodén. Was hätte sie auch anderes tun sollen? Gegen die riesige Welle, die plötzlich all diejenigen erfasst, die sich bis zum Schluss verzweifelt an der Reling oder den Aufbauten des Oberdecks festklammerten, hat niemand eine Chance. Gegen die Kraft und Gewalt der wütenden See, die sich in diesem Moment gnadenlos ihre Opfer nimmt. Ein ganz kurzer Augenblick – und Sonja und Dorrit sind verschwunden, von den Wellen fortgerissen. Auch Eva stößt sich ins Wasser ab, als sie begreift, dass die anderen weg sind. Sie überlebt. Mutter und Schwester wird sie nie wiedersehen.

Es ist eine eigentümliche Empfindung, eine Mischung aus heutiger Trauer sowie damaliger Emotionslosigkeit dem Schicksal der anderen beiden und ihrem eigenen gegenüber. In den nächsten Stunden, in denen es dem Tod durch Ertrinken oder Erfrieren zu trotzen gilt, kommt in Eva kaum ein Gedanke an das Schicksal von Mutter und Schwester. Das bleibt lange Zeit so, nur von außen werden manchmal Fragen an sie herangetragen.

Heute fragt sie sich selbst: „Warum habe ich damals nicht wenigstens meine kleine Schwester gerettet? Ich hätte es doch gekonnt!“ Mit Sicherheit lässt sich das heute nicht mehr sagen.

Dabei war es Evas Mutter selbst, die dafür sorgte, dass die drei ausgerechnet auf dem Schiff in Sicherheit fahren sollten, das dann zwei von ihnen mit in das eiskalte Grab riss. Eigentlich hatten sie Fahrscheine für die *Memel*, eine kleine Nussschale, die Sonja aber viel zu unsicher erscheint. Wie anders die *Wilhelm Gustloff*! Ein großes, starkes, absolut sicheres Schiff, der *Memel* auf jeden Fall vorzuziehen. Es soll sie aus Gotenhafen fortbringen, nach Westen, in Sicherheit. Sonja hat die Flucht lange hinausgezögert. Gotenhafen ist nun schon der dritte Ort, den sie verlassen muss. Gut fünf Jahre zuvor waren die Lucks aus Estland von Hitler umgesiedelt worden, ins Reich, zu dem das besetzte Gotenhafen seit einigen Wochen gehört. Der „Führer“ und Stalin hatten das so bestimmt in ihrem Pakt vom August 1939, der für Familien wie die Lucks den Verlust der Heimat bedeutete.

In Dorpat, dem heutigen Tartu, leben die Lucks schon eine ganze Weile, seit der russischen Revolution 1917. Es ist ihre Heimat, hier fühlen sie sich wohl. Vor den Bolschewisten war Evas Vater Leo während der Oktoberrevolution geflohen. Als Musiker hatte er eigentlich im Garderegiment des Zaren in St. Petersburg gedient, war dann aber im Ersten Weltkrieg strafversetzt worden, weil er sich nie richtig mit der militärischen Disziplin anfreunden konnte. Er kämpfte gegen die Deutschen und geriet in die Wirren der Revolution. Nach ihrem Sieg waren die

Bolschewisten auf ihn als Intellektuellen aufmerksam geworden. Wladimir Iljitsch Lenin, erster Vorsitzender des Rates der Volkskommissare, machte ihm ein Angebot: „Wir können alleine mit den Proletariern das neue Russland nicht aufbauen. Dazu brauchen wir auch Leute wie dich." Er bot Leo einen führenden Posten in einem der neugeschaffenen Volkskommissariate seiner Wahl an. Der bat um Bedenkzeit und einen Passierschein nach Estland, wo seine Eltern lebten. Mit ihnen wolle er sich besprechen. Das war indes nur ein Trick. In Wirklichkeit hatte Leo mit den Kommunisten überhaupt nichts am Hut – ebenso wenig, wie später mit den Nationalsozialisten. Er war ein kritischer, eigenständiger Geist, der alles hinterfragte – da konnten totalitäre Herrschaftsordnungen nicht gut abschneiden. Lenin fand er zwar brillant, er gehe nur leider von der falschen Voraussetzung aus, dass alle Menschen gleich seien. So fuhr Leo nach Dorpat in Estland – und kehrte nicht mehr zurück.

In seiner neuen, alten Heimat arbeitet er als Musiker im Kino – bis die Ära der Stummfilme zu Ende geht – und im Theater Vanemuine. Er lernt Sonja Tanton kennen und heiratet sie, deren Familie ebenfalls aus Russland geflohen ist, aber ursprünglich hugenottisch-deutsche Vorfahren hat. Eine sehr begabte Pianistin, die später allerdings als Musiklehrerin ihr Geld verdienen muss. Ihr Talent gibt sie an ihre Tochter weiter, die am 9. Oktober 1928 geboren wird: Eva. Schon als kleines Mädchen bekommt sie Klavierunterricht, kann Noten früher lesen als Buchstaben. Sie hat zwar das Talent mitbekommen, nicht aber unbedingt die Lust am Klavierspielen. Als

„Anreiz" liegt neben dem Klavier ständig eine kleine Rute, schön verpackt mit einem Schleifchen. Sie kommt aber nach Evas Erinnerung nur zweimal zum Einsatz. Abgesehen von der Strenge der Mutter beim Üben wird Eva von ihren Eltern verhätschelt. Sie bleibt zehn Jahre lang Einzelkind, bis Dorrit auf die Welt kommt. Eine Musikerfamilie wie aus dem Bilderbuch, der Vater zudem sehr belesen – und erster Schachmeister von Danzig-Westpreußen, zu dem Gotenhafen nach der „Heimkehr" ins Reich gehört.

In der alten Universitätsstadt Dorpat, die seit der estnischen Unabhängigkeit von Russland 1918 die zweitgrößte Stadt des Landes ist und nun offiziell Tartu heißt, ist es wie überall in den baltischen Ländern: Die Deutschen bilden die kleine Oberschicht, die Esten die große, häufig ländliche Unterschicht. Mischehen zwischen Deutschen und Esten sind undenkbar, bestenfalls Russen aus dem ehemaligen Zarenreich sind akzeptabel. Das Verhältnis ist nicht das beste, es gibt Streitigkeiten und Prügeleien, aber irgendwie funktioniert das Zusammenleben. Seit der Selbständigkeit versuchen die Esten allerdings, die deutsche Kultur zugunsten der eigenen zurückzudrängen. So wird die deutsche Schule in Tartu nicht mehr finanziell unterstützt, so dass die deutsche Minderheit selbst Geld geben muss. Die Universität ist ein Sinnbild für die Geschichte der Stadt: Seit Beginn des 18. Jahrhunderts die einzige deutschsprachige Universität des russischen Zarenreiches, gilt sie als Mittlerin zwischen der russischen und deutschen Kultur. Zugleich entwickelt sie sich aber auch zum Kristallisationspunkt der estnischen nationalen Erweckung. Nach der Selbständigkeit wird sie estnische Nationaluniversität.

Vom Aufkommen des Nationalsozialismus bekommen die Menschen in Estland zunächst nur aus der Ferne etwas mit. Die Deutschbalten sind national gesinnt, ja auch nationalistisch. Mit den Nationalsozialisten indes kann Leo Luck sich nicht anfreunden. Ohnehin eher unpolitisch, lebt er in seiner Welt aus Musik, Schach und Büchern. Zudem kann man in Tartu nicht nur estnische, sondern auch englische und skandinavische Zeitungen lesen, die ein kritisches Bild vom Nazi-Reich zeichnen. „Deutschland aber war unser aller Traum. Nicht die Nazis, aber das Land", so erinnert sich seine Tochter. Fast täglich gehen Eva und Leo gemeinsam spazieren und malen sich aus, wie sie eines Tages zusammen den Rhein von Norden nach Süden entlang wandern würden.

Just am 9. Oktober 1939, Evas elftem Geburtstag, erhält Sonja eine Nachricht, die ihr die Tränen in die Augen treibt. Alle Deutschen sollen nach Westpreußen oder in den Warthegau umgesiedelt werden. Gerade hat die Wehrmacht Polen überrannt, da sollen die Deutschbalten aus Tartu ins besetzte Gotenhafen verfrachtet werden. Dort, so heißt es, gebe es ausreichend Platz, weil viele Polen aus der Stadt geflohen seien oder ebenfalls umgesiedelt würden – ins Generalgouvernement. Die Möglichkeit, ihre Möbel mitzunehmen, haben sie nicht. Mit einigen Ausnahmen: Mitglieder der NSDAP, wie Evas Onkel Otto, dürfen alles verpacken und verfrachten lassen.

Die Lucks sind als Deutschbalten anerkannt, obwohl die Familie neben deutschen auch hugenottische, dänische und sogar schwedische Wurzeln hat. Nicht einmal einen deutschen Pass besitzen sie, sondern einen estnischen. Die Ankündigung, bei der Ankunft in Deutschland automatisch eingedeutscht zu werden, soll die Deutschbalten locken. Trotzdem weigert sich Sonja zunächst. Sie will nicht schon wieder eine Heimat verlassen, muss aber erkennen, dass sie sich dem vermeintlichen Angebot zur Umsiedlung, das in Wahrheit einem Befehl gleichkommt, nicht widersetzen kann. Schon sind auch die ersten russischen Soldaten in der Stadt, die wie das ganze Land dem bolschewistischen Russland zugesprochen wurde. Sie machen keinen besonders zivilisierten Eindruck. „Alle lachten über sie, weil sie in der Stadt Nachthemden für ihre Frauen kauften und dachten, das seien Abendkleider", erinnert sich Eva Luck. Das Lachen vergeht denjenigen Deutschen, die nicht ins Reich wollen, sehr schnell. Evas Onkel Bruno, ein Bruder ihres Vaters, ist so einer. Er ist ebenfalls Pianist, ein bekannter sogar. Auf Konzertreisen in Deutschland hat er vor Ort gesehen, wie sich das Land unter den Nationalsozialisten verändert. Ihm entgeht nicht, dass viele jüdische Musiker, mit denen er gemeinsam in Nazi-Deutschland spielt, plötzlich spurlos verschwinden. „Ihr könnt nicht nach Deutschland ziehen. Das geht einfach nicht", warnt er Leo und seine anderen Brüder. Aufgrund seiner Bekanntheit wiegt er sich in Sicherheit, bleibt und nennt sich rasch in „Bruno Lukk" um, um seine deutschen Spuren im Namen zu verwischen. Doch das nützt nichts: Kaum sind die russischen Soldaten einmarschiert, verschleppen die neuen

Machthaber ihn als Mitglied der deutschen Minderheit und der Intelligenz nach Sibirien in ein Gefangenenlager. Seine Bekanntheit rettet ihm dann allerdings doch das Leben. Mehrere Freunde aus Estland und Finnland setzen sich für ihn ein, bis er tatsächlich entlassen wird. Nun nutzen ihn die Sowjets als Aushängeschild. Er darf wieder Konzerte geben, bekommt die Leitung des Konservatoriums in Tallinn übertragen und lebt bis zu seinem Tode 1991 privilegiert.

In Danzig-Neufahrwasser werden die Deutschbalten mit Musik empfangen. Gleich im Hafen werden die Familien für ihre neuen Unterkünfte ausgewählt. Lucks – Vater, Mutter, zwei Töchter, dazu noch Sonjas Mutter – bekommen eine große Villa am Stadtrand von Gotenhafen zugeteilt. Als sie das komplett eingerichtete Haus betreten, liegen in der Küche noch Essensreste auf dem Tisch. Die Vorstellung, dass den bisherigen polnischen Besitzern bei deren Zwangsumsiedlung oder Flucht nicht einmal Zeit blieb, in Ruhe ihre Mahlzeit zu Ende ein- und eigene Sachen wie Möbel mitzunehmen, erfüllt alle mit Empörung. Im Keller findet Eva beim Herumstöbern eine ganze Reihe verschlossener Kisten. „Lass die Finger davon“, mahnt ihre Mutter, „diese Sachen gehören nicht uns“. Weil es für das riesige Haus kein Heizmaterial gibt, besorgt ihnen der „Nazi-Onkel“, wie Eva Bodén ihn nennt, eine Wohnung in dem Haus, in dem er selbst untergekommen ist. Die ist zwar kleiner, aber auch viel zentraler und lässt sich beheizen. Die Adresse: Adolf-Hitler-Straße.

Nun heißt es erstmal, sich in der neuen Welt einzuleben. Zunächst einmal gibt es keine Geschäfte, denn die ehemaligen polnischen sind verwaist. Die Versorgung mit Lebensmitteln übernimmt die *Nationalsozialistische Volkswohlfahrt*. Erst allmählich siedeln sich deutsche Geschäfte an, zum Beispiel *Kaiser's Kaffee* oder das Kaufhaus *Bon Marché*. Auch eine deutsche Schule gibt es in Gotenhafen nicht. Dafür muss Eva nun jeden Tag in den benachbarten berühmten Badeort Zoppot. Hier erlebt sie am eigenen Leib, wie die „echten" Deutschen auf ihre neuen Landsleute aus dem Baltikum herabblicken. Die Mitschüler finden Evas baltischen Akzent, der entfernt dem preußischen ähnelt, urkomisch und brüllen jedesmal vor Lachen, wenn sie etwas sagen muss. Eines Tages lachen sie nicht mehr: Eva hat bei einem Deutschaufsatz als Beste der ganzen Klasse abgeschnitten. „Wieso kannst du denn so gut deutsch?", fragt die Lehrerin erstaunt. „Weil ich Deutsche bin", antwortet Eva. „Ja habt ihr denn deutsch gesprochen?", entgegnet die Lehrerin. Da erst wird Eva bewusst, dass ihre Mitschüler und Lehrer absolut nichts über die Deutschbalten wissen.

Auch der *Bund Deutscher Mädel* ruft die Elfjährige zum Dienst. Am Anfang ist sie begeistert – die Uniformen und die gemeinsamen Stunden mit den anderen Mädchen gefallen ihr. Doch sehr bald langweilt sie das alles. „Wir hörten nur über die tollen Taten des Adolf Hitler und der Partei. Mir wurde das bald zuviel." Trotzdem steigt sie in der Hierarchie auf. „Nein sagen konnte man nicht. Ich war frech und forsch, das kam gut an bei den Erwachsenen." Um zu verstehen, wozu sie in der Hitlerjugend erzogen wird, ist Eva mit ihren zwölf Jahren noch viel zu jung. Vom Nazi-Bazillus aber lässt sie sich nicht anstecken. Dafür sorgt der Vater, den sie liebevoll Papusch nennt. Er ist ein kritischer Geist, der sich von der Goebbels-Propaganda nicht beeinflussen lässt. Er spricht mit Eva über die Nationalsozialisten, klärt sie über deren wahres Gesicht auf. Die angebliche Ahnungslosigkeit der Deutschen gegenüber dem Schicksal der Juden empört sie noch heute: „Als wir in Gotenhafen ankamen, waren die Juden schon weg. Die Deutschen müssen bemerkt haben, wenn jüdische Geschäfte plötzlich geschlossen wurden oder die Nachbarn nicht mehr da waren." Sie selbst hatte einmal, noch zur estnischen Zeit, während einer Sommerfrische mit ihren Eltern gesehen, wie Hoteliers damit warben, dass der ganze Ort „judenfrei" sei. Ihr Vater hatte in Tartu ein gutes Verhältnis zu den jüdischen Geschäftsleuten, bei denen er fast alles kaufte. „Die tun wirklich alles, damit der Kunde zufrieden ist", lobte er. Ebenso kam er gut mit den vielen jüdischen Musikerkollegen aus. Dass die Juden in Konzentrationslagern wie das nahegelegene Stutthof verschleppt und dort umgebracht wurden, habe sie allerdings nicht gewusst, sagt Eva Bodén rückblickend.

Über den Kriegsverlauf informiert sich Leo an den Abenden in der Adolf-Hitler-Straße oft vor dem Radio – bei der *BBC*. Eva muss dann immer an der Wohnungstür horchen, ob der Nachbar von gegenüber nach Hause kommt. Er ist ein eingefleischter Nazi, ein Parteikreisleiter, und ansonsten ein dicker, freundlicher Mann, der sicher kein Verständnis für Leos Freizeitbeschäftigung hätte, für die schwerste Strafen drohen. Da sie im fünften Stock wohnen, benutzt der schwergewichtige Nachbar immer den Fahrstuhl. Sobald Eva hört, wie der sich in Bewegung setzt, läuft sie ins Wohnzimmer und ruft „Fahrstuhl". Dann weiß ihr Vater, dass Gefahr im Verzug ist und schaltet das Radiogerät ab.

In Evas Leben dreht sich alles um die Musik, nicht um den Krieg, von dem die Gotenhafener lange Zeit nicht viel mitbekommen. Sie gilt als hoch talentiert und wird zu Chor-Lehrgängen einberufen, denn sie spielt nicht nur gut Klavier, sondern singt auch hervorragend. Da muss sie mit den besten Mädchen aus anderen Städten üben und Konzerte vor Kriegsverwundeten oder NS-Frauenschaften geben. Die Schule leidet darunter, und das Verhältnis zu den Mitschülerinnen auch. Sie werden zunehmend neidisch gegenüber Eva, weil sie sich durch ihre musikalischen Aktivitäten vor Kriegseinsätzen wie dem Kartoffelernten drücken kann. Einmal fährt sie dann doch mit zu einem Einsatz. Da passiert fast ein schlimmes Unglück. Nachdem Gotenhafen eines der wenige Male aus der Luft angegriffen wurde, wird bekannt, dass ein lokaler NS-Funktionär dabei umkam. Die Mädchen liegen im Schlafsaal auf ihren Strohlagern und reden darüber. „Das geschieht ihm recht. Dieses Schwein. Da freut sich die kleine Eva aber!", ruft sie, die selten ein Blatt vor den Mund nimmt, lautstark in die Runde. Sie hatte den Mann einmal auf einer Veranstaltung erlebt und ihn als äußerst unangenehm empfunden. Die anderen Mädchen kichern, einige sind auch eher peinlich berührt über so viel Chuzpe. Dann schlafen allmählich alle ein. Nach der Rückkehr vom Kartoffeleinsatz wird sie zur Bannmädelführerin gerufen. Schlagartig wird ihr bewusst, wie unvorsichtig sie sich an jenem Abend verhalten hat. Irmgard, eine Jungführerin, hatte sie schriftlich verpetzt. Sie ist schon in jungen Jahren eine überzeugte Nationalsozialistin. Gewachsen wie ein Baum, groß, schlank, sportlich, klug – und vor allem zurückhaltend. Keine, die durch lautes Schreien auf sich aufmerksam macht, aber für Witze über den geliebten „Führer" oder seine Genossen nichts übrig hat. „Ich hatte einfach vergessen, dass sie bei uns im Schlafsaal schlief", erinnert sich Eva Bodén heute.

Im Gespräch am nächsten Tag mit Grete, der Bannmädelführerin, stockt Eva der Atem, Tränen steigen ihr in die Augen – worüber sie, die sonst als frech und auch mal als vorlaut gilt, sich besonders ärgert. „Was hast du nur getan – wenn deine Eltern das hören, dann ist was los", sind ihre ersten Gedanken. Die Fragen ihres Gegenüber sind bohrend: „Woher hast du diese Ansichten? Von zu Hause?" Eva schluckt: „Nein, wir reden nie über Politik. Ich sehe meine Eltern ja kaum." „Kennst du die Geschwister Scholl? Willst du auch so enden?" Eva Bodén wundert sich heute, dass sie den Namen der Münchner Studenten, die unter dem Namen „Weiße Rose" antinationalsozialistische Flugblätter verteilten, damals kannte. So enden wie Hans und Sophie Scholl will sie auf keinen Fall: Die Geschwister wurden am 18. Februar 1943 verhaftet, am 22. Februar vom Volksgerichtshof zum Tode verurteilt und noch am selben Tag hingerichtet. Doch die andere will jetzt noch mehr wissen: Warum hat Eva den Mitgliedsantrag für die Partei, der ihr schon dreimal zugeschickt wurde, noch immer nicht unterschrieben zurückgesendet? Mit den drohenden Worten „Ich werde mich nach deiner Familie erkundigen", wird sie entlassen. Die Sache geht am Ende glimpflich aus. Grete wendet sich an die Parteiärztin, eine Baltendeutsche. Die kennt die Lucks und hat Eva in ihr Herz geschlossen. „Da bist du aber auf dem Holzweg", sagt sie. Die Lucks interessierten sich nur für ihre Musik, aber ganz sicher nicht für Politik. Eine typische Künstlerfamilie. „Sie hat mich rausgehauen", ist Eva Bodén sich heute sicher. Auch Otto Luck, der „Nazi-Onkel", tritt für seine Nichte ein, während seine Frau Evas Mutter schwere Vorwürfe macht: Die hätte uns alle ins Lager bringen können", zischt sie. „Die ganze Sache hätte in der Tat schlimm ausgehen können", glaubt auch Eva Bodén selbst.

Zum guten Ausgang trägt auch bei, dass das nationalsozialistische Deutschland inzwischen sichtlich am Boden liegt. Es ist Dezember 1944, da will sich nicht mehr jeder Parteifunktionär mit Blick auf seine persönliche Zukunft allzu sehr engagieren. Die Menschen in der Hafenstadt machen sich noch wenig Gedanken über eine möglicherweise notwendige Flucht. Die Nazi-Propaganda, es werde kein Stück deutscher Boden preisgegeben, verfängt noch bei vielen, obwohl die Rote Armee bereits auf Reichsgebiet vorgedrungen ist. Auch Sonja wehrt sich gegen den Gedanken, Gotenhafen Richtung Westen verlassen zu müssen. Sie möchte nicht schon wieder eine Bleibe verlieren und vor allem will sie Leo, ihren Mann, nicht alleine lassen. Er ist bei der Hafenverwaltung zum Kriegseinsatz verpflichtet worden und muss in der Stadt ausharren. Sonja kennt ihren Mann – er wäre alleine hilflos. Ein intellektueller Kopf, der eigentlich nur für seine Musik und sein Schach lebt, aber unfähig ist, sich einen Tee selbst aufzubrühen. Der aber manchmal auch die Realität besser erkennt, als seine Frau. Spätestens Mitte Januar 1945, nachdem die Rote Armee ihren Sturmlauf begonnen hat, ist ihm klar, dass die Flucht unausweichlich ist. So besorgt er Sonja und den beiden Mädchen Kabinenplätze für die *Memel*, ein kleines Schiff, das demnächst Papiere der Hafenbehörde nach Westen transportieren soll.

Über eine Freundin gelangt Sonja aber auch an Karten für die *Wilhelm Gustloff*. Die sind begehrt, weil das Schiff einen so sicheren Eindruck macht. Weder für die *Memel* noch für die *Gustloff* sind die Abfahrtstermine bekannt, das bedeutet Warten. Eva erkundigt sich in der letzten Januarwoche täglich, wann die *Gustloff* ausläuft. Jedesmal lautet die Antwort: „Heute nicht". Am 28. Januar macht sich die kleine *Memel* fertig für die Fahrt nach Westen. Sonja ist unwohl bei dem Gedanken, mit dieser Nussschale über die Ostsee fahren zu müssen. Doch notgedrungen macht sie sich durch den hohen Schnee mit ihren zwei Töchtern auf den Weg, begleitet von Leo, der sie nur zum Schiff bringen kann, aber nicht mitfahren darf. Auf dem Weg kommen sie in der Dämmerung an der *Wilhelm Gustloff* vorbei. Das hell erleuchtete Schiff wirkt wie eine Sicherheitsgarantie für eine problemlose Überfahrt. Als sie den Riesen sieht, fackelt Sonja nicht lange und lenkt ihre Töchter zu der unendlich langen Menschenschlange, die sich an der Treppe zum Schiff gebildet hat. Sehr zum Leidwesen ihres Mannes, dem es peinlich ist, dass die von ihm für die Familie reservierte Kabine auf der *Memel* nun leer bleibt.

An Bord bekommt jeder eine Matte zum Schlafen in die Arme gedrückt. Als Unterkunft wird ihnen – ausgerechnet – der Musiksaal zugewiesen. Hier ist es so eng, dass die Matten praktisch ohne Zwischenräume nebeneinander liegen. Sonja braucht noch ein wenig Platz für einen schweren Koffer mit Familiensilber, den sie mitgeschleppt hat, um am Zielort nicht ganz mittellos dazustehen. Die drei machen es sich bequem, so gut es geht. Bei einer Bekannten, die in einer Kabine Unterschlupf gefunden hat, kann Eva sich ab und zu waschen. Ansonsten macht sie Streifzüge übers Schiff, flirtet mit den Offizieren. Schicke, schneidige junge Männer in ihren Uniformen, findet sie – und die recht kokette 16-Jährige übt selbst ganz offensichtlich auch einen großen Reiz auf sie aus. Wozu sicher beiträgt, dass Eva die Flucht trotz des hohen Schnees mit Stöckelschuhen angetreten hat. Die jungen, wohlerzogenen Männer sprechen sie mit „gnädiges Fräulein“ an. Auf ihren Streifzügen sieht sie viele junge Frauen in anderen Umständen. Ein Anblick, der sie empört: „Wie kann man nur mitten im Krieg Kinder bekommen“, denkt sie sich. Dafür hat sie kein Verständnis, zumal die Frauen ja nicht einmal wissen, ob sie den Vater ihres Kindes jemals wiedersehen werden. Insgesamt ist ihre Laune aber blendend: „Wir waren alle ganz euphorisch auf diesem großen Schiff. Dachten, jetzt sind wir bald in Sicherheit.“ Ein Unteroffizier will sie mit einer Schwimmweste versorgen. Aber die gefällt Eva überhaupt nicht – sie ist erstens unbequem und passt vor allem farblich nicht zu ihrem blauen Kleid. So macht sich der junge Mann auf den Weg und besorgt ihr eine blaue.

Dann endlich läuft die *Gustloff* am späten Mittag des 30. Januar aus. Die Zeit bis zu dem Augenblick, an dem die drei Torpedos von *S13* kurz hintereinander den Schiffsrumpf treffen, verbringen Sonja, Dorrit und Eva auf ihren Matten und versuchen, zu schlafen. Plötzlich die drei Einschläge – und sofort legt sich das Schiff in Schräglage. Panik im Saal, Rufe, Schreie, das Weinen von Kindern. Das Licht geht aus, die Notbeleuchtung an. Bloß nicht anstecken lassen von dieser Panik, denkt sich Eva. Sie sucht den schweren Koffer mit dem Silber, ihre Handtasche und ihren Mantel. „Ihr müsst alle raus, schnell, schnell", ruft jemand. Sonja und Dorrit machen sich schon auf den Weg, doch Eva sucht immer noch die letzte Habe, die ihnen geblieben ist. Da kommt der junge Unteroffizier, der ihr die Schwimmweste besorgt hatte. „Sie müssen ganz schnell hier raus", ermahnt auch er sie. „Was ist passiert?", fragt Eva. „Das war Sabotage", lautet seine Antwort. Und fügt dann sehr eindringlich hinzu: „Ich wünsche Ihnen, dass Sie gut durchkommen". Erst in diesem Augenblick wird der 16-Jährigen klar, wie gefährlich die Situation eigentlich ist.

Der Ausgang ist nicht weit, sie gelangt rasch eine Treppe nach oben aufs Oberdeck. Da stehen schon viele Menschen an der Reling. Die Stimmung ist zunächst friedlich und ruhig. Erst nach ihr gelangen Mutter und Schwester nach oben, obwohl sie früher losgegangen waren. Eva hilft der Mutter aufs Deck. „Gott sei Dank, dass du da bist", sagt Sonja. Dorrit weint. Die Sechsjährige hat keine Schuhe an, ein Soldat gibt ihr eine Decke, mit der sie ihre Füße umwickeln kann. Und reicht ihr ein Stück Schokolade – die letzte ihres Lebens. Eva hat weniger Mitleid mit ihrer kleinen Schwester: „Heul doch nicht. Das nützt doch nichts", raunzt sie sie an. Wieder kommen ihr beinahe selbst die Tränen, wenn sie heute stockend von ihrer damaligen Herzlosigkeit erzählt. „Ich musste in diesem Augenblick funktionieren, ganz einfach. Und ich funktionierte." Sie schimpft auch mit anderen Menschen, die auf der Reling ausharren. Deren Koffer rutschen und knallen Eva, die nicht an der Reling steht, sondern sich tiefer auf dem vereisten Deck an der Innenseite des Ganges anlehnt, schmerzhaft gegen die Beine. „Passen sie doch auf ihre Koffer auf!" Doch die inzwischen sehr verängstigten Menschen haben ganz andere Sorgen. Das Schiff sinkt, Angst steigt in ihnen auf. Eva wird plötzlich heiß, trotz der Kälte.

Längst ist klar, dass es kein Entrinnen mehr geben wird vor dem eiskalten Wasser. Die wenigen funktionstüchtigen Rettungsboote sind längst weg, Flöße weit und breit nicht zu sehen. Als das Schiff sich immer stärker in Schräglage legt, ergreift Eva die Hand ihrer Mutter, um sie festzuhalten. „Was für ein Glück, dass wir dich haben", ruft Sonja ihr dankbar zu. Es sind die letzten Worte, die sie jemals von ihrer Mutter vernimmt. Dorrit sitzt vor Eva auf dem Boden und weint. Plötzlich geht alles sehr schnell. Das Schiff hat mittlerweile eine sehr starke Schlagseite. Eva beugt sich zur Mutter und sieht nur noch Wasser. Als sie sich wieder aufrichtet, ist Dorrit verschwunden – einfach weggespült vom plötzlichen Ansturm des Wassers, der alle überrascht. Im selben Augenblick trifft es auch ihre Mutter. Und dann ist auch Eva selbst unter Wasser. In dem Augenblick hat sie einen erstaunlichen Gedanken: Jetzt komme ich dahinter, worüber sich die Philosophen seit Jahrtausenden streiten: den Tod. Sie hört jemanden schreien – sich selbst. Die Kälte ist unerbittlich, lähmt gnadenlos die Glieder. Als sie auf einem Wellenberg schwimmt, sieht sie ganz in der Nähe ein Floß. Nur ein Mann sitzt darauf, ein Soldat. Der wundert sich über das junge Mädchen, das da im eiskalten Wasser ums Überleben kämpft und ihn so höflich fragt: „Würden Sie mir bitte helfen, mich hochzuziehen?“ Die zwei schaffen es gemeinsam – Eva ist fürs erste gerettet. In den nächsten Minuten ziehen sie noch drei weitere Personen aufs Floß – eine etwa 30-jährige Frau, eine robuste Luftwaffenhelferin, und einen Jungen. Einer anderen Frau versuchen sie vergeblich, auf das Floß zu helfen. Sie bettelt: „Bitte, bitte, Sie müssen mich retten. Ich hab’ doch drei Kinder. Was soll aus denen werden?“ Doch sie hat mehrere Mäntel übereinander gezogen, die sich so vollgesogen haben mit Wasser, dass sie viel zu schwer ist, um auf das Floß gezogen werden zu können. Sie hängt noch lange jammernd an seinem Rand. Dann wird sie stiller und treibt irgendwann ab. Auch die 30-Jährige und der Junge, der offenbar einen schweren Schock erlitten hat, überleben die Strapazen nicht. Sie liegen aber bis zur Rettung zwischen den anderen, weil nicht klar ist, ob sie leben oder nicht. Eva, der Soldat und die Luftwaffenhelferin halten sich gegenseitig am Leben, sorgen dafür, dass keiner der anderen einschläft. „Wenn du einmal schläfst, wachst du nie wieder auf“, warnt sie der Soldat. Mehrmals besiegt die Müdigkeit Eva beinahe. Doch sie kämpft – stundenlang. Die drei erzählen sich ihre Lebensgeschichten, um wach zu bleiben. Einmal kommt ein Floß vorbei mit singenden Soldaten: „Wir lagen vor Madagaskar und hatten die Pest an Bord.“ Eva und die zwei anderen singen eine kurze Zeit laut mit, um sich wachzuhalten. Ein anderes Mal sehen sie auf einem Floß einen etwa sechsjährigen Jungen allein sitzen. Auf ihre Fragen hin ruft er ihnen zu: „Meine Mama ist schon nach Kiel vorgefahren. Wir treffen uns dort wieder!“ Offenbar hat sich die Frau auf ein Schiff retten können – und ihren Sohn einfach zurückgelassen. Der Junge überlebt, Eva trifft ihn später wieder.

Mehrere Stunden vergehen. Immer wieder ereignen sich gespenstische Szenen, wenn sich große Schiffe ohne Beleuchtung inmitten von zahlreichen Flößen durch die Nacht tasten, ohne anzuhalten. Die drei Menschen auf dem kleinen Floß schreien jedesmal laut und immer verzweifelter um Hilfe. Doch niemand hilft. Entweder werden sie gar nicht wahrgenommen, oder die Kapitäne haben selbst zahlreiche Flüchtlinge an Bord und sehen zu, dass sie sich rasch von der Abschussstelle entfernen. Sie wissen ja nicht, ob dort noch ein russisches U-Boot lauert, und wollen nicht, dass ihr Schiff das gleiche Schicksal erleidet wie die *Wilhelm Gustloff*. Ein Schulfreund schreibt Eva Bodén später von einer ergreifenden Szene. Er ist Maat auf dem Schweren Kreuzer *Admiral Hipper*, der die Abschussstelle passiert. Als er hört, dass die *Gustloff* in unmittelbarer Nähe gesunken ist, läuft er zum

Kapitän und bettelt: „Bitte, Sie müssen anhalten und helfen. Meine halbe Schulklasse ist auf dem Schiff!" Der Kapitän lässt zwei Rettungsboote zu Wasser. Doch dann bekommt er über Funk eine erneute U-Boot-Warnung – und dreht rasch ab. Die zwei Boote lässt er zurück. Er ist selbst für Tausende von Flüchtlingen verantwortlich, die sich an Bord seines Schiffes befinden.[1]

Weitere Stunden vergehen. Um sich wach zu halten und die Hoffnung nicht zu verlieren, träumen die drei Schiffbrüchigen auf dem Floß zusammen vor sich hin. Von einem heißen Getränk und vor allem von einem Raum, in dem es so warm ist, dass das Wasser an den Wänden herunterläuft. Eva sitzt all die Stunden auf dem Rand des Floßes, die Beine so angewinkelt, dass sie sie bald nicht mehr spürt, und das Hinterteil im kalten Wasser. Plötzlich ist da wieder ein Schiff! Doch es scheint keine Rettung zu bringen, sondern größte Gefahr. Es ist die *Göttingen*, die dem Floß derart nahekommt, dass dessen Insassen befürchten müssen, von der Schiffsschraube zermalmt zu werden. Sie setzen sich alle, so gut es geht mit dem Gesicht zur hohen Schiffswand, um sich mit vereinten Kräften abstoßen zu können. Und rufen, so laut sie können, nach oben. „Wir sind von der *Wilhelm Gustloff*, die untergegangen ist!" Denn dort, an die Reling gelehnt, stehen einige Matrosen, die ihren Augen

---

[1] An dieser Stelle weichen Eva Bodéns Angaben von denen Heinz Schöns ab. Nach seinen Erkenntnissen ist die *Hipper* ohne anzuhalten über die Untergangsstelle gefahren, um sich möglichst rasch aus der Gefahrenzone zu bringen.

nicht glauben, was sie sehen. Doch auch die *Göttingen* setzt ihren Kurs fort und verschwindet wieder in der Dunkelheit. Eva und die anderen sind verzweifelt. Wer soll sie jetzt noch retten? Vielleicht sechs Stunden sind sie nun schon auf dem kleinen Boot, der Kälte und der See hilflos ausgesetzt. Doch plötzlich kommt ein Rettungsboot angefahren. Der Kapitän der *Göttingen* hatte sein Schiff einige hundert Meter vom Floß wegsteuern lassen, um es nicht zu gefährden. Und dann eine Rettungsmannschaft geschickt.

Die Rettung ist halsbrecherisch. Erst das schwierige Hinüberhieven vom Floß auf das Rettungsboot. Dann soll das Boot an Stangen auf die *Göttingen* gehoben werden. Das geht im ersten Anlauf schief, das Boot fällt zum Erschrecken aller aufs Wasser zurück. Der zweite Versuch ist erfolgreich und die drei Geretteten werden zu den vielen anderen, die die Mannschaft der *Göttingen* bereits aus dem Wasser gefischt hat, in den Mannschaftsraum gebracht. Und dort wird der Traum wahr, den sie Stunden vorher in ihrer verzweifelten Lage geträumt hatten: Der Raum ist so stark beheizt, dass das Wasser an den Wänden hinunterläuft. In diesem Augenblick erst begreift Eva, dass sie wirklich gerettet ist.

Zunächst sorgt sie sich um ihre Beine, die in allen Farben leuchten. Erst glaubt sie an Erfrierungen, doch tatsächlich sind es blaue Flecken, die die vielen Koffer verursacht haben, die in den letzten Minuten auf der *Gustloff* gegen ihre Beine schleuderten. Dann erst kommt der Gedanke an ihre Mutter und ihre Schwester. „Mir war eigentlich klar, dass sie das alles nicht überlebt haben konnten. Aber ich dachte daran ohne Wehmut", erinnert sie sich heute. Und ergänzt: „Ich war mir wohl selbst der Nächste." Es gibt später schlimme Momente, etwa, als sie sich zu einer Tante nach Neukirchen in Ost-Holstein durchgeschlagen hat. Als die die Tür öffnet und fragt: „Kindchen, bist du allein? Wo sind Sonja und Dorrit?", ist das so ein schlimmer Moment. Ebenso, als Leo, ihr Vater, kurz darauf zu ihr stößt. Er macht ihr schwere Vorwürfe. „Hättest du doch wenigstens deine Schwester gerettet!" Leo ist fast wahnsinnig vor Schmerz und Trauer. Und enttäuscht über seine ältere Tochter, die selbst jetzt, da sie das Geschehen minutiös erklärt, gänzlich unberührt vom Schicksal ihrer Mutter und Schwester zu sein scheint.

Sie gelangt danach zu einem Onkel nach Herzogenrath bei Aachen. Später wird sie Schauspielerin am Theater in Baden-Baden, vier Jahre lang recht erfolgreich. Sie heiratet zweimal, der erste Mann trennt sich von ihr, der zweite stirbt. Nach der Trennung von ihrem ersten Mann geht sie nach Bonn und arbeitet im Öffentlichen Dienst. Das Bundesverteidigungsministerium lehnt ihre Bewerbung ab. Sie sei wegen ihres Onkels Bruno Lukk, der ja noch immer in der inzwischen sowjetischen Republik Estland lebt, erpressbar, so die Begründung. Mit ihrem zweiten Mann, der als Direktor bei einem großen schwedischen Konzern arbeitet, lebt sie Jahre im Ausland, ehe sie nach Baden-Baden zurückkehrt. Nie lassen sie die Jahre des „Dritten Reiches" los. Sie liest Bücher, immer wieder die Erinnerungen Albert Speers. Von Hitlers Hofarchitekten und letztem Rüstungsminister ist sie begeistert. Niemand, so findet sie, habe glaubhafter beschrieben, wie Hitler arbeitete und dachte, auf welche Weise sein Herrschaftssystem funktionierte. Für sie ist Speer ein Mann, der nur tat, was viele andere auch getan hätten an seiner Stelle: die Chance zu nutzen, früh und hoch aufzusteigen und bis zuletzt seine Pflicht tun.

Das Thema *Wilhelm Gustloff* meidet sie zumeist. Hin und wieder beantwortet sie Anfragen von Journalisten. Dass der Abschuss ein Kriegsverbrechen war, steht für sie außer Frage. „Es waren mehr als 9000 Zivilisten an Bord. Das müssen die Russen doch gewusst haben", sagt sie. Dass Soldaten an Bord waren, dass das Schiff bewaffnet war, lässt sie nicht gelten. „Adolf Hitler war ein absoluter Verbrecher, das ist überhaupt keine Frage." Das habe aber Deutschlands Gegner nicht berechtigt, hilflose Zivilisten umzubringen oder ganze Städte in Grund und Boden zu bomben. „Ebenso, wie wir kein Recht hatten, das zu tun."

Zu stark aber ist die Erinnerung an die *Wilhelm Gustloff*, an die eigene Rettung für Eva Bodén mit der Frage verbunden, ob sie in jener Nacht versagt hat, ob sie zu wenig umsichtig war, ihre kleine Schwester zu retten. Ob sie sie im entscheidenden Augenblick einfach ihrem Schicksal überließ. Immer wieder kommt sie im Gespräch von selbst auf diesen Punkt, immer wieder bricht sie selbst ab. Nur eine Frage stellt sie sich nicht: die, ob es überhaupt möglich war, ihrer Schwester zu helfen, als das Wasser sie mit sich riss. Die Frage wird sich nicht mehr klären lassen. Mit ihrer Trauer und ihrem Selbstzweifel muss Eva Bodén schon seit mehr als sechs Jahrzehnten leben. Und wird es weiterhin müssen. Bis zum Schluss.

Wolfgang Schmidt

## Ein Mann mit sechs Leben

Schiffe sind von Anfang an sein Leben. Schon als Junge streift Wolfgang Schmidt durch den Kieler Hafen, bestaunt die großen Pötte, die auf den drei Werften der Stadt gebaut werden. Er kennt ihre technischen Details, ihre Maße. Seine Liebe zu den Riesen der Ozeane ist geblieben, obwohl der heute 88-Jährige sie fast mit dem Leben bezahlt hätte. Gleich fünfmal wird er als Marinesoldat im Zweiten Weltkrieg mit einem Schiff abgeschossen. Aber ganz gleich, ob es die eiskalte Ostsee ist oder die Donau: Das Wasser muss ihn jedesmal wieder hergeben. Genauso wie kurz vor Weihnachten 1944, als nach einem Bombentreffer das Grundwasser in einem Bunker in Gotenhafen steigt und steigt, bis alle Insassen ertrunken sind. Nur Wolfgang Schmidt nicht.

Es sind die berühmten großen Schiffe, die den Jugendlichen immer wieder in den Bann ziehen. Die *Deutschland,* die *Nürnberg,* die *Königsberg.* Hitlers Deutschland rüstet sich für den großen Krieg, doch das durchschaut der Junge nicht. Er beobachtet gern auch das Treiben im Hafen, wenn die Kreuzfahrtschiffe auf Reede liegen oder die kleinen Boote im Hafen hin und her flitzen, um Urlauber zu den Badeorten an der Küste zu fahren oder Besucher zu den im Hafen liegenden Schiffen. Im Sommer gehen Wolfgang und seine Freunde zum Baden. Echte Strandlöwen, die am Wasser ihre Ferien verbringen. In den Urlaub zu fahren ist nicht drin. Wolfgangs Elternhaus ist bescheiden, sein Vater arbeitet als Transportchef bei den *Deutschen Werken*, der staatlichen der drei Kieler Werften. Große Sprünge sind da nicht möglich, zumal es insgesamt drei Kinder gibt im Hause Schmidt. Eine Kindheit in bescheidenen Verhältnissen, aber weitgehend unbeschwert.

Für die höhere Schule reicht das Geld nicht aus. Mit 16 verlässt Wolfgang die neunjährige Volksschule und beginnt eine Lehre als Maschinenbauer auf der *Germania*-Werft. Der Lohn ist zwar karg – im ersten Jahr drei Mark pro Woche, im zweiten fünf, im dritten acht und im vierten zwölf. Das reicht gerade mal, um ein Fahrrad abzubezahlen. Dass Wolfgang nach der Schule zur Lehre auf die Werft geht, um etwas mit Schiffen zu tun zu haben – das stand für ihn nie in Frage. Die *Germania* ist die beliebteste der Kieler Werften, auch, weil sie die besten Sozialleistungen bietet. Zwar werden auf ihr nicht wie in den *Deutschen Werken* die berühmten Kriegsschiffe wie die *Gneisenau* oder die *Scharnhorst* gebaut, aber immerhin einige größere Kreuzer wie die *Prinz Eugen.* Wolfgang blüht in der Lehre voll auf. Er macht seine Ausbildung an der Drehbank, schaut den Ingenieuren über die Schulter, interessiert sich für den Bau von Ventilen, Motoren und Turbinen. Und darf sogar entgegen der Vorschrift auf Probefahrten mit den fertiggestellten Schiffen fahren.

Um seine Lehre machen zu können, bricht der 16-Jährige sogar mit einem Grundsatz, den er für sich selbst aufgestellt hatte: Er tritt gegen seinen Willen in die Hitlerjugend ein. Während der Schulzeit und dem Arbeitsdienst hatte er sich erfolgreich geweigert. Denn mit den Nationalsozialisten kann er nicht gut. Das liegt schon an seinem Elternhaus. Sein Vater war vor der „Machtergreifung" Sozialdemokrat und ehrenamtlicher Gewerkschaftsfunktionär. Er wird zwar kein Verfolgter des NS-Regimes, muss aber doch eine berufliche Herunterstufung erdulden und verhält sich deshalb ruhig. Auch sein Sohn, ein eigentlich unpolitischer Jugendlicher, muckt nicht wirklich auf, steht aber zu seinem Grundsatz. Weil er sich dem Jugenddienst für den „Führer" verweigert, fliegt er aus dem geliebten Schwimmverein. Das trifft ihn hart, denn Schwimmen ist neben Schiffen seine zweite Leidenschaft. Fast schon hat er die Grenze zum Leistungssportler erreicht, als die hohe Politik zuschlägt. Einmal schwimmt er sogar von Falkenstein nach Laboe an der Kieler Förde. 75 Minuten braucht er dafür, ein Boot schwimmt zur Sicherheit nebenher. Doch Wolfgang hält durch.

In der Schule gibt es zwei Gruppen, bevor die Nationalsozialisten die Macht bekommen: Nazis und Sozialdemokraten. Wolfgang hält sich raus, wenn sie sich gegenüberstehen, ist auch noch zu jung. Auch später ist die Politik seine Sache nicht. Wenn der „Führer“ nach Kiel kommt, um wieder einmal ein Schiff zu taufen und die Schüler frei bekommen, um ihm zuzujubeln, ist das auch für Wolfgang ein kleines Fest. Dann schleicht er sich heimlich fort und nutzt die freie Zeit, um zum Strand zu gehen. Am nächsten Morgen vor der Schule baut er vor und erkundigt sich über den Ablauf des hohen Besuchs – für den Fall, dass ein überraschender Aufsatz über das große Ereignis vom Vortag auf dem Programm steht. Wie der „Führer“ selbst, so kann sich auch Hitlers Jugend nicht lange an Wolfgangs Anwesenheit erfreuen. Brav geht er drei Monate lang zu den Treffen – bis die Probezeit als Lehrling auf der *Germania*-Werft vorbei ist. Dann lässt er sich nie wieder blicken. Ärger bekommt er deshalb nicht.

Auch später als Marinesoldat hat Wolfgang Schmidt seine Grundsätze. Nie wird er Nationalsozialist. Er kämpft fürs Vaterland, für Deutschland. Aber aus Pflichtgefühl, nicht aus Überzeugung für den Nationalsozialismus oder den „Führer“. „Ich war Soldat, und fühlte mich dem verpflichtet, dem ich den Eid geschworen hatte“. Er nennt das heute gerne die „Selbstverständlichkeit der Pflicht“, über die er damals gar nicht nachdenkt. Ebenso wenig wie über ein Aufbegehren. Klar, bei Erfolgen der Wehrmacht freut er sich, bei Niederlagen ist er frustriert. Schlimm ist zum Beispiel die Nacht des zweiten Weihnachtstages 1943, als er und seine Kameraden auf einem Minenleger im Skagerrak am Funkgerät den Untergang der von den Briten schwer bedrängten *Scharnhorst* im nicht weit entfernten Eismeer miterleben.

Mit dem übertriebenen Disziplinierungsgehabe der Nazis hat der junge Wolfgang nichts im Sinn. Das merkt er rasch beim Arbeitsdienst, den er nach der Lehre antreten muss. Am ersten April 1939, als knapp 20-Jähriger, rückt er ein nach Neuenkirchen vor Sylt. Der Drill und der Dienst sind schlimmer als später die Rekrutenzeit bei der Marine. Viele stehen das nicht durch, einige setzen sich ab über die nur zwei Kilometer entfernte dänische Grenze. Was aus ihnen geworden ist, erfahren die anderen nicht. Sie hören nie wieder etwas von ihnen – das ist kein gutes Zeichen. Der Dienst ist hart, die Jungen müssen den einen Tag im Schlick Gräben ausheben, am nächsten stundenlang exerzieren. Die Disziplinierungsmaßnahmen empfindet Wolfgang oft als absurd. Wenn einer der jungen Männer sich nicht ordentlich rasiert hat, müssen alle mit ihren Waschschüsseln ins Gebälk ihrer Baracke hinaufklettern und sich rasieren. Manchmal beziehen die „Muttersöhnchen", wie diejenigen genannt werden, die bei dem Drill nicht immer mitkommen und dafür sorgen, dass alle anderen gleich mit bestraft werden, schon mal Prügel. Das ist zwar offiziell verboten, wird aber von den Aufsehern geduldet. Verboten ist auch, was sich einer der Jugendlichen eines Tages leistet. Er muss den mittäglichen Spruch vor dem gemeinsamen Essen in der Essbaracke aufsagen. Jeder kommt damit hin und wieder dran und überlegt sich schon vorher irgendeinen Kalenderspruch. An diesem Tag wählt der Jugendliche einen Spruch, der allen den Atem stocken lässt: „Und als der liebe Gott das Essen beim Arbeitsdienst sah, da schlug er die Hände vors Gesicht und weinte bitterlich." Erst Totenstille – dann ruft der Feldmeister nach der Wache. Diese Art Humor ist seine Sache nicht. Auch diesen Jungen haben die anderen nie wiedergesehen.

Am 1. Oktober 1939 ist es endlich so weit: Wolfgang darf zur Kriegsmarine. Freiwillig gemeldet hatte er sich schon im Jahr zuvor – als „Zwölf-Ender", also für zwölf Jahre. Das hat echte Vorteile: Anschließend sorgt der Staat gut für seine ehemaligen Soldaten und bringt sie als Beamte unter. „Wie kannst du nur zur Marine gehen", fragen viele Kieler, die wissen, dass der Dienst entbehrungsreich und hart ist und die Seeleute lange von zuhause weg sind. Besser zumindest, als viele Sachsen oder Rheinländer, die mit der Marine immer nur die schicken Uniformen der Seeleute auf Urlaub in Verbindung bringen. Und die hoffen, als Uniformträger mehr Schlag bei den jungen Frauen zu haben. Doch Wolfgang ist sich seiner Sache ebenso sicher wie damals, als es ihn als Lehrling auf die *Germania*-Werft zog. Er rückt ein zur Rekrutenkompanie nach Eckernförde, gar nicht weit von seiner Heimatstadt. Die Kaserne, in der er die ersten Eindrücke vom Soldatenleben gewinnt, steht heute noch. Anschließend geht's auf einen Lehrgang zur Technischen Marineschule in Kiel. Und dann, am 1. April 1940 wird Wolfgang zu seinem ersten Bordkommando abberufen. Er ist nun „Matrose 2“, ein Matrose ohne Dienstgrad. Bis zum Kriegsende wird er es bis zum Obermaschinisten bringen – auch eine Anerkennung für seinen zähen Überlebenswillen, den er bei seinen Kriegseinsätzen beweist. Das Matrosenleben geht ihm in Fleisch und Blut über, noch heute ist das zu spüren. Er lernt als erstes viele seemännische Rituale kennen. Zum Beispiel darf ein Ventil nie ganz bis zum Anschlag zugedreht werden, damit im Notfall jeder sofort durch leichtes Drehen erkennen kann, dass es geschlossen ist.

Der erste Einsatz führt den frischgebackenen Matrosen als Heizer in die norwegischen Fjorde. Die Aufgabe: Das Schiff, der deutsche Bananenfrachter *Pionier*, soll norwegische und englische Blockadebrecher übernehmen und nach Deutschland bringen. Kein gefährlicher, aber für den technikbegeisterten Wolfgang ein interessanter Auftrag. Die 12- bis 15 000-Tonnen-Schiffe haben andere Maschinen, Motoren, Beschriftungen. So geht die Besatzung erst einmal vor Anker, als das erste Schiff aufgebracht ist, und probiert alles aus. Wolfgang muss oft unter die Flurplatten kriechen und sich die Technik anschauen. Eine harte Arbeit, die der junge Mann aber eben auch als sehr spannend empfindet. Einmal kommt es zu einem Zwischenfall. Der Frachter fährt fälschlicherweise unter der Flagge der deutschen Handelsmarine, obwohl er eindeutig im Kriegseinsatz ist. Das hat aber den Vorteil, dass er die Hoheitsgewässer des neutralen Schweden passieren darf. Eines Tages kreuzen mitten im Skagerrak plötzlich schwedische Torpedoboote auf, die Mannschaften kommen an Bord und besetzen das

Passagiere auf dem Sonnendeck der *Wilhelm Gustloff* während einer Fahrt nach Madeira.

Schiff. Überall dürfen sie nachforschen und spionieren – nur nicht in den privaten Kabinen der Mannschaftsmitglieder, das ist eine Vorschrift des internationalen Seerechts. Die Deutschen tragen Zivilkleidung und haben ihre Uniformen daher in den Kabinen versteckt. „Vermeidet unbedingt jeden militärischen Ausdruck, das würde uns verraten", mahnt der Kapitän seine Leute. Die Schweden riechen den Braten nicht und ziehen wieder ab. Hätten sie Verdacht geschöpft, hätten sie Wolfgang und seine Kameraden internieren müssen – wohl für den Rest des Krieges. „Viel später bin ich auf den Gedanken gekommen, dass das vielleicht viel besser gewesen wäre, weil mir dann unendlich viel erspart worden wäre", sagt er heute. Damals kommt er auf solche Gedanken überhaupt nicht. Er hofft, dass die Schweden wieder abziehen und sein Schiff unbehelligt weiterfahren lassen – was dann ja auch passiert. Eine Internierung wäre für ihn schlimm – vom Krieg hat der erlebnishungrige Mann schließlich noch gar nichts mitbekommen.

Das soll sich bald ändern. Eines Abends, im September 1940, hat der Minenleger *Skagerrak,* auf dem Wolfgang inzwischen Dienst tut, eine ganze Fuhre von Gebirgsjägern und Arbeitsdienstlern an Bord, mehr als 800 Mann, die ins norwegische Narvik gebracht werden sollen. Gegen 21 Uhr, als Wolfgang gerade auf dem Deck steht, gibt es plötzlich wie aus heiterem Himmel eine laute Detonation – Torpedotreffer. Die Aufbauten des Schiffes platzen auseinander, Wolfgang wird durch den Luftdruck gegen die Reling geschleudert und bleibt kurz benommen liegen. Aus dem Schornstein steigt eine gerade

Stichflamme empor, als ein zweiter Torpedo das Schiff trifft. Zwei neue Stichflammen – die Ölbunker sind getroffen. Männer laufen im Halbdunkel der hereinbrechenden Nacht übers Deck wie brennende Fackeln und springen schreiend ins Wasser. Wolfgang hat Glück – und bleibt unversehrt. Der Frachter ist nicht zu halten, aber er kentert nicht, sondern geht auf ebenem Kiel langsam unter. Wolfgang klettert an einem Seil ins Wasser hinab und schwimmt so schnell er kann – bloß weg vom Schiff, dessen Sog ihn mit in die Tiefe reißen würde. Die See ist rau, die Schiffbrüchigen schwimmen mal im Wellental, dann wieder auf einem Berg. Wolfgang treibt zu einem Rettungsfloß, auf dem ein Marineleutnant sitzt. Unter größten Mühen schafft der es, ihn auf das Floß zu ziehen. Bald können sie auch andere Männer retten. Stundenlang treiben sie ziellos herum, bis plötzlich spät in der Nacht ein deutscher Frachter auf dem Rückweg von Norwegen vor ihnen auftaucht, der zugleich Rettung verspricht und Gefahr verheißt. Denn in der unruhigen See treibt das Floß gefährlich nahe an die Schraube des Schiffs heran, doch die Männer haben Glück, das Floß treibt knapp an ihr vorbei. Vom Frachter wird eine Jakobsleiter heruntergeworfen, an der sich die Schiffbrüchigen die rund sechs Meter hohe Bordwand hochziehen. Am nächsten Morgen wird die grausame Bilanz gezogen: Von den 13 Mann aus Wolfgangs Kommando haben neben ihm selbst nur zwei andere überlebt. Insgesamt sind rund 800 Tote zu beklagen.

Mitleid kann er nicht erwarten. Weil er jegliches Hab und Gut bei dem Untergang verloren hat, wird er wieder neu eingekleidet und mit 20 Kronen Startkapital ausgestattet – die ihm später vom Urlaubsgeld wieder abgezogen werden. Dazu gibt's noch Ärger mit dem Spieß, der wütend ist, weil Wolfgang nicht die obligatorische Unterwäsche der Marine getragen hat, sondern seine eigene. So ist das Marine-Eigentum nun mit der *Skagerrak* ebenfalls verloren und muss neu beschafft werden. Hätte er sie vorschriftsmäßig getragen, wäre das nicht passiert, schimpft der Vorgesetzte. Die deutsche Bürokratie kennt kein Erbarmen – nicht einmal, wenn man gerade für den „Führer" fast sein Leben gelassen hat.

Ohne Pause geht es zum nächsten Einsatz, zu einer Minenräumtruppe ins besetzte Rotterdam. Bis März des kommenden Jahres hat Wolfgang Schmidt nun Dienst im belgisch-holländischen Küstenbereich, im Kanal und in der Maas. Eine ruhige Zeit. Dann kommt ein neuer Auftrag. Im Donau-Delta müssen Minen geräumt werden. Noch ist der Balkan zwar gar nicht fest in deutscher Hand, aber trotzdem macht sich Wolfgang mit seiner Einheit auf die lange Reise durch den Rhein, den Main, den damaligen Main-Donau-Kanal bis nach Linz, wo ihr Schiff, die *FR1*, zunächst überholt und umgerüstet wird. Die österreichische Stadt ist voll im Besitz der deutschen Marine. Da drei Wochen Liegezeit vorgesehen sind, bleibt Zeit, sich ein wenig umzuschauen. Das tun Wolfgang und seine Kameraden auch – zum Beispiel im Volksgarten, dem bekanntesten Tanzlokal vor Ort. Dort lernt er Herta, eine hübsche junge Frau mit starkem österreichischem Akzent, kennen. Es ist Liebe auf den ersten Blick. Man tauscht Adressen aus, verspricht sich gegenseitig ein baldiges Wiedersehen. Es ist eine Begegnung mitten im Krieg, die das Leben beider stark beeinflussen wird – inzwischen sind sie seit 60 Jahren verheiratet und leben noch immer in Kiel zusammen.

Nach drei Wochen und schönen gemeinsamen Stunden mit Herta geht es weiter die Donau abwärts bis nach Belgrad. Dort muss die *FR1* warten – die serbische Hauptstadt verteidigt sich noch gegen die Wehrmacht. Vom Schiff aus kann die Besatzung die deutschen Sturzkampfbomber, die berüchtigten *Stukas*, sehen, die sich mit Angst einflößendem Geheul vom Himmel werfen und ihre tödliche Bombenlast ablassen. Auf der Sawe, die in die Donau fließt, sehen sie nach dem Fall Belgrads zahlreiche Leichen vorbeischwimmen – deutsche und kroatische Opfer eines serbischen Sabotageakts auf eine Hängebrücke. Hier kann sich Wolfgang Schmidt an ein Erlebnis erinnern, als sei es nicht vor über 60 Jahren geschehen, sondern gerade erst gestern. Im Radio hören er und seine Kameraden das erste Mal das Lied *Lili Marleen*, das zuerst vom Soldatensender Belgrad jeden Abend um 22 Uhr gespielt wird, bis bald in allen Gegenden, in denen die Wehrmacht kämpft, deutsche Soldaten mit dem Lied im Ohr ihren Dienst tun oder in den Tod gehen. Die Melodie, der melancholische Text und die dunkle, markante Stimme Lale Andersens lassen ihm diesen Moment für sein restliches Leben unvergessen werden.

Nach dem Fall Belgrads fährt die *FR1* weiter auf rumänisches Gebiet bis an die russische Grenze. Während einer nächtlichen Stichfahrt auf der rumänischen Seite kommt es plötzlich zu einer bösen Überraschung. Als bereits der

Tag anbricht, gerät das Schiff in schweres Feuer – es ist der 22. Juni 1941. Hitler hat seinem bisherigen Paktfreund Stalin den Krieg erklärt, die Rote Armee ist offensichtlich gut vorbereitet. Von der russischen Seite schießt sie aus allen Rohren auf das deutsche Schiff, das zunächst im Schatten einer Böschung liegt und dann unbeschadet fliehen kann. Schon sehr bald müssen sich die Russen zurückziehen. „Aber davon, dass die von dem deutschen Angriff überrascht gewesen seien, kann keine Rede sein. Die hatten vorher offenbar schon ihre Geschütze aufgebaut", erinnert sich Wolfgang Schmidt an den Tag, an dem der Krieg zwischen Deutschland und Russland begann.

Nun geht es immer weiter hinunter ins Donau-Delta. Die drei schiffbaren Arme des Flusses wurden von der Roten Armee vor ihrem Abzug stark vermint – viel Arbeit für die Männer auf der *FR1*. Die Russen haben sich eine besonders hinterhältige Minen-Art ausgedacht. Sie haben unter den zahlreichen Bojen, die im Wasser schwimmen, kleine Minenstäbe angebracht, die in die Luft gehen, wenn sie gehoben werden. Die Männer auf der *FR1* und den anderen Räumbooten machen sich einen Spaß daraus, die Bojen mit Karabinern zu beschießen und zu versenken. Auch Wolfgang, der als Maschinist nicht viel zu tun hat, macht mit. Am 5. Oktober 1941 steht er gerade am Heck und legt sein Gewehr an, da dröhnt ein lauter Knall durch die Luft. Die *FR1* ist vorne auf eine Mine gelaufen und stellt sich sofort am Bug fast senkrecht in die Höhe. Nur die drei Besatzungsmitglieder, die sich am hinteren Ende des Schiffs befinden, überleben. Sie werden ins Wasser geschleudert und bald von anderen Booten gerettet. Wolfgang Schmidt ist 22 Jahre alt und zum zweiten Mal dem Tod von der Schippe gesprungen. Und schon wenige Woche später ist er erneut schneller als der Tod. Mit seinem neuen Minenräumboot gerät er wiederum in Lebensgefahr. Diesmal bereiten sogar zwei Minen dem Schiff das Ende, doch wie durch ein Wunder gibt es nur sehr wenige Opfer. Und Wolfgang gehört wieder nicht dazu.

Als Lohn winkt diesmal eine Beförderung zum Maschinenmaat. Auf dem Weg zur Marineschule in Wesermünde belohnt sich Wolfgang auch noch selbst. Gemeinsam mit zwei Kameraden setzt er auf dem Weg nach Norddeutschland in Linz einen Zug aus und trifft sich mit Herta. Nun macht Wolfgang Nägel mit Köpfen. Er fragt sie, ob sie in eine Verlobung einwilligen würde – und sie sagt ja. Einen Zug fahren zu lassen ist ein großes Risiko, weil strengstens verboten – aber dieses Risiko geht Wolfgang gerne ein. Es bleibt allerdings nicht einmal Zeit, Hertas Eltern kennenzulernen oder sie gar um ihr Einverständnis zu bitten. Die frisch Verlobten haben dann bald eine kurze gemeinsame Zeit, weil Herta ihm nach Kiel nachreist, wohin Wolfgang nach dem kurzen Lehrgang versetzt wird. Wenig später erfährt er, dass Herta schwanger ist. Im November 1942, als Wolfgang gerade vorübergehend auf einem in Stettin liegenden Schiff stationiert ist, flunkert er seine Vorgesetzten an: „Meine Verlobte ist soweit, ich muss sofort nach Linz zur Geburt.“ Tatsächlich bekommt er drei Tage Sonderurlaub – aber so eine Geburt ist eben keine Kommandosache. Erst an dem Abend, an dem er wieder Richtung Stettin aufbrechen muss, bekommt sie ihre Wehen. Als er zurück ist, gratulieren ihm die Kameraden. Inzwischen ist er Vater geworden – das Telegramm der jungen Mutter kam früher auf dem Schiff an, als Wolfgang.

Doch zuvor bekommt Wolfgang in Kiel einen neuen Posten: Ausbilder für junge Matrosen. Eine Aufgabe, um die ihn viele beneiden: Ungefährlich, kaum anstrengend. Und er kann häufig bei seinen Eltern übernachten. Doch der junge Mann ist unzufrieden, er will wieder in den Krieg. „Warum ich damals so gedacht habe, kann ich heute nicht mehr nachvollziehen. Aber so war ich nun mal und es war ja auch eine andere Zeit", sagt der 88-Jährige, wenn er heute im Wohnzimmer seiner Kieler Wohnung sitzt und über das Damals redet. Ein Freund mit Beziehungen besorgt ihm schließlich ein neues Kommando. Im Juni 1942 geht's los auf einem Minensucher im Skagerrak. Eine harte, wenn auch weitgehend ruhige Zeit bricht an. Ein Jahr und zwei kalte, dunkle Winter tut die Besatzung ohne Unterbrechung ihren Dienst – und kommt während dieser ganzen Zeit nicht ein einziges Mal von Bord. Einmal kommt es während der 53 Minenräumaktionen am Nordkap zu einer brenzligen Situation. Plötzlich tauchen auf offener See zwei russische Zerstörer auf. Der Begleitschutz des deutschen Schiffes, ein bewaffneter Fischdampfer, greift mutig die Gegner an und setzt die Brücke eines der Zerstörer in Brand. Der wird vom zweiten russischen Schiff eingenebelt – beide Seiten nutzen die gestörte Sicht zum einvernehmlichen Rückzug. Keiner möchte das Risiko eingehen, mitten in der kalten See unterzugehen. Endlich, im Januar 1944, geht es zurück nach Kopenhagen, wo die Besatzung auf neue Einsätze vorbereitet werden soll.

Am 20. Januar sind sie wieder auf See. Wolfgang ist vom Dienst befreit – er liegt mit der schwersten Grippe seines Lebens flach. Vormittags döst er mit mehr als 40 Grad hohem Fieber auf einem Sofa in der Messe unterhalb der Brücke, als er plötzlich von Fliegeralarm aus seinem Halbschlaf geweckt wird. Neun englische Torpedoflugzeuge belegen ihr Schiff mit Feuer – und treffen es auch. Wolfgang bleibt unverletzt, beim Befehl „Rette sich wer kann!“ springt er ins kalte Wasser, wird aber bald herausgefischt. Auf dem Schiff, das rund 50 Mann rettet, werden die vor Kälte klappernden Matrosen zu dritt nackt in die Betten gelegt, um einander aufzuwärmen. Im dänischen Egersund werden sie schließlich an Land gesetzt und mit dem Zug nach Christiansund gebracht. Während der Fahrt gibt es Schnaps in rauen Mengen – mit dem Ergebnis, dass die ganze Mannschaft völlig betrunken in der Kaserne ankommt. Nach dem Ausnüchtern macht Wolfgang eine überraschende Feststellung: Er ist völlig gesund, das Fieber ist verschwunden. „Wie kann das sein?“, fragt er den Arzt. Der hat auch keine Ahnung. Aber vielleicht gibt sein Name einen Hinweis: Er heißt Doktor Wunder. Das folgende Ritual kennt der nun schon zum vierten Mal abgeschossene Wolfgang, der mal wieder alles Hab und Gut verloren hat, inzwischen recht gut: Einkleidung, neue Papiere.

Wieder ist die Belohnung des Vaterlandes eine Beförderung, diesmal zum Obermaschinisten. Zugleich wird

Wolfgang zur U-Boot-Waffe versetzt, ganz entgegen seinem Willen. Doch er wird nicht gefragt – und sich gegen die Versetzung zur Wehr zu setzen würde ihm nie in den Sinn kommen. Befehl ist Befehl. Neuer Dienstort ist Gotenhafen, wo die 2. U-Boot-Lehrdivision auf der *Wilhelm Gustloff* untergebracht ist. Von September 1944 bis zum Tag des Untergangs wird Wolfgang nun auf diesem Schiff leben. Er ist vorgesehen für den Einsatz mit dem neuen U-Boot vom Typ 21, eine von Hitlers „Wunderwaffen". Die Ausbildung ist allerdings nur theoretisch, denn noch ist keins der neuen Schiffe fertiggestellt. Die Informationen werden nur unter strengster Geheimhaltung an die Schüler weitergegeben, niemand darf sich Notizen machen und die Pläne werden nach dem Unterricht im Panzerschrank verschlossen. Ende Oktober ist der Unterricht beendet und die U-Boot-Schüler sind beschäftigungslos. Sie werden an die Gotenhafener Werft ausgeliehen, wo sie in zwölfstündigen Nachtschichten arbeiten. Für Wolfgang ist das in Ordnung, denn die Arbeit ist besser, als wochenlang untätig auf dem Schiff herumzusitzen.

Sechs Tage vor Weihnachten greifen gegnerische Flieger abends Gotenhafen an, das bislang fast völlig verschont worden war. Die Menschen, die auf der Werft arbeiten, suchen im werfteigenen Bunker, einer weitverzweigten unterirdischen Anlage Schutz. In den Stollen mit ihren niedrigen Decken sitzen sie auf den Bänken und warten, bis die Gefahr vorüber ist. Doch diesmal erwischt es die Stadt schlimmer als sonst. „Man konnte hören, wie die Teppichwürfe immer näher kamen", erinnert sich Wolfgang Schmidt noch heute. Damit belegen die Bomber gezielt eine bestimmte kleine Fläche, um sie dem Erdboden gleichzumachen. Plötzlich werden die Insassen des Stollens durch die Luft gewirbelt, lauter Krach ist zu vernehmen. Jedem ist sofort klar, dass der Bunker eine Reihe von Volltreffern bekommen hat. Einige Bomben schlagen voll durch die Wände durch, das ganze Gebäude fällt in sich zusammen, die rettenden Ausgänge sind verschüttet. Das Grundwasser steigt, erst langsam, dann schneller. Die Menschen um Wolfgang herum begreifen rasch, dass sie in einer Falle sitzen. Sofort bricht Panik aus, die Gefangenen schreien um Hilfe, wimmern wegen des steigenden kalten Wassers. Das steht inzwischen so hoch, dass Wolfgang auf eine Bank steigen muss, um noch atmen zu können. Wegen der niedrigen Decke muss er den Kopf allerdings schräg auf die Schulter legen – eine unbequeme Haltung, eine Tortur, zumal wegen der Kälte die Glieder zunehmend steif werden. Der 25-Jährige bleibt im Gegensatz zu den anderen Insassen völlig ruhig. Den Grund dafür kann er sich bis heute nicht erklären. „Ich bin mir aber sicher, dass ich auch Panik bekommen hätte, wenn das Wasser bis zu meinem Mund gekommen wäre." Um ihn herum verstummen die Schreie und Hilferufe, das Wimmern und Stöhnen allmählich, bis Totenstille im Stollen herrscht. Trotz seiner Ruhe hat Wolfgang in diesem Augenblick mit dem Leben abgeschlossen. „Ich habe nicht geglaubt, dass ich hier noch mal wieder rauskomme", sagt er heute. Und erinnert sich noch an etwas: Binnen Sekunden läuft noch einmal sein ganzes junges Leben an ihm vorbei.

Doch dann sinkt das Wasser so weit, dass er von der Bank wieder herunterklettern kann. Und plötzlich sieht unterhalb des Wasserspiegels ein Licht scheinen – und hört Stimmen, die fragen, ob irgendjemand in dem Stollen sei. Durch das Licht sieht er nun auch die vielen Toten um sich herum. Wolfgang Schmidt ist in seinem Stollen der Einzige, der überlebt hat. Die anderen sind tot – ertrunken oder wegen der Kälte an Herzversagen gestorben. Durch das Licht erkennt er auch eine Schleuse am Fuß der Wand. Er taucht ab, schwimmt hindurch – und gelangt in den Nachbarstollen, in dem das Wasser schon fast gänzlich abgelaufen ist. Erst in diesem Augenblick verlässt ihn die Kraft. Im Hafen-Lazarett wird er versorgt. Und erfährt am nächsten Morgen, dass im Bunker der Werft in der Nacht zuvor 280 Menschen den Tod gefunden haben. Wolfgang Schmidt ist auch dieses Mal nicht dabei.

Der Arzt lässt ihn tagelang im Bett liegen. Wolfgang fühlt sich gut, hat keine körperlichen Schäden. Der Oberstabsarzt befürchtet dagegen, dass der junge Mann womöglich einer starken seelischen Belastung ausgesetzt ist, womit er auch Recht hat. Doch das begreift Wolfgang, dessen Einsatzwille keineswegs gebrochen ist, erst kurze Zeit später. Er bekommt Urlaub – und fährt mit dem Zug ins österreichische Freistatt. Hier, an der tschechischen Grenze, lebt Herta seit einiger Zeit bei einer Tante, um der Bombengefahr in Linz aus dem Weg zu gehen. Nach zwei Jahren steht Wolfgang nun unangemeldet vor der Tür, nimmt seine Verlobte in den Arm und sieht erstmals seinen Sohn. Beim Mittagessen am Neujahrstag wird Wolfgang plötzlich zum Erstaunen aller unruhig, verlässt den Raum und geht vor die Haustür. In Tausenden Metern Höhe fliegen feindliche Flugzeuge, wahrscheinlich Richtung Wien. Gefahr für das unbedeutende Freistatt droht nicht, aber Wolfgang kann bis zum Kriegsende einfach nicht mehr in geschlossenen Räumen sein, wenn Flugzeuge am Himmel sind. Wasser dagegen macht ihm überhaupt keine Angst, trotz der vier Untergänge. Und einer wird ja noch folgen – der schlimmste.

Am 12. Januar 1945 kehrt Wolfgang nach Gotenhafen und auf die *Wilhelm Gustloff* zurück. Es ist just der Tag, an dem die Rote Armee zu ihrem großen Sturm auf das Reich bläst. Eine gute Woche später beginnt die Besatzung, das Schiff klar für die Fahrt nach Westen zu machen. Vier Jahre lang wurde sie von Land aus versorgt – mit Strom, Wasser, Heizung. Im Hafen sammeln sich bereits Flüchtlinge aus Ostpreußen, oftmals verelendete Menschen am Ende ihrer Kräfte. Dafür, dass die Bürokratie mit den Bord- und Essenskarten noch immer tadellos funktioniert, findet Wolfgang Schmidt noch heute Worte der Anerkennung. Obwohl er selbst bei der Aufnahme von Passagieren manipuliert hat. „Bei der Registrierung haben wir viele Menschen auch ohne Karten aufs Schiff gelassen. Uns war es doch egal, ob die registriert waren oder nicht." Das bedeutet aber auch: „Es war mir schon immer klar, dass viel mehr Menschen an Bord waren als die 5000 bis 6000, an die man lange geglaubt hat."

Am Abend des 30. Januar, als die *Wilhelm Gustloff* durch die Nacht nach Westen fährt, hat Wolfgang dienstfrei. Er ist aber inzwischen ein erfahrener Matrose und kennt sich wie kaum ein anderer aus mit Schiffskatastrophen. Abends, als die *Gustloff* schon seit Stunden auf See ist, hat er ohne erkennbaren Grund ein schlechtes Gefühl. Er zieht eine Jacke an, seine Schwimmweste drüber und packt seine Papiere in die Tasche. Als der erste Torpedo in das Schiff rast, ist ihm sofort klar: Das war „Aal", wie die Matrosen Unterwassertorpedos nennen. Der dritte Treffer schlägt im Hilfsmaschinenraum ein, wo auch Wolfgang sich aufgehalten hätte, wenn er im Dienst gewesen wäre. Alle Kameraden dort sind sofort tot. Wolfgang rennt schon nach dem ersten Treffer schleunigst los über den Hauptniedergang auf das obere Promenadendeck. Seine Kabine liegt im C-Deck, er kennt als Besatzungsmitglied den Weg. Viele der nach oben Fliehenden fallen durch die Erschütterungen hin oder werden gegen die Wände geschleudert. Wer am Boden liegt, hat kaum Chancen, wieder aufzustehen. Wolfgang ist für den Notfall für keine Aufgabe eingeteilt, so läuft er bis zum Achterschiff. Dort klammert sich eine verzweifelte Marinehelferin mit aller Kraft an ihm fest. Immer mehr Menschen springen von hier oben aus ins Wasser, weil die Schieflage des Schiffes immer stärker wird. „Meine Devise war dagegen: so lange wie möglich an Bord zu bleiben, nur möglichst lange weg vom kalten Wasser." Als erfahrener Matrose hat er vor dem Sog keine Angst. Die Ostsee ist kein Tiefwassermeer – wenn das Heck der 208 Meter langen *Wilhelm Gustloff* im Meer versinkt, hat der Bug schon längst auf dem Grund aufgesetzt. Das weiß er, aber das wissen die Tausende von Zivilisten an Bord nicht.

„Je schlimmer die Schräglage wurde, umso schwerer wurde es, sich auf dem vereisten Deck an der Reling festzuklammern. Gemeinsam mit der Marinehelferin, die mich fest umklammert hielt, krabbelte ich schließlich über die Reling auf das verglaste untere Promenadendeck. Dort sah ich völlig schockiert, wie sich dramatische Szenen hinter der unzerstörbaren Glasfront abspielten, hinter der rund 1000 Passagiere gefangen waren. Menschen in panischer Todesangst hämmerten gegen die Scheibe, Offiziere erschossen ihre Familien, die sie mit an Bord genommen hatten. Man konnte sich das nicht angucken, aber wir konnten ja nichts tun." Und schließlich muss er sich auch ums eigene Überleben kümmern. Denn inzwischen schaut nur noch das Heck aus dem Wasser. Dann eine Welle – als er wieder hochkommt, hat sich der Griff der jungen Marinehelferin gelöst. Sie ist verschwunden – und die *Wilhelm Gustloff* auch.

Er hört im eigenen Überlebenskampf gegen das erbarmungslos kalte Wasser die Angst- und Hilfeschreie vieler Menschen. Aus dem Wasser schießen Flöße hervor, die mit der *Gustloff* untergegangen waren. Wolfgang ergreift eins. Es ist leer, aber rundherum haben sich bereits Leute festgeklammert. Wolfgang, jung und gut durchtrainiert, schafft es als Erster schließlich unter größter Kraftanstrengung, auf das Floß zu klettern. Er hilft zunächst einem verletzten Soldaten, dann einigen Frauen und einem Jungen. Eine junge Frau gelangt nur zur Hälfte auf das Floß, der halbe Körper bleibt im Wasser hängen. Dann wird das kleine Floß von den hohen Wellen getrieben, mal ganz nach oben, dann wieder ganz nach unten. Überall treiben Menschen und andere Flöße im Wasser. Plötzlich ein großer Schatten in der Nacht: der Schwere Kreuzer *Admiral Hipper.* Doch ebenso plötzlich ist er wieder verschwunden. Schreie der Verzweiflung hallen vom Floß aus in die Winternacht. Dass die *Hipper* Furcht hat vor dem russischen U-Boot, das noch immer in der Gegend kreuzt, wissen die Schiffbrüchigen nicht. Dass sie die sehr hohe Bordwand ohnehin nicht hinaufgelangt wären, bedenken sie im Augenblick ihrer Todesangst nicht.

Doch die *T36*, das Torpedoboot, das die *Admiral Hipper* begleitet, bleibt. Sie wendet sich im Wasser immer wieder in Richtung des georteten gegnerischen U-Boots, um ihm nicht ihre Breitseite als leichte Zielscheibe darzubieten. Das kostet zwar das Leben von Menschen, die unter das Schiff oder in die Schraube geraten, ist aber unbedingt notwendig, um nicht selbst Opfer von *S13* zu werden. Gegen null Uhr driftet das Floß auf den Zerstörer zu – just, als die Mannschaft ihre Rettungsaktion abbrechen will. Ganz heran kann es nicht getrieben werden, weil *T36* von zahlreichen leeren Flößen bereits Geretteter umgeben ist. Wolfgang sieht seine letzte Chance auf Rettung davonfahren. Wenn *T36* erst einmal weg ist, wird kaum noch einmal ein Rettungsschiff so nah an das Floß herankommen, bevor dessen Insassen erfroren sind. Da handelt er beherzt: Er springt über die Flöße bis zur Bordwand, ruft hinauf – und wird als letzter noch gerettet. Es ist 0.16 Uhr, wie er später aus einer Kopie des Logbuchs ersehen kann, die er sich besorgt hat.

Auf dem Schiff wird Wolfgang von einigen Frauen aus seinen steif gewordenen Sachen befreit und dann, wie andere Männer und Frauen auch, nackt auf die Dampfleitungen zum Aufwärmen gelegt. Nach einer Stunde ist er schon wieder voll da – und geht in seiner inzwischen getrockneten Uniform nach oben an Deck, um mit einem Maat über die Umstände der Katastrophe zu fachsimpeln. In Sassnitz kommen die geretteten Soldaten in die *Jägerkaserne* und werden versorgt. Für Wolfgang ist der Krieg damit praktisch vorbei. Er wird noch für einen Einsatz mit der Panzerfaust geschult, aber gegen die Russen kämpfen muss er nicht mehr. Erst am 10. Mai erfährt er, dass der Krieg bereits seit zwei Tagen beendet ist. Nach kurzer englischer Kriegsgefangenschaft kehrt er in seine Heimatstadt Kiel zurück, wo er sich mit seinen ausgebombten Eltern ein Zimmer teilt.

Unter großen Schwierigkeiten gelingt es ihm schließlich ein Jahr später, Herta aus Österreich nach Kiel zu holen. Die beiden heiraten und ziehen in die Wohnung, in der sie heute noch leben. Zur Marine geht er nicht mehr zurück, obwohl seine Liebe für Schiffe bleibt. Die Ereignisse auf der *Wilhelm Gustloff* verdrängt er 40 Jahre lang fast vollständig. Niemand fragt nach und Wolfgang Schmidt sieht auch keinen Grund, viel darüber zu reden. Ohnehin ist sein traumatischstes Kriegserlebnis die dramatische Rettung im Bunker von Gotenhafen. Der Untergang mit der *Gustloff* ist für ihn ja nur einer unter mehreren. „Das härtet ab.“ Und doch ist er 40 Jahre später wieder ganz präsent – beim ersten Treffen der noch verbliebenen Überlebenden in Damp, das Heinz Schön organisiert. Und erst recht, als Günter Grass die Ereignisse in seiner „Krebsgang-Novelle“ verarbeitet. Inzwischen hat Wolfgang Schmidt sich sogar eine kleine Sammlung mit Postkarten, Fotos und Zeitungsausschnitten angelegt. Und eine Feststellung hat der 88-Jährige längst gemacht: „Im Alter kommt die Erinnerung an solche Dinge wieder. Ob man will oder nicht.“

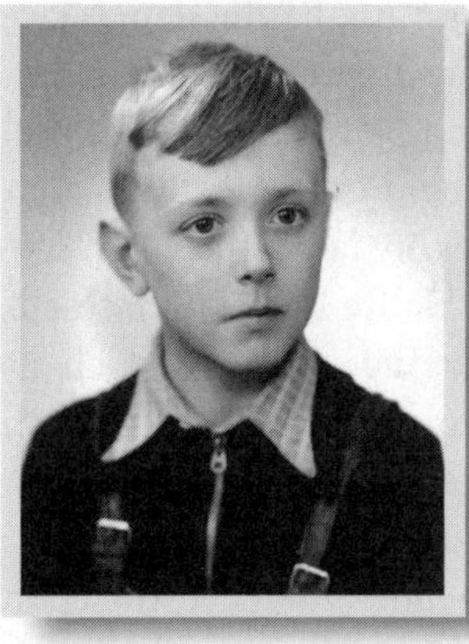

Günther Maydell

## Erinnerung als Teil des Lebens

Manchmal, wenn die Erinnerung kommt, geht Günther Maydell zum Wohnzimmerschrank und holt das kleine Wiking-Modell aus Eisen heraus. Vielleicht 15 Zentimeter groß, stellt es die *Wilhelm Gustloff* dar. Das Geschenk, das ihm ein schwedischer Vetter lange nach dem Krieg gemacht hat, ist ein Beispiel dafür, wie sehr die Nationalsozialisten ihr Traumschiff schon bei den Kleinen zu Propagandazwecken nutzten: Deutschland – das „Dritte Reich" – ist stark, modern und fortschrittlich. So sollte die Botschaft lauten.

Der kleine Günther wird am 26. Juli 1931 in Reval geboren. Die Stadt liegt in Estland, fernab vom Deutschen Reich, im Baltikum. Sehnsüchtig blicken die Deutschbalten auf ihre angestammte Heimat, aus der ihre Vorfahren Hunderte Jahre zuvor ausgewandert waren. Die Bevölkerung Revals ist im Laufe seiner Geschichte immer strikt in Nationalitäten gegliedert: Deutsche, Schweden und Esten. Jeweils zwei Fünftel sind deutsch und schwedisch, ein Fünftel estnisch. Nationalität war auch ein scharfes soziales Merkmal: Die gesamte Oberschicht und die Hälfte der Mittelschicht waren deutsch. Den Maydells erging es ursprünglich als Gutsbesitzer nicht schlecht – bis zu dem Tag, an dem sie im Jahre 1919 enteignet werden. Seit dem Vorjahr gehört Reval, das nun den Namen Tallinn trägt, zum nach dem Ersten Weltkrieg neugebildeten estnischen Staat. Die neue Hauptstadt hat 138 000 Einwohner, ihr Stadtbild prägen mittelalterliche Kirchen, Türme und Stadtmauern, die auch im Zweiten Weltkrieg nur wenig zerstört werden.

Günthers Vater flieht nach der Enteignung mit seiner Familie zunächst nach Deutschland, kehrt aber ohne sie wieder zurück. Estland ist seine Heimat, hier will er sein. Er heiratet Günthers Mutter und gründet zum zweiten Mal eine Familie. 1928 wird Günthers Bruder Bernd geboren, drei Jahre später Günther. Günthers Vater, der einstige Gutsbesitzer, muss sich nun in einer Fabrik verdingen. 1934 stirbt er infolge eines Sturzes und hinterlässt seiner zweiten Frau nur eine kleine Pension von 90 Kronen. Heiraten wird sie nicht wieder. „Meinem Vater konnte in ihren Augen einfach kein anderer das Wasser reichen", erinnert sich Günther Maydell. Schwere Zeiten brechen an für die kleine Familie. Die Mutter geht eine Zeitlang nach Helsinki, um für den dortigen Automobilclub an der Vorbereitung der für 1940 geplanten Olympischen Spiele mitzuarbeiten. Günther kommt auf ein Restgut bei einer Familie von Wrangel. Die Erziehung ist altmodisch, eine lieblose englische Gouvernante kümmert sich hauptsächlich um ihn und den Sohn des Hauses. Die Art von Erziehung ist der 8-Jährige von Zuhause aus nicht gewohnt. Trotz ihrer finanziellen Schwierigkeiten bemüht sich die Mutter immer um ein liebevolles Verhältnis zu ihren beiden Söhnen. Den Vater aber kann sie Günther nicht ersetzen. „Ich habe ihn damals sehr vermisst. Auch später, als ich schon viel älter war, hat mir eine männliche Bezugsperson gefehlt", resümiert er Jahrzehnte später als fast 76-Jähriger.

Dann kommt ein weiterer Einschnitt in Günthers Leben. Ein sehr tiefer – aber das empfindet er erst viel später so. Am 23. August 1939 schließen Hitler und Stalin ihren Pakt, in dem Deutschland und die Sowjetunion Polen unter sich aufteilen und Grenzen im Baltikum abstecken. Nach der polnischen Kapitulation fünf Wochen später wird die einvernehmliche Teilung Polens und der baltischen Staaten vollzogen. Estland fällt an die Sowjetunion. Für die Deutschbalten ist eine Umsiedlung in den Warthegau vorgesehen. Schweren Herzens verlassen sie ihre Heimat. Günther empfindet deren Verlust indes nicht als schlimm. Er macht das, was die Mutter ihm sagt und denkt nicht weiter darüber nach. Also zieht man eben um. Einige Deutschbalten allerdings wollen partout nicht ins Reich übersiedeln, sondern dort bleiben, wo sie aufgewachsen sind. Mit fatalen Folgen: Wer nicht geht, wird von den Sowjets alsbald abtransportiert – in Arbeitslager nach Sibirien. Vielen Esten geht es im Übrigen nicht anders. Auch sie werden von den neuen Herren zu Tausenden deportiert.

Günthers Mutter Ebby wird mit ihren beiden Söhnen nach Danzig-Neufahrwasser verschifft. Sie werden empfangen mit Musik, wehenden Hakenkreuzfahnen und den Grüßen des Reichs und vor allem des „Führers". Ebby hat die Möglichkeit zu wählen: Will sie in den Warthegau ziehen, wie die meisten Umsiedler? Oder möchte sie hier bleiben, in der Hafenstadt nahe Danzig? Sie entscheidet sich für die zweite Variante. Warum, weiß Günther nicht – vielleicht wollte sie einfach am Meer bleiben, dessen Nähe sie immer gewohnt war.

Der Familie wird zunächst eine Wohnung zugewiesen. „Als wir eintraten, war noch das ganze Mobiliar drin – und das Essen stand noch auf dem Tisch", erinnert sich Günther Maydell noch Jahrzehnte später. Ein schockierendes Erlebnis. Der Mutter, die eigentlich unpolitisch ist und genug damit zu tun hat, ihre Söhne zu versorgen und großzuziehen, ist sofort klar, dass hier eine polnische Familie praktisch vom Tisch weg abgeholt und ins sogenannte Generalgouvernement verschleppt wurde. Wie so viele polnische Familien, die Platz machen mussten für die Deutschbalten und andere Deutschstämmige. Ihre Reaktion ist eindeutig, Widerspruch lässt sie nicht zu: „Hier bleiben wir nicht!" Das Verhalten der Deutschen gegenüber den Polen empfindet sie schlicht als unmenschlich. Auch dem achtjährigen Günther ist klar, was sich hier abgespielt haben muss. Also wird eine neue Wohnung gefunden, in der Adolf-Hitler-Straße 104a. Wer hier gewohnt hat, ist unklar – vermutlich aber ebenfalls Polen. Doch die Wohnung ist ausgeräumt, so dass die Mutter hofft, die Familie habe wenigstens geordnet ihren Besitz ins Generalgouvernement mitnehmen können. Und schließlich sind ja auch nicht alle polnischen Einwohner Gotenhafens vertrieben worden. Darüber, dass sie Möbel aus einem Lager, in dem der Besitz von vertriebenen Polen gesammelt wird, zugewiesen bekommt, macht sie sich keine Gedanken. Und wenn doch, hindert sie das nicht, diese zweite Wohnung zu nehmen. Und was bleibt ihr auch schon übrig? Man muss ja überleben in dieser schwierigen Zeit. Und Geld für neue Möbel hat Ebby Maydell ohnehin nicht übrig. Immerhin hat man Platz. Dreieinhalb Zimmer mit Parkett – nicht schlecht.

Günther besucht zunächst die Volksschule. Rasch finden sich die zugewanderten deutschbaltischen Jungs zusammen. Man bildet eine Viererclique. Kein schlechter Einfall, denn immer wieder kommt es zu Raufereien mit polnischen Altersgenossen. Die Spannungen zwischen den Besatzern und den Besetzten, das gegenseitige feindselige Verhältnis, machen auch vor den Kindern nicht Halt. Mit seinen damaligen Freunden pflegt Günther Maydell später jahrzehntelangen Kontakt. Zu einem Freund bis heute – bereits mehr als 65 Jahre. Die anderen sind inzwischen verstorben.

Auch zum *Jungvolk* muss der kleine Günther. Damit aber kann er nichts anfangen. Marschieren, Lieder schmettern, Kämpfe mitmachen – das ist nicht seine Welt. Lieber zieht er sich in seiner Freizeit zurück und schmökert in den Büchern seines Lieblingsautoren: Karl May. Anders als sein Bruder, der gerne viel unterwegs ist mit seinen Freunden. Um den Lebensunterhalt zu verdienen, unterrichtet die Mutter zunächst als Lehrerin in der Volkschule. Doch das hält sie nicht lange durch. Zu primitiv sind die Bedingungen – bis zu 90 Schüler muss sie gleichzeitig unterrichten. Viele müssen während des Unterrichts stehen oder auf der Fensterbank sitzen. Schließlich überlegt sie sich etwas Neues. Mit einer deutschbaltischen Bekannten eröffnet sie in Gotenhafen eine Parfümerie, ebenfalls in der Adolf-Hitler-Straße. Das passt ganz gut, denn einen gewissen Hang zum Chic hat sie schon immer gehabt. Gemeinsam mit der Freundin fährt sie nun öfter nach Wien, um dort Parfüms einzukaufen.

Nach dem Bombenangriff auf Gotenhafen im Herbst 1943 bekommt Günthers Mutter Angst um ihre Söhne. Sie schickt beide tiefer in den Warthegau. Bernd kommt als Zögling auf ein Gut in der Nähe von Posen. Mit Günther fährt sie nach Schroda, das ebenfalls in der Nähe von Posen liegt. Dort gibt es eine SS-Heimschule. Ein Freund Günthers ist schon dort. Der Schulleiter tritt in Zivil auf, begrüßt Ebby Maydell mit „gnädige Frau“, ist freundlich, ruhig und sachlich und wirkt fast wie ein Intellektueller. Die Mutter ist beruhigt, glaubt, dass ihr Sohn in guten Händen sei – und lässt ihn zurück. „Sie war wohl ein wenig naiv damals“, schätzt ihr Sohn heute.

Denn für Günther beginnt eine wahre Schreckenszeit. Schnell stellt sich heraus, dass das Sagen in der Anstalt keineswegs der Direktor hat, sondern die Erzieher. Und die sind – wie sollte es in einer SS-Einrichtung auch anders sein – streng nationalsozialistisch und sehen in ihrer Schule vor allem ein Rekrutierungsinstrument für die SS. Alles ist auf vormilitärischen Drill ausgerichtet. Es gibt zwar keine Schläge, aber Schikanen ohne Ende. Wer vormittags zu spät zur Postverteilung erscheint, dem werden die heißersehnten Zeilen von zuhause kurz vor die Nase gehalten und dann wieder weggesteckt. Er muss sich bis zum nächsten Tag gedulden – und möglichst pünktlich sein. Wenn in den Doppelstockbetten im großen Schlafsaal die Decken nicht glatt Kante auf Kante liegen, reißt ein Erzieher sie herunter – nochmal machen! Ebenso der Wäschespind: Beim kleinsten Anschein von Unordnung wird alles herausgerissen und das Einräumen beginnt von neuem. Dazu bei jedem Wetter Geländespiele und sportliche Wettkämpfe mit hohen Anforderungen. Bis Anfang 1945, ein gutes Jahr lang, muss Günther in Schroda aushalten. Kurz vor seinem Abschied aus der verhassten Schule sieht er auf dem Marktplatz der kleinen Stadt, wie ein Trupp von Männern des Volkssturms vereidigt wird. Greise, die eigentlich nichts mehr im Krieg verloren haben, und Jugendliche, kaum älter als er. Sie bekommen ein Gewehr in die Hand und singen Lieder. Das stößt ihn ab. „Ich empfand das als sehr martialisch und merkwürdig."

Im Januar verlangt seine Mutter ihn zurück. Sie begreift, dass sie nicht mehr lange in Gotenhafen bleiben kann, weil die Rote Armee unaufhaltsam vordringt und sie die Berichte von Morden und Vergewaltigungen durch russische Soldaten kennt. Wenn sie sich auf den Weg nach Westen macht, will sie auf jeden Fall Günther dabeihaben. Erst nach dem dritten Telegramm wird Günther von der Heimleitung nach Hause entlassen. Warum sein Bruder Bernd auf dem Gut bei Posen bleibt, weiß Günther nicht.

In Deutschland ist zu dieser Zeit längst das Chaos des Krieges ausgebrochen. Auch der 13-Jährige droht auf seiner Heimreise darin zu versinken. Günther versucht zunächst, nach Posen zu Verwandten zu gelangen. Als er in deren Wohnung ankommt, ist niemand mehr da – sie sind alle schon geflohen vor der heranrückenden Roten Armee.

Nun wird es eng. Die Strecke nach Gotenhafen über Bromberg, die Günther eigentlich nehmen will, ist schon blockiert, die Russen haben die Gegend schon eingenommen. Der letzte noch freie Weg geht über Schneidemühl. Auf dem Posener Bahnsteig drängeln sich Tausende Menschen in der Hoffnung, einen Platz in einem der völlig überfüllten Züge nach Westen zu bekommen. Günthers Zug dagegen ist ab Schneidemühl fast leer, außer ein paar Soldaten befindet sich niemand darin. Entgegen dem Strom fährt er nach Osten.

Ebby Maydell verliert keine unnötige Zeit mehr, nachdem ihr Sohn nach Gotenhafen zurückgekehrt ist. Jetzt erweist sich eine Bekanntschaft, die sie sechs Jahre zuvor in Helsinki gemacht hat, als sehr vorteilhaft. Damals hatte sie den Maler Adolf Bock kennengelernt. Er hat sich auf Marinemotive spezialisiert, malt auch ab und an Bilder für Großadmiral Karl Dönitz. Während des Krieges zieht Bock nach Gotenhafen – und belegt eine Offizierskabine auf der *Wilhelm Gustloff.* Eng und klein zwar, aber auch gemütlich – und passend zu seinen maritimen Vorlieben. Seine Bilder malt er allerdings in einem Atelier in der Stadt. Warum Bock auf dem Schiff wohnen darf – das ja ansonsten als Wohnschiff für U-Boot-Schüler dient – ist unklar. Ebby und der Maler frischen ihr freundschaftliches Verhältnis wieder auf und treffen sich hin und wieder.

Nun, in den dramatischen letzten Tagen des Januar 1945, als sich die Stadt zusehends mit Flüchtlingen aus Ostpreußen füllt und immer mehr Menschen im Hafen auf ein Schiff nach Westen warten, lässt Bock seine Kontakte spielen und schafft es, Günther und seiner Mutter eine Zweibett-Kabine auf der *Wilhelm Gustloff* zu organisieren. Ebby Maydell überlegt nicht lange und nimmt das Angebot an. Schon Tage vor der Abfahrt, deren Termin noch nicht bekannt ist, beziehen beide ihre Kabine.

Zeit genug für Günther, das riesige Schiff zu erkunden. Ganz neu ist es ohnehin für ihn nicht. Bock hatte ihn schon mehrfach zu Besichtigungen eingeladen, er kennt inzwischen auch den einen oder anderen Offizier. Selbst zum Schiffszahnarzt ist Günther schon gegangen. Klar aber, dass ein 13-jähriger Junge sich die Chance nicht entgehen lässt und das berühmte Wunderwerk auf langen Touren intensiv inspiziert. Einmal müssen alle Flüchtlinge wegen eines Bombenalarms von Bord. Ein letztes Mal auch fahren Günther und seine Mutter mit einem Schlitten bei eisiger Kälte und durch dichtes Schneegestöber zur Wohnung zurück und holen noch weitere Sachen aus dem Hausstand. Zum Beispiel Günthers Karl-May-Bücher, mit denen er sich nun auch die tagelange Wartezeit bis zum Auslaufen des Schiffes verkürzen kann.

Auf einem seiner Streifzüge einige Tage vor dem Auslaufen der *Wilhelm Gustloff* macht Günther eine Entdeckung, die ihn überrascht: die Rettungsboote, die in den Davits hängen, sind total vereist. Niemand scheint sich dafür zu interessieren, ob sie funktionstüchtig sind. Noch erstaunter darüber ist der Junge, als er sieht, dass auf einem freien Deck eine Menge Flöße liegen. Warum sorgt man einerseits für Rettungsflöße – aber enteist die viel sichereren und stabileren Rettungsboote nicht? Günther hat darauf keine Antwort. Er redet aber mit niemandem über seine Entdeckung.

Am Tag des Auslaufens wird noch eine alte Frau in die Kabine einquartiert. Das Schiff ist zum Bersten voll mit Flüchtlingen, da muss zusammengerückt werden. Der Junge und die neue Kabinenbewohnerin sollen in den Betten schlafen, die Mutter auf dem Boden. Abends gegen 20 Uhr, nach dem Essen, begibt Günther sich in die Kabine. Die Radioansprache des „Führers", die über die Bordlautsprecher anlässlich des 12. Jahrestages der „Machtergreifung" übertragen wird, interessiert ihn nicht. Er will sich lieber in Karl Mays Abenteuerwelten vertiefen. Die Mitbewohnerin liegt auf ihrem Bett, seine Mutter ist bei Bock, der ja auf dem Sonnendeck viel weiter oben untergebracht ist. Plötzlich rumst es laut, dann noch einmal und dann ein drittes Mal. „Es waren drei dunkle Schläge", erinnert sich Günther Maydell. Der Junge ist sich sofort sicher: Das können nur Torpedos gewesen sein. Er schnappt sich seine Schwimmweste, legt sie sich um, reißt die Kabinentür auf und läuft auf den Gang. Schon ist alles voll mit Menschen, die nur einen Weg kennen: nach oben. Die Treppen sind, weil das Schiff gleichzeitig Schlagseite zur Seite und nach vorne hat, nur schwer zu erklimmen. Der 13-Jährige hat gegenüber den anderen nach oben Fliehenden einen Vorteil: Er kennt das Schiff gut und weiß genau, welchen Weg er nehmen muss.

Oben angekommen, kommen ihm seine Mutter und Bock bereits entgegen. Der Maler gibt die Richtung an: „Wir müssen versuchen, in ein Boot zu kommen!" Er ist als junger Mann zur See gefahren und weiß, dass das Schiff bei der Schlagseite, die es schon jetzt hat, sinken wird. Sie laufen im Stockdunklen ein Deck tiefer, wo die Rettungsboote hängen. Nach längerer Suche gelingt es ihnen, eine Kurbel ausfindig zu machen, um eins der Boote auszuschwenken. Sie setzen sie an – aber in welche Richtung kurbeln? Bock versucht es erst mit, dann gegen den Uhrzeigersinn. Sinnlos, denn alles ist total vereist und es bewegt sich nichts. Und niemand ist in dem Chaos von herumlaufenden, schreienden Menschen da, der sich auskennt und helfen kann. „Erst viel später habe ich erfahren, dass die Männer der Schiffsbesatzung, die eigentlich für die Boote zuständig waren, bereits ertrunken waren, weil ihre Unterkünfte im Vorschiff lagen und mit Schotten geschlossen worden waren", sagt Günther Maydell.

Bock gibt nicht auf. Er weiß noch eine andere Möglichkeit, denn auch er kennt sich auf dem Schiff aus. 20 Minuten sind seit den Torpedotreffern schon vergangen, die Zeit drängt. „Kommt mit nach Achtern“, ruft er seinen Begleitern zu. Leichter gesagt als getan: Das Deck ist total vereist und somit spiegelglatt, was das Fortbewegen bei der Schlagseite denkbar schwer macht. Die drei hangeln sich an der Reling entlang zum Schornstein, neben dem ein Kutter liegt, der ungefähr 50 Personen Platz bietet. Es sitzen schon Menschen darin – und Günther mag seinen Augen nicht trauen. Ausgerechnet Friedrich Petersen hat auch schon Platz genommen, einer der vier Kapitäne der *Wilhelm Gustloff*! Petersen, der alte Seemann, weiß, dass der Kutter einer der aussichtsreichsten Plätze ist, um zu überleben. Er spielt in dem Drama keine rühmliche Rolle. Auch eine Nachbarin der Maydells versucht ins Boot zu gelangen, gemeinsam versuchen sie, die Frau hineinzuwuchten. Doch sie schafft es nicht.

In diesem Augenblick gerät der Bug des Vorschiffs unter Wasser. Als Wellen über die Aufbauten spülen, schwimmt der Kutter auf – und kommt tatsächlich ins Wasser. Während die *Gustloff* langsam vornüber ins Meer sinkt, rudern Matrosen, die sich auch auf den Kutter gerettet haben, das Boot weg vom Schiff, damit es nicht in den Sog des sinkenden Stahlkolosses gerät. Da das Boot noch nicht voll ist, nimmt es noch mehr Menschen auf. Und wieder traut Günther seinen Augen nicht: Diesmal ist es Korvettenkapitän Wilhelm Zahn, der auf dem Kutter Zuflucht findet. Als eine Frau im Wasser vorbeitreibt und bittet, sie ins Boot zu hieven, will Petersen ihr die Hilfe verweigern. Bock ist empört: „Sie Schweinehund!“, brüllt er den Kapitän an und hilft der Frau. Doch das Boot ist nun wirklich voll und die Ruderer bringen es schnell weg von den zahlreichen Flößen, die voll mit Schiffbrüchigen sind und allmählich große Inseln bilden. „Wenn noch mehr Leute versucht hätten, zu uns reinzukommen, wäre der Kutter mit Sicherheit gekentert und untergegangen", so Günther Maydell. „Es war ein Kampf der Glücklichen im Boot gegen die Unglücklichen draußen."

Er selbst duckt sich unter die Ruderbänke. Im Vergleich zu den Menschen im Wasser geht es Günther geradezu gut. Er hockt zwar auch im eiskalten Wasser, friert erbärmlich und wimmert vor sich hin. Aber er ist zu keiner Zeit in wirklicher Gefahr. „Ich habe mir auch gedacht, dass mir nichts passiert, solange ich bei meiner Mutter bin". Ein kindlich-naives Vertrauen angesichts Tausender von Kindern, die trotz der Anwesenheit ihrer Mütter jämmerlich ertrinken oder erfrieren. Aber es hilft. Günther hört die Hilfeschreie der Verzweifelten im Wasser oder auf den Flößen, während er unter der Ruderbank hockt.

Nach einer Stunde – oder dauert es länger? – finden die Suchscheinwerfer des Torpedobootes *T36* den Kutter. Er legt an das Schiff an, dessen Besatzung lässt eine Jakobsleiter herunter – doch keiner will als Erster den nicht ungefährlichen Weg hinauf aufs Boot wagen. Da nimmt sich Günther ein Herz, ergreift die Leiter und klettert hoch. Anschließend folgen ihm die anderen Insassen des Kutters. Nicht alle allerdings: Für einige kommt die Rettung zu spät. Sie sind erfroren.

Günther wird in einen großen Schiffraum gebracht, mehr weiß er nicht mehr. Eine fremde Frau sieht den Jungen alleine – seine Mutter ist zwar auch auf dem Schiff, wird aber zunächst woanders versorgt. „Bist du alleine?“, fragt die Frau. „Wenn du keine Mutter mehr hast, adoptiere ich dich.“ Doch Günther muss sie enttäuschen. Kinder sind ein wichtiges Gut, wer eins oder mehrere hat, wird bevorzugt behandelt. Doch seine Mutter lebt!

Mit Hochgeschwindigkeit jagt *T36* vor dem russischen U-Boot *S13* davon, weil sie selbst auch Gefahr läuft, mit Torpedos beschossen zu werden. Doch das erfährt Günther erst später. Am nächsten Morgen betritt er das Deck des Schiffes und sieht dort eine ganze Reihe zugedeckter Menschen liegen. Ihre Füße schauen unter den Decken hervor. Es sind die ersten Toten, die der Junge in seinem Leben zu Gesicht bekommt. Die Schiffbrüchigen werden nach Sassnitz auf Rügen gebracht. Dort werden sie mit dem Nötigsten versorgt – Zahnbürste, Lebensmittelkarten. Und ein Papier als Ersatzausweis, ohne das sie praktisch als Menschen nicht existieren.

Ebby Maydell zieht es nach Westen, sie will aus der Reichweite der Russen. Auch Bock gesellt sich wieder zu ihnen und die kleine Gruppe nimmt einen Zug nach Stralsund, wo sie einige Tage in einem Hotel am Marktplatz verweilt. Wo das Geld für die Unterkunft herkam, weiß Günther Maydell nicht mehr. Die Mutter hatte zwar in einem Beutel um den Hals 10 000 Reichsmark dabei gehabt, doch hatte sie das Geld während der Rettungsaktion verloren. Im Hotel lernen sie zufällig eine bekannte Persönlichkeit kennen: Otto Gebühr, der berühmte Schauspieler, der wenige Jahre zuvor in Veit Harlans Propagandafilm „Der große König" die Hauptrolle als Friedrich der Große gespielt hat. Ein Star im nationalsozialistischen Reich, kein Wunder, dass Ebby sich die Chance nicht entgehen lässt. Sie bittet Gebühr um eine Autogrammkarte und bekommt sie auch. Günther Maydell bewahrt sie noch heute auf. „Herzlichst Otto Gebühr" steht drauf. Darüber, dass seine Mutter während der Flucht vor der Roten Armee, mitten im Chaos der letzten Kriegswochen, an so etwas gedacht hat, wundert er sich heute noch.

Adolf Bock plant, nach Neustadt in Schleswig-Holstein zu fahren. Günther und seine Mutter begleiten ihn auf dem Weg zum Bahnhof. Und da passiert ein Zufall, wie es ihn wohl nur in den chaotischen Zeiten eines Zusammenbruchs geben kann: Von weitem sehen sie eine große, etwas heruntergekommene Gestalt, die immer näher kommt. Plötzlich erkennen sie sie: Es ist Günthers Bruder Bernd. Der 16-Jährige hat eine dramatische Reise hinter sich. Von dem Gut im Warthegau, auf dem er als Zögling untergebracht war, floh er mit polnischen Kutschern in einem Flüchtlingstreck Richtung Westen. Plötzlich aber wurde der ganze Treck von russischen Panzern überholt. Die Soldaten tun ihm nichts, vermutlich, weil er sich den Polen angeschlossen hatte. Sie schicken ihn zurück nach Posen. Auf dem Weg trifft Bernd versprengte deutsche Soldaten und zieht mit ihnen umher. Nicht über die Straßen, die schon voll sind mit russischen Truppen, sondern quer durch die Wälder. Sie gelangen nach Posen, das inzwischen zur Festung erklärt ist. Auf die Frage, ob er schießen könne, antwortet Bernd mit nein – geistesgegenwärtig, denn sonst hätte man ihn mit in den Kampf geschickt. In Wahrheit ist er für einen Jugendlichen in seinem Alter ein recht guter Schütze. So aber schicken die Soldaten den Jugendlichen fort. „Sieh zu, dass du wegkommst", raten sie ihm noch. Bernd schafft es auf den letzten Zug, der Posen verlässt und gelangt nach Swinemünde. Dort wird er von Mitgliedern der Waffen-SS zwangsrekrutiert. Man will ihn nach Rügen zur Ausbildung schicken. Auf dem Weg dorthin hat er einen Tag Aufenthalt in Stralsund. Da trifft er seinen Bruder und seine Mutter.

Bock, der alte Marinemann, rät ihm, anstatt zur SS zur Marine zu gehen. In Waren an der Müritz gibt es ein Rekrutierungsbüro. Alle zusammen fahren dorthin und Bernd meldet sich als Freiwilliger. Er kommt nach Skagen, an die Nordküste Dänemarks, wo er das Kriegsende erlebt. „Genau genommen ist er damit desertiert. Aber er ist ja zur SS auch zwangsverpflichtet worden und hat sich nicht selbst gemeldet", sagt Günther Maydell heute über seinen älteren Bruder. Es klingt auch heute noch ein bisschen nach Rechtfertigung. Als müsse er sich für seinen Bruder entschuldigen, der überleben und nicht in den letzten Wochen des Krieges als Kanonenfutter für die Rote Armee herhalten wollte.

Günther und seine Mutter stranden schließlich nach einigen Wochen in Flensburg. Sie leben bei einem Bauern, Günther bis 1946, seine Mutter bis 1950. Dann zieht sie nach Hamburg. Ein Jahr geht Günther nicht zur Schule

– es gibt keine in der Nähe. Nur der Pastor bringt ihm in dieser Zeit Latein bei. „Ein typisches Flüchtlingsschicksal eben", sagt Günther Maydell.

1946 kommt Günther auf ein Internat in Wyk auf der Insel Föhr. Rund 140 Jungs und 30 Mädchen – zunächst ausschließlich Flüchtlingskinder, die in einem Sanitätsgebäude untergebracht sind – werden hier unterrichtet. Wer die Kosten übernimmt, weiß Günther Maydell bis heute nicht. In dieser Zeit, die er in guter Erinnerung hat, findet er zahlreiche Freunde. 1953 beginnt er ein Studium in Heidelberg, er hat sich für Volkswirtschaft eingeschrieben. Doch er bricht das Studium vorzeitig ab und zieht nach Hamburg, wo er einige Jahre in einer Bank arbeitet. 1961 beginnt er, in der Dokumentation des Nachrichtenmagazins *Der Spiegel* zu arbeiten. Er klopft nun also die Texte der Redakteure auf die Richtigkeit der Fakten ab. Hier bleibt er bis 1991, bis zu seiner Frühpension. Als Magazin-Gründer Rudolf Augstein 1969 die Hälfte des *Spiegels* den Mitarbeitern schenkt, ist endlich auch Maydells finanzielle Existenz besser gesichert. 1962 heiratet er, bringt es auf drei Kinder. Er wohnt im schicken Hamburger Stadtteil Groß Flottbek, in einem netten Reihenhäuschen unweit der mondänen Elbchaussee.

Hamburg, die Stadt, in der er seit mehr als 50 Jahren wohnt, ist längst Günther Maydells neue Heimat geworden. Trotzdem fällt ihm der Verlust der eigentlichen Heimat Estland schwer. Alle seine Vorfahren haben dort gelebt, die Familie Maydell kann auf eine lange Tradition in Reval und Estland zurückblicken. „Der Verlust meiner

Heimat wiegt eigentlich schwerer als meine Erinnerungen an den Untergang der *Wilhelm Gustloff*", sagt er. Das hat sich allerdings erst mit zunehmendem Alter so entwickelt. „Als Junge habe ich das nicht gespürt und auch später lange Zeit nicht." 1973 fährt er zum ersten Mal wieder in seine alte Heimat, damals zusammen mit der Mutter. Man muss den Umweg über Helsinki nach Tallinn nehmen und darf nicht aufs Land fahren. Noch gehören die baltischen Staaten zur Sowjetunion. 1985 reist er ein zweites Mal mit seiner Frau hin. Seit 1990, seit dem politischen Umbruch und der Unabhängigkeit der drei baltischen Staaten, fahren die Maydells jedes Jahr nach Estland. Die Esten sind Günther ans Herz gewachsen, der Menschenschlag liegt ihm einfach. „Man braucht Zeit, um Kontakt zu ihnen zu finden, dann werden sie sehr aufgeschlossen." Viele Freundschaften sind so entstanden, und als Reiseziel kann er das Land wegen seiner Menschen, seiner Natur und seiner Kultur nur empfehlen.

Auch die Ereignisse in der Nacht des *Gustloff*-Untergangs bewegen Günther Maydell erst mit zunehmendem Alter. „Was ich da eigentlich an grauenvollen Dingen erlebt und gesehen habe, ist mir erst Jahre später bewusst geworden." Immer wieder sitzt er mit seiner Mutter, später auch mit seiner Frau, am 30. Januar zusammen und redet darüber. Oft wurden auch andere Überlebende dazugeladen. 1995 fährt er zum Treffen anlässlich des 50. Jahrestages des Untergangs nach Damp. „Weg ist das nie, das ist nun mal Teil meines Lebens", sagt er. Und spielt dabei mit dem kleinen Wiking-Modell der *Wilhelm*

*Gustloff*, das ihm einst ein schwedischer Verwandter geschenkt hat. Gleich wird es wieder im Schrank verstaut – bis zum nächsten Mal, wenn die Erinnerung kommt. Spätestens am 30. Januar.

Ilse Hansen

## „Ich würde gerne Danke sagen"

Ilse Hansen ist gleich zur Begrüßung ganz ehrlich. Ja, vor dem Gespräch hat sie Angst, große Angst sogar. Über ihren Untergang mit der *Wilhelm Gustloff* hat sie früher nur mit ihrem Mann gesprochen, ganz kurz einmal mit ihrem Sohn. Und mit dem Mann, der ihr in der Nacht des 30. Januar 1945 das Leben rettete und den sie seitdem nur „meinen Lebensretter" nennt. Da war die Vertrautheit groß genug, da konnte sie sich ein Stück weit öffnen. Sonst aber wollte sie nicht reden, wollte ihre Erinnerungen nicht in Worte fassen. Wollte gar nicht erinnert werden an die verzweifelten Hilfeschreie der Menschen, die im Augenblick des Untergangs des einst so stolzen Riesen noch an Bord waren. Daran, dass sie mithalf zu verhindern, dass andere, die im mörderisch kalten Wasser halb trieben, halb schwammen, aufs rettende

Boot gelangen konnten, auf das sie selbst es geschafft hatte. An die vielen Toten, die den Kampf gegen Kälte, Wasser und Verzweiflung verloren hatten. „Man kann das eigentlich gar nicht beschreiben. Früher habe ich es nicht einmal versucht. Nicht nur aus Selbstschutz, sondern auch, weil Außenstehende gar nicht richtig ermessen können, was man in so einer Nacht mitmacht." Etwas ist der 82-Jährigen aus Lüchow aber auch klar: „Das Trauma werde ich nie verlieren. Verdrängen funktioniert nicht." Jetzt, im Alter, sind die Erinnerungen wieder da. Und wollen irgendwie raus aus ihr, wollen sich nicht mehr einsperren lassen. Also sitzt sie in ihrem Sessel und redet. Das erste Mal für die Öffentlichkeit.

Den Krieg übersteht die damals 19-jährige Ilse Dolinski, wie sie vor ihrer Heirat heißt, als Marinehelferin eigentlich ganz gut. Sie kann auch auf eine recht behütete Kindheit und Jugend zurückblicken. In Berlin, der Reichshauptstadt, wächst sie auf. Eine Berliner Göre wird sie wohl gewesen sein, das klingt noch heute an manchen Stellen des Gesprächs kurz durch. Geboren in der berühmten Charité wohnt die Familie bis 1934 nahe des Stettiner Bahnhofs in der Bergstraße, die in der Oranienburger Vorstadt liegt. Keine gute Gegend damals, die jungen Damen vom Gewerbe stolzieren mit ihren Handtäschchen vor dem Bahnhofsgebäude herum und warten herausfordernd auf Kundschaft. Die kleine „Ille", wie sie allenthalben genannt wird, entdeckt jedoch rasch ihre Sympathie für die Mädchen. Und die mögen die Kleine auch, sie sind nett zu ihr und stecken ihr Bonbons zu. Vor anderen Frauen schreckt Ille indes zurück. Wenn sie mit ihrer Mutter durch die Garten- oder Invalidenstraße geht, sieht sie sie auf dem Boden sitzen mit ihren Kindern auf dem Arm – und betteln. Das ist der kleinen Ille irgendwie unheimlich. Die Mutter beruhigt sie dann: „Die haben alle ein Zuhause und müssen nicht hungern und frieren." Dass jedoch die Realität Anfang der dreißiger Jahre zu Zeiten der weltweiten Wirtschaftskrise und der millionenfachen Arbeitslosigkeit anders aussieht, begreift sie erst später.

Da sind Bettler und Arbeitslose längst von deutschen Straßen verschwunden. Die Nationalsozialisten haben die Macht ergriffen und sorgen für Ordnung – freilich auf ihre Art. Von der Politik, oder davon, was Rechts- und Linksradikale in den Jahren der dahinsiechenden Weimarer Republik zuvor darunter verstehen, bekommt Ille jedoch schon etwas mit. Ihr Vater Alfred ist Mitglied des *Stahlhelms*. In dem paramilitärischen Verband, der den Zusatz „Bund der Frontsoldaten" trägt, sammeln sich bereits seit seiner unglücklichen Geburt Feinde der verhassten Republik. Die Ziele sind klar: Beseitigung von Republik und Demokratie, Errichtung eines Ständestaates, der eines Parlaments nicht bedarf, Vorbereitung eines Revanchekriegs zur Ausmerzung des „Versailler Schandfriedens". Der *Stahlhelm* gilt seit Ende der zwanziger Jahre als bewaffneter Arm der Deutschnationalen Volkspartei (DNVP) Alfred Hugenbergs und arbeitet mit Adolf Hitlers NSDAP zusammen. Zum Beispiel beim Volksentscheid gegen den Young-Plan über deutsche Reparationsleistungen an die Siegermächte des Ersten Weltkriegs, der ein wichtiges Signal zum

Einer der Speisesäle der *Wilhelm Gustloff* während der Jungfernfahrt im März 1938.

Sturmlauf gegen die Republik wird, und bei der Bildung der *Harzburger Front*, die die Republik beseitigen will. 1930 ist der *Stahlhelm* mit mehr als 500 000 Mitgliedern der größte paramilitärische Verband im Deutschen Reich. Nach der „Machtergreifung" der Nationalsozialisten wird er 1934 in die SA eingegliedert. Vater Alfred kämpft gegen die Republik, was durchaus wörtlich zu verstehen ist. Oft finden vor der Haustür in der Bergstraße die Prügeleien zwischen „Stahlhelmern" und Kommunisten statt. Häufig bleiben dann Verletzte zurück, auch mal Tote. Eines Tages ruft Ilses Mutter Elsa ihr und ihrer vier Jahre älteren Schwester Annemaria zu: „Holt schnell Papa rauf, der liegt blutend im Rinnstein vor der Haustür.“ Ein Irrtum, wie sich rasch herausstellt. Doch Alfred ist an vorderster Front dabei, wenn es gegen die Kommunisten geht. Dafür wird er später auch belohnt, bekommt Posten bei der SA und muss erst in den letzten Monaten des Krieges zum Gräbenausheben nach Polen. Auch hoher Besuch findet sich bei Dolinskis immer wieder ein. Mal ist es Rudolf Schmundt, überzeugter Nationalsozialist und Chefadjutant Adolf Hitlers, der später ein Opfer des Anschlags vom 20. Juli 1944 im Führerhauptquartier „Wolfsschanze“ in der Nähe von Rastenburg wird. Alfred kennt ihn aus der Zeit des Ersten Weltkriegs, als Schmundt Offizier und Alfred sein Bursche war. Gerne kommt auch Franz Seldte vorbei, Gründer des *Stahlhelms* und von 1933 bis 1945 unter anderem Reichsarbeitsminister. 1945 stirbt er in amerikanischer Kriegsgefangenschaft, bevor er als Kriegsverbrecher angeklagt werden kann.

1934 zieht Familie Dolinski in den Wedding um, zum Nordufer. Noch heute leben Verwandte von Ilse Hansen in dem Haus, zeitweilig sind bis zu fünf Wohnungen von Dolinskis belegt. Es ist eher die „bessere“ Gegend des berühmten Arbeiterbezirks. Der „rote Wedding“, wo Kommunisten und Sozialdemokraten immer die Mehrheit hatten, ist ein Stück weit entfernt, auf der anderen Seite der Müllerstraße. Man lebt in bescheidenen, aber gesicherten Verhältnissen. Alfred muss auch während der schlimmsten Wirtschaftskrise nicht den Gang in die Arbeitslosigkeit antreten. Er arbeitet bei der *Englischen Gasbetriebsgesellschaft* in der Gitschiner Straße in Kreuzberg. Große Sprünge wie Ferienfahrten sind nicht drin, doch die Familie ist an den Wochenenden durchaus aktiv. Dann geht's ins Theater, in die *Scala*, in den *Wintergarten.* Oder ins Freibad Plötzensee oder mit der Bahn raus ins Grüne. Gerne schlendert man auch zu viert über den Boulevard *Unter den Linden.* Zum Kurfürstendamm im Westen der Hauptstadt geht die Familie dagegen nie. Zu schick, zu teuer, zu modern.

Der Krieg ist noch in weiter Ferne, die Kindheit ist normal – soweit davon im nationalsozialistischen Deutschland die Rede sein kann. Seit ihrem zehnten Lebensjahr geht Ilse dreimal in der Woche zum Turnverein – ein Hobby, dem sie bis heute treu geblieben ist. Die Mädchen spielen auf der Straße, springen Seil, fahren Rollschuh und im Winter werden Schlitten und Schlittschuhe herausgeholt. Zu den Spielkameradinnen gehören auch Ursel und Gerda, die Töchter des Eierhändlers, bei dem auch Elsa Dolinski regelmäßig einkauft. Dass die Mädchen und ihre Eltern Juden sind, scheint sie nicht zu stören. Auch Alfred nicht, der ja bereits mit seinen Stahlhelmern in die SA übergetreten ist. Die Mütter passen gegenseitig auf die Töchter auf und Gerda und Ursel sind häufig Gast bei Dolinskis. Schon wegen dem leckeren Schweineschmalz, das Ilses Mutter macht. „Ist das denn auch koscher, dürfen wir das essen?", fragen die beiden Mädchen dann. „Aber klar ist das koscher, langt nur zu", flunkert Elsa. Dass ihr Vater trotz seiner Mitgliedschaft im *Stahlhelm* und in der SA Antisemit gewesen sei, glaubt Ilse nicht. Einmal habe er sich sogar für einen „Halbjuden" eingesetzt, der am Luftschutzkeller im Haus am Nordufer mitgebaut habe –

und dem dann mit seiner Familie der Zugang bei Bombenangriffen verwehrt werden sollte. „Da hat mein Vater Rabatz gemacht und dafür gesorgt, dass er auch mit in den Schutzraum durfte." So Ilse Hansens Erinnerung. Ihr Cousin hat fast 70 Jahre später nachgeforscht, was aus dem Mann geworden ist – ohne Erfolg.

Eines Tages fällt ihr allerdings etwas Komisches auf. Ursel und Gerda sind ganz plötzlich verschwunden – und der Eierhandel am Nordufer auch. Das kann sich Ilse nicht erklären, sie findet es auch schade – aber sie fragt nicht nach. Dass die jüdischen Nachbarn deportiert wurden, weiß sie nicht. Und niemand redet darüber, schon gar nicht in Anwesenheit des Kindes. Von politischer Beeinflussung habe sie damals auch nichts gespürt, erinnert sie sich heute. In der Schule habe es keine Nazi-Lehrer gegeben. „Heute wird da vieles aufgebauscht", findet sie. Es seien Lehrer gewesen, die ihren Schülern etwas beibringen wollten, mehr nicht. „Vielleicht war ich aber auch etwas zu naiv, um das zu durchschauen", schränkt sie ihre Beobachtung ein. Zum *Bund deutscher Mädel* geht sie gerne. Man ist mit anderen jungen Leuten zusammen, singt, spielt. Allerdings macht sie sich später sehr rar bei den Veranstaltungen – als sie einem Ruderclub beitritt und regelmäßig raus nach Grünau zum Training fährt. „Gesagt hat da aber niemand etwas."

Und doch bekommt auch ein junges Mädchen wie Ilse etwas vom Nationalsozialismus mit. Zu den zahlreichen Aufmärschen geht Alfred mit seinen Töchtern gerne. Die Marschmusik gefällt ihm und auch die vielen Fahnen findet er beeindruckend. Und wenn dann einer der Großen vorbeifährt … Besonders wenn das Erscheinen des „Führers" angekündigt ist, zieht es Alfred vor Ort. Wenn Hitler dann vorbeifährt jubelt er, wie es sich gehört. Seine Töchter dagegen rufen „Schmundt, Schmundt" – für sie ist des „Führers" Adjutant viel interessanter. Schließlich kennen sie ihn ja persönlich. Alfred findet das indes gar nicht lustig – einmal ist er so wütend, dass er seinen Töchtern in einem ersten Wutanfall auf offener Straße eine Tracht Prügel verabreichen will. Doch er besinnt sich und es bleibt bei der Drohung.

Vom Krieg bekommt Ilse erstmals etwas mit, als Bomben auf das Haus am Nordufer fallen und der Dachstuhl brennt. Irgendwann ziehen urplötzlich ihre zwei besten Freundinnen aus der Gegend weg – ihre Familien wurden ausgebombt. Dann wird ihre Schule nach Graudenz ausgelagert, 100 Kilometer südlich von Danzig. Vier Lehrer kümmern sich um die Schüler, gelernt wird da nicht mehr viel. Dann ist die Volksschule auch schon vorbei, für eine weiterführende Schule ist kein Geld da und so beginnt Ilse eine Lehre als Bürokauffrau bei der Dresdner Bank in der Depositenkasse auf dem Boulevard *Unter den Linden.* Im Januar 1943 soll sie als Marinehelferin eingezogen werden, doch Alfred setzt über seine Beziehungen bei Parteistellen durch, dass sie erst ihre Prüfung ablegen darf. „Ohne abgeschlossene Ausbildung kommst du mir nicht in den Krieg", so seine eindeutige Ansage. Doch gleich am Tag nach der bestandenen Abschlussprüfung ist der Einberufungsbefehl da, und so fährt Ilse mit drei ehemaligen Mitlehrlingen nach Flensburg zur Ausbildung. Das Gelände, auf dem die

Ausbildungs- und Wohnbaracken standen, hat sie später einmal gesucht – und zu ihrer Überraschung festgestellt, dass sich dort nun das Bundesverkehrsamt befindet.

Eines Tages kommt der erste Einsatzbefehl. Es soll nach Brest gehen – da wird Ilse Angst und Bange. „Brrr, da wird es aber kalt sein“, klagt sie. Doch sie hat die russische Stadt Brest-Litowsk mit dem französischen Brest verwechselt. Diese Stadt am Atlantik dient der deutschen Marine als wichtiger U-Bootstützpunkt. Gemeinsam mit ihren drei Freundinnen ist Ilse als Schreibkraft im Büro der 1. U-Bootflottille am Boulevard Gambetta tätig. Nebenbei begrüßen die jungen Mädchen noch die Mannschaften der zurückkehrenden U-Boote mit Blumen – keine schwere Tätigkeit. Noch besser aber ist die Unterkunft. Den vier 17-Jährigen steht ein eigenes Haus mit Haushälterin zur Verfügung. Ein Traum, von dem Ilse flugs den Eltern in einem Brief berichtet. Das aber ist ein dummer Fehler. Denn Einsätze für unter 18-Jährige Mädchen im Ausland sind verboten. Alfred Dolinski tobt und sorgt dafür, dass seine Tochter eine neue Stelle im Reich bekommt. Vorbei die schöne Zeit, ehe sie überhaupt richtig begonnen hat. Sie hat allerdings für eine Verlobung ausgereicht. Hans-Joachim Kubel ist Oberleutnant, ein paar Jahre älter als llse und verliebt in das junge Mädchen. Er will rasch alles unter Dach und Fach bringen und die 17-Jährge willigt völlig überrumpelt in die Verlobung ein, obwohl sie überhaupt nicht in ihren Verehrer verliebt ist. Dass er zufällig auch bei der Dresdner Bank in Berlin arbeitet, erfährt sie erst später.

An ihrem nächsten Einsatzort wird sie ihn regelmäßig wiedersehen. Denn Hans-Joachim lässt sich auf die *Deutschland* versetzen, die im Hafen von Danzig liegt. Das ist praktisch, denn Ilse wird im April 1943 nach Gotenhafen versetzt, also nur einen Katzensprung entfernt. Auf der Fahrt dorthin erkrankt sie schwer an Scharlach und muss sechs Wochen in Quarantäne liegen. An ihrem neuen Einsatzort wird sie zunächst auf dem Steinberg untergebracht, später in einer Siedlung am Stadtrand. Der Dienst ist nicht schwierig und die Stadt bleibt von Bombenangriffen bis auf ganz wenige Ausnahmen verschont, ebenso wie die Mädchen vor dem Einsatz an der Flak. Dafür bleibt Zeit für vergnüglichere Dinge. Im Sommer geht's an den Gotenhafener Strand zum Baden – Ilse näht sich ihren ersten Bikini aus wollenen Leibbinden, die sie von Hans-Joachim bekommt. Gerne gehen die Mädchen ins *Café Berlin* oder fahren ins mondäne Seebad Zoppot. Bevorzugter Treffpunkt dort ist das *Millionenstübchen*, das seinen Namen wegen der Millionen-Mark-Scheine aus der Inflationszeit Anfang der zwanziger Jahre trägt, mit denen die Wände volltapeziert sind. In die teuren Restaurants und Cafés gehen die Mädchen dagegen nicht. Gerne fahren sie nach Danzig, das einen Hauch von Großstadtflair hat. Wenn sich Ilse mit ihrem Verlobten am Krantor trifft genießt sie die anerkennenden Pfiffe der Matrosen, die hinter ihr herschallen.

Oft sitzen sie auch mit den jungen Soldaten zusammen, klönen, albern herum, haben Spaß. Und manchmal fließt auch sehr viel Alkohol, meist Apfelkorn. „Nie aber hat eine von uns mit einem Jungen etwas gehabt", versichert Ilse Hansen heute. Eines Abends aber gibt es bösen Ärger. Kurz zuvor hatten die Mädchen vorübergehend ihre Schreibstube freiräumen müssen, um dort Soldaten eines Panzertrupps einquartieren zu können, die auf dem Weg an die Front sind. Nun sitzen sie mit den jungen Kerlen zusammen. Ganz harmlos ist die ganze Sache, aber plötzlich kommt die Unterführerin dazu und tobt. Sie meldet die Mädchen beim Oberleutnant. Er ruft sie zu sich, hält ihnen eine heftige Standpauke und spricht vier Wochen Ausgangssperre aus. Vor allem Ilse muss sich Kritik anhören, schließlich ist sie mit einem Offizier verlobt. Wenige Tage später sind die Soldaten weitergezogen, die Mädchen richten ihre Schreibstube wieder her – und finden beim Abbauen der Betten Kondome auf dem Boden liegen. „Das hat uns dann schon geärgert", erinnert sich Ilse Hansen heute. Aber sie hat auch Verständnis. „Das waren nette und sehr einsame junge Burschen." Und wer weiß, ob die Fahrt an die Front nicht ihr letzter Einsatz war.

Die ganze Sache ist indes bald vergessen, denn es ist Dezember 1944 und der Krieg macht sich in Gotenhafen immer stärker bemerkbar. Unüberhörbar rückt die Front näher an die Stadt, der Kanonendonner ist bald deutlich zu hören. Und das Straßenbild verändert sich, denn immer mehr Flüchtlinge strömen nach Gotenhafen und belagern den Hafen, um auf ein Schiff nach Westen zu kommen. Allzu viel bekommt Ilse davon allerdings nicht mit, da ihre Dienststelle am Stadtrand liegt. Dass Deutschland den Krieg verlieren könnte, hält sie für völlig ausgeschlossen. Der „Führer" hat doch die Wunderwaffen angekündigt – die V2 und neue U-Boote … da wird der Feind schon zurückweichen müssen. Völlig verbohrt ist Ilse in ihrem Glauben und in ihrer Hoffnung. Ihr Vater weiß es besser. Er kommt Mitte Dezember eigens von Berlin nach Gotenhafen, um seiner Tochter eine Pistole zu bringen. „Im Notfall benutze sie. Aber schieß nicht auf andere, nimm sie nur für dich selbst", so sein Rat. Nicht einmal in diesem Augenblick begreift die 19-Jährige, dass Hitler Deutschland längst in den Abgrund geführt hat. Und selbst in den letzten Kriegstagen, als sie in der Altmark vor der Roten Armee flieht, will sie das nicht akzeptieren. „Ich kann mir das heute nicht erklären, aber ich habe das damals so gesehen." Die Nazi-Propaganda muss wohl doch erheblich mehr gewirkt haben, als sie es wahrhaben will.

Gleich zu Beginn des neuen Jahres werden sie und 25 andere Marinehelferinnen dann auf die *Wilhelm Gustloff* verlegt. Ihr Vorgesetzter meint es vermutlich gut mit den Mädchen, viele andere müssen in Gotenhafen ausharren, während die Front immer näher rückt. Als er später hört, dass von seinen Schützlingen nur Ilse Dolinski die Katastrophe der *Gustloff* überlebt hat, macht er sich schwere Vorwürfe, zu Unrecht, wie sie findet. Die Mädchen werden im Schwimmbecken unterhalb der Wasseroberfläche untergebracht. Ein todbringender Ort, denn einer der drei Torpedos des russischen U-Bootes rast direkt dort hinein. Vermutlich sind alle mehr als 370 jungen Frauen bis auf zwei Ausnahmen auf der Stelle tot. Ilse und eine Freundin lassen sich dagegen zum Registrieren der Flüchtlinge einteilen und haben somit Dienst in der Schreibstube. Sie werden in einer Kabine untergebracht. Die Tage bis zum Auslaufen sind mit viel Arbeit ausgefüllt, so bekommt Ilse kaum mit, was sich auf dem großen Schiff abspielt. Zu den Kollegen gehört auch der Offizier Jürgen Esselmann. Er verliebt sich Hals über Kopf in das junge Mädchen und bittet sie, ihre Verlobung mit Hans-Joachim zu lösen. Das lehnt sie ab, doch Jürgen lässt nicht locker und schenkt ihr zwei kleine Steiff-Teddys als Talismane.

Am 30. Januar, nachdem die *Wilhelm Gustloff* einige Stunden zuvor ausgelaufen ist, übernimmt Ilse einen Teil der Dienstschicht ihrer Freundin, obwohl sie eigentlich eine Freischicht hat. Das wird ihr das Leben retten, denn die Freundin geht in die gemeinsame Kabine, um sich auszuruhen. Sie wird den Untergang nicht überleben. Ilse dagegen sitzt während der Einschüsse in der Schreibstelle, zusammen mit erfahrenen Seemännern. Darunter ist auch Esselmann. Ihm ist sofort klar, was das laute Rumsen und die Erschütterungen zu bedeuten haben: Torpedotreffer. „Sofort raus hier und nach oben", brüllt Esselmann. Er nimmt Ilse an die Hand und zerrt sie nach oben auf das obere Promenadendeck. Dort herrscht Panik, Geschrei und Gebrüll. Matrosen schießen in die Luft, um Ordnung zu schaffen. „Denn alles stürmte auf die viel zu wenigen Rettungsboote zu. Ich beobachtete einen Vater, der auf jedem Arm ein Kind trug. Er schaffte es auf ein Rettungsboot, das zu schnell heruntergelassen wurde – und kopfüber abstürzte." Dieses Bild hat sich stark in ihr eingebrannt, es verfolgt sie bis heute. „Den Vater sehe ich noch vor mir, wenn ich die Augen schließe", sagt sie.

Ilse selbst hält sich verzweifelt an der Reling fest, um nicht über die Eisfläche des Decks hinunter ins Wasser zu rutschen. Dann schafft es Jürgen Esselmann, das Mädchen und sich selbst in ein Rettungsboot zu bugsieren, das erfolgreich aufs Wasser hinuntergelassen wird. Während des Herunterlassens gleitet das Boot langsam am verglasten unteren Promenadendeck vorbei. Ein furchtbarer Anblick, die Menschen, die in dem Glasgefängnis verzweifelt schreiend und klagend ihrem qualvollen Tod entgegensehen. Sie hämmern gegen die Glaswand, um sie zu zerstören – aussichtslos. Ilse sieht auch, wie Leichen das glatte Deck hinunter ins Wasser rutschen. In ihrem Boot herrscht Chaos, alles brüllt durcheinander. Da schreit plötzlich jemand laut los: „Haltet jetzt die Klappe, die Maats müssen arbeiten!" Es ist Ilses eigene Stimme, die sie hört – bevor sie sich über einen neben ihr sitzenden Mann erbricht. Die Seeleute im Boot, die wissen, was in diesem Fall zu tun ist, rudern so schnell wie möglich weg von der untergehenden *Gustloff*. Allmählich wird es auf dem Schiff ruhiger, Ilse selbst redet nur leise mit Esselmann. Die meiste Zeit sitzen die Menschen im Boot nun still, und warten, was passiert. Von weitem sehen sie, wie viele der anderen Schiffbrüchigen auch, die *Wilhelm Gustloff* im Meer versinken – mit voller Beleuchtung und lautem Sirenengeheul. „Das war ein erschütternd schöner Anblick", erinnert sich Ilse Hansen heute noch. Immer wieder versuchen Unglückliche, die im Wasser schwimmen, sich an der Bootswand festzukrallen und hereinzuklettern. Die Matrosen geben einen klaren Befehl aus: „Lasst niemanden mehr rein, sonst kentern wir und sterben alle." Also macht Ilse, was alle

Bootsinsassen tun: „Ich schlug den um Hilfe flehenden Menschen auf die Hände, bis sie den Bootsrand loslassen mussten und ertranken. Das war das Schlimmste überhaupt. Aber es ging um unsere eigene Sicherheit“, sagt Ilse Hansen und ringt sichtbar um Fassung. „Irgendwann schwamm niemand mehr um das Boot herum, es gab keine Hände mehr, die sich festklammerten. Im Wasser trieben nur noch Leichen.“

Mindestens zwei Stunden schwimmt das Rettungsboot über Wellenberge und durch Wellentäler. Die Kälte ist mörderisch, immer wieder überschwemmt sie eiskaltes Wasser, so dass ihre Kleidung bald hartgefroren ist wie ein Panzer. „Angst hatte ich nicht, obwohl – oder gerade weil – ich eine Zeitlang die Hoffnung auf Rettung völlig aufgegeben hatte. Ich glaubte nicht mehr daran, diesem Inferno noch zu entkommen.“ Doch schließlich werden die Insassen von der *Löwe* aufgenommen. Eine halsbrecherische Aktion, denn die Matrosen an Bord können die Schiffbrüchigen nur auf das Schiff hinüberziehen, wenn das kleine Boot gerade auf einem Wellenberg ist. Dann fällt es wegen des enormen Wellengangs wieder tief in ein Tal – und die Übriggebliebenen fragen sich bang, ob sie auf dem nächsten Wellenberg der Glückliche sein werden, der aufs rettende Schiff gelangt. Bis heute ist Ilse Hansen voll Anerkennung für die Matrosen auf der *Löwe*, die ihr und den vielen anderen das Leben gerettet haben. „Bei diesen tollen Männern hätte ich mich damals gerne bedankt. Und das würde ich auch heute noch gerne“, sagt sie. Auf der *Löwe* trifft sie auch ihren Lebensretter wieder. Er sitzt in einer Ecke und schläft. Ilse bleibt bei ihm sitzen, bis er aufwacht.

Vorher hatte sie plötzlich Angst bekommen, als sie fast nackt gemeinsam mit einem Matrosen in einer Koje lag, um sich gegenseitig aufzuwärmen. Irrational kommt ihr das heute vor. „Ich hatte Angst, meine Kleider nicht wiederzubekommen. Ich wusste nicht, wo die waren." Angst hat sie auch während der Fahrt nach Kolberg, Angst davor, dass die *Löwe* es überhaupt schafft und sie nicht das gleiche Schicksal ereilt wie die *Wilhelm Gustloff*. Doch sie erreicht schon am nächsten Morgen ihr Ziel. In einem Elendszug gehen die Schiffbrüchigen den kurzen Weg zur Kaserne, in der sie versorgt werden sollen, zu Fuß. Ein Bild des Grauens für die Kolberger, die den Zug zu Gesicht bekommen. Ilse Hansen ist 60 Jahre später wieder nach Kolberg gereist und den Weg noch einmal gelaufen. Ein beklemmendes Gefühl, „aber ich musste da einfach hin". Genauso, wie sie noch einmal nach Gotenhafen muss, wo sie zwei Kriegsjahre verbracht hat und auf das vermeintlich rettende Schiff nach Westen gelangt ist. Auch eine Art von Vergangenheitsbewältigung.

Über Swinemünde gelangt Ilse schließlich am 10. Februar nach Berlin. Ihre Mutter Elsa hatte inzwischen Höllenqualen durchlitten. Ilse hatte ihr vor der Abfahrt aus Gotenhafen eine Karte geschickt, um ihr mitzuteilen, dass sie auf der *Wilhelm Gustloff* die Stadt verlassen werde. Das hatte ihre Mutter eigentlich beruhigen sollen. Als die Karte bei Dolinskis am Nordufer in Berlin eintrifft, hat die Nachricht über den Untergang des einstigen Traumschiffs schon unter der Hand die Runde gemacht – offiziell wurde sie nicht vermeldet. So muss Elsa davon ausgehen, dass ihre Tochter ertrunken ist. Doch da steht Ille plötzlich an der Wohnungstür vor ihr – mit den Worten: „Du Mutti, ich hab aber nix mehr." Es ist ihr ganz peinlich, dass sie ohne irgendwelches Hab und Gut oder Geld vor ihrer Mutter steht. Das interessiert Elsa in diesem Augenblick überhaupt nicht. Glücklich nimmt sie ihre verloren geglaubte Tochter in den Arm.

Bald müssen Elsa und ihre zwei Töchter Berlin verlassen. Die Rote Armee rückt auf die Hauptstadt zu, die in Straßen- und Häuserkämpfen versinken wird. „Schwangere Frauen mussten laut Anweisung raus aus der Stadt", erinnert sich Ilse Hansen – und da ihre Schwester ein Kind in sich trägt, fahren die drei nach Dannenberg, westlich von Berlin. Ilse soll sich eigentlich wieder als Marinehelferin melden, doch sie ignoriert den Befehl, um bei Mutter und Schwester bleiben zu können. Zum Glück, denn später erfährt sie, dass russische Soldaten das Barackenlager, in dem sie untergebracht werden sollte, stürmten und alle Mädchen vergewaltigten. Im nahen Salzwedel kommt sie dann doch noch einmal in der Schreibstube der Adolf-Hitler-Kaserne zum Einsatz, ehe sie gemeinsam mit einem Offizier vor den heranrückenden Russen flieht. Es geht mit einem gestohlenen Boot über die Havel und Elbe den Engländern entgegen. Ilse muss vorne am Bug sitzen – mit einer weißen Fahne in der Hand, um zu signalisieren, dass von ihnen keine Gefahr ausgeht. Sie gerät in Kriegsgefangenschaft – und wird nach nur acht Tagen wieder entlassen. Lakonisch sagt sie heute: „Ja, das war unser Krieg. Nun war er vorbei." Aus der Traum auch vom deutschen Endsieg, den sie bis zum Schluss geträumt hatte.

Zurück in Dannenberg, bei ihrer Mutter und Schwester, gibt es ein doppelt böses Erwachen. Zunächst erkrankt Ilse schwer an Tuberkulose, muss jahrelang behandelt werden und wird immer wieder auf Kuren geschickt. Die Krankheit wird offiziell als Folge des *Gustloff*-Untergangs anerkannt. Auch die zweite Nachricht trifft Ilse hart. Die drei dürfen nicht mehr zurück nach Berlin. Das wird ihnen von der russischen, dann von der französischen Besatzungsmacht verboten. Denn Alfred hatte im Keller ihres Wohnhauses Waffen versteckt, da kennen vor allem die Russen keinen Spaß. Ihr Vater wird gesucht, versteckt sich zwei Jahre just im selben Keller. „Eine totale Dummheit“, beurteilt Ilse Hansen heute sein Verhalten. Nicht einmal seine Frau und seine Töchter wissen in dieser Zeit, wo er sich aufhält. Die Ehe mit Elsa zerbricht, sie wird 1948 geschieden. Sie will mit ihm nicht mehr verheiratet sein und er hat inzwischen eine andere Frau kennengelernt. Mit der Treue hatte er es nie so eng gesehen – er galt seiner Tochter schon in jungen Jahren als der „Fremdgänger von Berlin“.

Auch Ilses Verlobung mit Hans-Joachim wird aufgelöst. Sie zieht nach Lüchow, weil es dort eine viel bessere Versorgung für Tuberkulose-Kranke gibt als im zerbombten Berlin. Er bleibt im Ostteil der alten, nunmehr geteilten Reichshauptstadt, wird Hotelverwalter und überzeugter Kommunist. Sie selbst heiratet kurz darauf, bekommt zwei Söhne. Mit ihrem Lebensretter Jürgen Esselmann hat Ilse Hansen bis zu dessen Tod im Jahr 2006 Kontakt.

Er, der einst so verliebt in sie war, fordert später die beiden Teddys zurück, die er ihr auf der *Wilhelm Gustloff* geschenkt hatte. Doch sie weigert sich lange, bis sie ihm schließlich einen wieder überreicht. Den anderen bewahrt sie noch heute als Andenken auf.

„Damit ist eigentlich alles erzählt", sagt Ilse Hansen. Am Ende des Gesprächs ist sie froh, dass sie endlich geredet hat. Ihr Mann hatte bei ihren wenigen Versuchen immer beschwichtigt: „Ach Lütje, lass man sein, es geht dir doch nur schlecht dabei." Ihre Söhne haben ihre Geschichte nicht hören wollen. „Eigenartig, dass die eigenen Kinder sich nicht für die Erlebnisse ihrer Mutter interessieren." Wie auch sonst kaum jemand gefragt habe. Aber mit dieser Erfahrung steht Ilse Hansen keineswegs allein. Inzwischen findet sie es wichtig, dass das Schicksal der Menschen auf der *Wilhelm Gustloff* bekannt wird und in Erinnerung bleibt, deshalb hat sie sich jetzt mitgeteilt. „Das alles soll nicht vergessen werden – weder heute noch in der Zukunft." Eine Befürchtung hat sich nicht bewahrheitet während des Gesprächs: Geweint hat Ilse Hansen während der Stunden der Erinnerung nicht.

Johannes Schwefer

## „Wir hätten das genauso gemacht"

Die Marine war immer sein Traum und sein Ideal, die Kriegsmarine zumal. Daran können auch Johannes Schwefers dramatische Erlebnisse auf der *Wilhelm Gustloff* nichts ändern. Bis heute merkt man ihm den Stolz an, in jenen Jahren des Krieges dabei gewesen zu sein. Nicht, weil er für „Führer, Volk und Vaterland" gekämpft hat. Auch nicht, weil er irgendeinen Hass auf die Russen, Engländer oder Amerikaner gehabt hätte. Sie waren Gegner im Krieg, nicht mehr und nicht weniger. Und die Juden waren ihm egal, Menschen wie du und ich. Einen Krieg anzufangen, um das ganze jüdische Volk auszurotten, hätte Johannes Schwefer als junger Mann genauso absurd gefunden wie heute als 85-Jähriger.

Nein, Johannes Schwefer ist ganz einfach fasziniert von der Marine, den Schiffen, dem Dienst, dem Drill, der

Waffen- und Schiffstechnik, den Uniformen, der Kameradschaft. Er will die Welt sehen und kommt doch nur nach Kiel, Pillau oder Gotenhafen. Und für ein Jahr immerhin nach La Rochelle im besetzten Frankreich. „Ein überzeugter Nationalsozialist war ich nicht, zu keiner Zeit. Viel zu unpolitisch dazu, ein reiner Mitläufer." Oder eigentlich nicht einmal das – denn das würde voraussetzen, dass er sich immerhin mit dem Nationalsozialismus auseinandergesetzt. Das aber tut er nicht als 15- oder 20-Jähriger. „Mir ging es nur um das Abenteuer, das Marine hieß." Das jedenfalls sagt Johannes Schwefer heute. Und wenn man hört, mit welch beinahe jungenhafter Begeisterung er noch immer von damals redet, von den Schiffen mit Namen wie *Graf Spee*, *Scharnhorst* oder *Gneisenau*, dann neigt man fast dazu, ihm zu glauben. Eine Art von Unschuld steckt in ihm. „Ja, es war eine schöne Zeit, damals im Krieg bei der Marine", sagt er noch heute. Das „Na und?" klingt trotzig unausgesprochen mit. Es klingt nicht einmal wie ein Geständnis. Dass er für die falsche Sache gekämpft hat, das weiß er längst. Aber die falsche Sache waren die Nazis und ihre Ideologie – nicht die Kriegsmarine und ihre militärischen Gepflogenheiten.

Der Krieg hat Johannes Schwefer bis zum Untergang der *Wilhelm Gustloff* einigermaßen verschont. Zig Namen kann er noch heute aus dem Kopf aufzählen von Kameraden, Vorgesetzten, deutschen U-Boot-Helden, die ihr Grab im Atlantik oder in der Ostsee fanden. Aber er selbst bleibt verschont von gefährlichen Einsätzen. Sehr zu seinem Leidwesen damals. Als 17-Jähriger meldet sich

Johannes Schwefer aus Freienohl freiwillig zur Kriegsmarine. Wasser gibt es zwar da, wo er herkommt, in großen Mengen. Aber es ist aufgestaut in den Talsperren rund um seinen Geburtsort, denn die kleine Stadt liegt im Hochsauerland, nahe Meschede, in das sie später, in den siebziger Jahren, eingemeindet wird. Zum Meer sind es Hunderte von Kilometern.

In die Wiege gelegt ist ihm eigentlich ein alter Handwerksberuf – der des Sattlers. Schon Johannes' Großvater gründet 1864 einen Betrieb, den sein Vater fortführt. Er zieht übers Land zu den Bauern, repariert Pferdegeschirr oder schafft neues. Auch Sofas, Sessel und Matratzen fertigt er an. Allerdings in bescheidenem Maße und zu bescheidenen Preisen. Und selbst vom geringen Gewinn lässt er sich nicht selten noch etwas abhandeln. Mit dem Geld hat er es nun mal nicht so. Ein guter Handwerker, aber ein mieser Geschäftsmann. Johannes' Mutter muss ebenfalls arbeiten gehen, sie verdingt sich auf den Bauernhöfen in der Umgebung. Aber auch sie bringt nicht viel Geld nach Hause. So lebt die Familie in ärmlichen Verhältnissen, wie viele andere in Freienohl auch. Viele vermieten im Sommer Fremdenzimmer an Urlauber aus dem nicht weit entfernten Ruhrgebiet, denn Freienohl ist eine Zeitlang als Luftkurort anerkannt. Und für gestresste Städter aus Dortmund oder Essen auch attraktiv, weil die zahlreichen Waldgebiete zu ausgedehnten Spaziergängen einladen. Manch einer mag bei seinen Aufenthalten auch anderes im Sinn haben, denn die kleine Stadt mit den paar Tausend Einwohnern gilt damals ganz nebenbei deutschlandweit als die Stadt mit den meisten Kneipen und Gaststätten im Verhältnis zur Einwohnerzahl. Und sie verfügt über ein äußerst ausgeprägtes Vereinsleben, in dem vor allem der Schützenverein eine große Rolle spielt. Noch heute ist das Schützenfest am zweiten Juliwochenende in Freienohl der höchste Feiertag des Jahres. Und wenn am Montag der Umzug durch die Straßen zieht, sind die meisten Geschäfte in der Stadt geschlossen.

Johannes darf das erste Mal als Jugendlicher in Urlaub fahren. Und das verdankt er der Hitlerjugend. Drei Wochen in ein Lager auf der Nordsee-Insel Baltrum. Ein Traum, den sich arme Leute sonst nicht hätten leisten können. Man macht Geländespiele, Übungen, wird vormilitärisch gedrillt. Johannes bläst die Fanfare, darauf ist er ganz stolz. Ihm gefällt die Kameradschaft in der HJ, über den Hintersinn macht er sich keine Gedanken. Die 1922 Geborenen gehören zur Generation Hitlerjugend, sie haben nie etwas anderes mitbekommen als marschieren und gehorchen. Alle Lehrer an Johannes' Volksschule sind Nazis, zumindest glaubt er das. „Heute weiß ich, wie naiv wir waren, aber damals haben wir das alles doch gar nicht durchschaut."

Doch neben der HJ bleibt sogar noch Zeit für andere Hobbys. Johannes lässt Brieftauben aufsteigen, die es bis nach Pommern schaffen. Und dann gibt es da noch Fußball. Freienohl ist – Ehrensache – für Schalke 04, nicht für Borussia Dortmund. Oft kommen die großen Schalke-Stars in den Ort, Johannes kennt sie alle, plaudert mit ihnen, wenn sie in der Kneipe sitzen. An seiner Zuneigung zu dem Gelsenkirchener Traditionsverein hat sich nichts geändert. Noch heute ärgert er sich, wenn Schalke verloren hat oder mal wieder kurz am Meistertitel vorbeischrammt.

Johannes selbst spielt auch Fußball, aber von einer Sportlerkarriere träumt er nicht. Was er werden will, steht seit dem Tag fest, an dem er das erste Mal einen Marineoffizier in Uniform auf Urlaub gesehen hat. Schneidig, schick, männlich – das imponiert dem Jugendlichen. So will er auch werden. Seit diesem Tag steht Johannes' Berufswunsch fest: Marineoffizier. Erst einmal die Welt kennenlernen, nach dem Motto: „Andere Städte, andere Mädchen." Aber die Kriegsmarine muss es sein, nicht die Handelsmarine. Sein Interesse an allem Soldatischen hat sich noch verstärkt, seitdem sein Vater als Sattler bei der Wehrmacht angeheuert hat. Die braucht gute, erfahrene Leute und bietet dafür Sicherheit. August Schwefer kommt in die Jägerkaserne ins nahe Arnsberg, zur 60. Infanteriedivision. Er muss das Geschirr der Pferde reparieren und geht oft auf Manöver in der Nähe von Paderborn. Nach Ausbruch des Krieges wird er zuerst nach Graudenz in Polen verlegt, dann bei Aachen stationiert. Er kommt heil durch die Schrecken des Krieges.

Sein Sohn meldet sich mit 17 Jahren, nach der Volksschule, freiwillig zur Kriegsmarine. Seiner neuen Verantwortung ist er sich wohl bewusst. Die Marine ist doch das Aushängeschild Deutschlands in aller Welt! „Zackige Leute waren das, unglaublich gedrillt und topfit. Nicht so wie heute", sagt Johannes Schwefer. Und die deutsche Kriegsmarine – vom Allerfeinsten. „Ein echter Marinemann trauert heute über das, was es damals alles an Schiffen gab." Johannes ist sportlich und gewitzt, gehört zu den Zackigsten der Zackigen. Und wird daher zur U-Boot-Waffe gerufen. Ausgesucht hat er sich das nicht, aber natürlich gehorcht er. Kerngesund müssen die Männer sein, belastbar – und zwar physisch wie psychisch. Es beginnt eine Zeit der Lehrgänge, denn U-Boot-Matrosen müssen besonders viel lernen. Mehrere Ortswechsel sind die Folge: Erst nach Stralsund, dann zur 7. U-Boot-Flottille an der Tirpitzmole in Kiel. Hier lernt er kennen, was militärische Disziplinierung und auch was Kameradschaft bedeuten. Eines Abends, im November 1940, hat Johannes Wachdienst – und schläft prompt im Wachhäuschen auf einer Apfelsinenkiste sitzend ein. Plötzlich geht die Lampe an, ein Oberfeldwebel vom Stab steht vor ihm und ist außer sich. Die Strafe folgt am nächsten Tag: sieben Tage verschärfter Arrest, also bei Wasser und Brot und die ersten drei Tage ohne ein Matratze zum Schlafen. Doch allzu sehr muss der Arretierte nicht darben – die Kameraden schmuggeln in ausgehöhlten Brotlaiben Käse und Wurst in seine Zelle. Später wird die ganze Sache aus seiner Akte getilgt. Dafür sorgt ein Vorgesetzter, der einen Narren an dem schneidigen jungen Mann aus Freienohl gefressen hat. Schließlich macht sich so ein dunkler Fleck nicht gut bei der weiteren Karriereplanung in der Kriegsmarine.

Dann – Deutschland ist auf der Siegerstraße, Frankreich liegt am Boden – wird er 1941 für ein Jahr auf den U-Boot-Stützpunkt nach La Rochelle verlegt. Sein Dienst besteht aus Wache schieben und den Zapfenstreich blasen. Denn das hat er ja bei der Hitlerjugend schon gelernt. In die weite Welt hinaus fahren andere. In den Tod auch. Weil die Engländer das Radar erfunden haben, steigen die Verluste der deutschen U-Boot-Waffe ins Gigantische. Bis zu 90 Prozent der eingesetzten Matrosen kehren nicht mehr lebend zurück, so lauten Schätzungen von Experten. Auch Johannes Schwefer sieht viele Kameraden hinausfahren, die nie mehr wiederkommen. Eines Tages kommt ein Boot doch zurück. Es war von einer Fliegerbombe getroffen worden und fährt mit angeschossenem, zerstörtem Heck in den Hafen von La Rochelle. Unter den Kameraden macht sich große Unruhe breit, sie wissen, dass ihre Überlebenschance gegen null tendiert. „Ich wäre trotzdem liebend gerne selbst rausgefahren. Ich war jung und wollte Abenteuer", erinnert sich Johannes Schwefer heute kopfschüttelnd.

Doch stattdessen wird er erneut versetzt, nach Pillau in Ostpreußen, zur 1. U-Boot-Lehrdivision. Es beginnt eine schöne Zeit. Die kleine Stadt ist vom Krieg noch völlig verschont – und vor allem: Man wohnt auf der *Robert Ley*, dem jüngeren Schwesterschiff der *Wilhelm Gustloff*. Noch ein wenig größer und noch ein wenig luxuriöser ist dieses Schiff, das benannt wurde nach dem Führer der *Deutschen Arbeitsfront*. Hier kann man es gut aushalten. Johannes Schwefer wird zum Ausbilder für angehende U-Boot-Matrosen befördert. Anstatt sechs wie in Friedenszeiten, dauern die Kurse im Krieg nur drei Monate. Die praktischen Übungen wie das Tauchen in den Tauchtöpfen werden in Hafengebäuden absolviert. Einige Male kommt Großadmiral Karl Dönitz, der oberste Chef der Kriegsmarine, nach Pillau auf die *Robert Ley.* Er ist beliebt bei den Marinesoldaten, kennt viele Offiziere persönlich und hat immer ein kumpelhaftes Wort übrig für alle. Ein paar Fotos hat Johannes Schwefer in einem kleinen Album aus dieser Zeit aufbewahrt. Ein gutaussehender junger Mann in Uniform oder in Badehose ist da zu sehen. Die Frauenherzen werden höher geschlagen haben.

Mitte 1944 wird Schwefer erneut versetzt. Diesmal auf die *Wilhelm Gustloff*, zur 2. U-Boot-Lehrdivision nach Gotenhafen. Er soll auf einem neuartigen U-Boot eingesetzt werden. Darauf ruht Hitlers Hoffnung, denn das *Walter*-Boot hat einen besonders schnellen Antrieb, was den Alliierten die Verfolgung praktisch unmöglich machen soll. Endlich eine der langersehnten „Wunderwaffen". Doch Johannes Schwefer und Adolf Hitler hoffen vergeblich: Bis zum Kriegsende werden nur drei Schiffe des neuen Typs in Dienst gestellt, zum Kriegseinsatz kommt kein einziges. Die britische Marine zeigt nach dem Krieg größtes Interesse an dieser neuartigen deutschen Technik. Sie übernimmt eines der Boote und lässt es noch bis 1964 als Erprobungsboot fahren. Dann stellt sie die Versuche endgültig ein.

Bis wenige Tage vor dem 30. Januar 1945 schiebt Schwefer auf der *Gustloff*, die der *Robert Ley* so ähnlich ist, seinen normalen Dienst. Nur die Flüchtlingsmassen, die sich im Hafen seit Mitte Dezember und dann verstärkt seit Mitte Januar sammeln, sind nicht zu übersehen. Als klar ist, dass die *Wilhelm Gustloff* mit Flüchtlingen und Soldaten Richtung Westen fahren soll, kommen neue

Die *Wilhelm Gustloff* im Hamburger Hafen, Oktober 1938.

Befehle. Zum Beispiel der, auf dem Oberdeck direkt neben dem Schornstein eine Zwei-Zentimeter-Vierlingsflak aufzustellen. Insgesamt wird das Kreuzfahrtschiff mit drei Flaks bestückt: neben der Vierlingsflak – einer Schweizer *Oerlikon* – noch zwei 3,7er. Johannes Schwefer wird zum Dienst an der Flak eingeteilt, weil er in Swinemünde zu Beginn seiner Ausbildung auch die Flakschule besucht hat.

Die geplante Fahrt nach Flensburg und Kiel ist für Schwefer ein fast normaler Dienstauftrag, wären da nicht die Tausende von Flüchtlingen an Bord. „Die haben immer mehr auf das Schiff geholt, immer drauf", erinnert er sich an die Tage Ende Januar. Wobei die Erinnerung eher schemenhaft bleibt: Schneetreiben, eisiger Wind, unendlich viele Menschen, Kinder, Frauen. Als es am späten Mittag des 30. Januar dann losgeht, sieht er das Torpedoboot *Löwe* im Hafen liegen. Kurz zuvor hatte er sich noch von einem Kameraden verabschiedet, der dort Dienst tut und den er schon von seiner Zeit in Frankreich kennt. Auch an der *Lützow* wird die *Wilhelm Gustlow* vorbeigeschleppt. „Wir wünschen Ihnen eine gute Überfahrt und einen guten Anfang in der neuen Heimat", funken die Kameraden.

Als Stunden später am Abend die Torpedos des russischen U-Boots *S13* kurz hintereinander einschlagen, hält er sich gerade auf dem C-Deck im Achterschiff auf, etwa auf Höhe der Wasserlinie. Heute weiß er: „Wenn der vierte Torpedo auch getroffen hätte, wären wir sofort weg gewesen." Doch *Für Stalin*, wie die russischen U-Boot-Soldaten den Torpedo nannten, bleibt im Rohr stecken, und so ist Johannes Schwefer gerettet – vorerst. Denn der Kampf ums Überleben beginnt für ihn nun erst richtig. Er schafft es nur, einen Stiefel anzuziehen in der Eile und rennt los. Nur rauf, nach oben. Denn er spürt, dass das Schiff sofort Schlagseite nach links bekommt, also stark getroffen worden sein muss. Als Marineangehöriger, der schon seit Monaten auf dem Schiff wohnt, hat er einen großen Vorteil gegenüber den vielen Flüchtlingen an Bord: Er kennt die *Wilhelm Gustloff* ganz genau. So weiß er auch, wo Kutter als Rettungsboote liegen: auf dem Oberdeck, neben dem Schornstein. Das hat er gesehen, als er direkt daneben die Zwei-Zentimeter-Flak aufgebaut hat. Johannes Schwefer will aber nicht sich selbst retten. Er kennt seine Pflicht als Soldat – und will helfen, die Leben der vielen Frauen und Kinder zu retten. Er lässt gemeinsam mit anderen Kameraden einige Kutter mit aufs Wasser. Er muss hilflos mit ansehen, wie ein Boot, das nicht richtig aus den vereisten Davits gelöst wird, vollbesetzt mit Flüchtlingen umkippt und falsch herum ins Wasser stürzt. Ebenso ein zweites. Wie andere auch, erlebt Johannes Schwefer die Stunde zwischen den Torpedotreffern und der Rettung der wenigen Glücklichen als einen Kampf „jeder gegen jeden". Es fallen Schüsse, abgegeben von Soldaten, die Kameraden daran hindern, in ein Boot zu steigen. Es fallen auch Schüsse von Soldaten, die im Chaos für Ordnung sorgen wollen – vollkommen vergeblich. Es fallen schließlich Schüsse von Verletzten, die wissen, dass sie keine Chance haben, lebend von der *Wilhelm Gustloff* zu kommen, weil ihre Verletzung so schwer ist, dass sie nicht schwimmen können. Sie erschießen sich selbst. Und dann sieht Johannes Schwefer auch, wie Flüchtlinge auf andere Flüchtlinge schießen, um sich einen Platz in einem Boot freizukämpfen. Verurteilen will er das heute nicht: „In so einem Augenblick herrschen nun mal ganz eigene Gesetze."

Er selbst bleibt bis zum letzten Augenblick auf dem Schiff. Er sieht, wie die Vierlingsflak neben dem Schornstein aus der Verankerung reißt und ins Wasser rutscht. Im letzten Augenblick, als das Wasser ihn schon fast erreicht hat, springt er dann in die eiskalte See. Gemeinsam mit einem Kameraden. Ihn sieht er Jahre später wieder, auch er überlebt. Gerade im Wasser angekommen, hat er großes Glück: Während er selbst kurzzeitig unter den Schiffsrumpf gerät, knallt direkt neben seinem Kopf ein Rettungsboot gegen die Bordwand.

Eine Schwimmweste hat Johannes Schwefer nicht. Sie wurden nur an die Flüchtlinge verteilt. Nur mit einem Pullover und Hosen bekleidet, spürt er rasch die Kälte von seinem Körper Besitz ergreifen. Andererseits rettet ihm möglicherweise auch gerade die leichte Bekleidung das Leben, denn mit einem dicken Mantel am Körper wäre die Kraftanstrengung noch viel größer gewesen. Er schafft es irgendwie, sich mit den Händen an ein Floß zu krallen und hängt im Wasser. Wie andere neben ihm auch. „Es ging einer nach dem anderen unter. Die schafften es einfach nicht." Die meisten sind irgendwann völlig entkräftet oder bekommen wegen der Kälte einen Herzschlag. Immer wieder bitten andere ihn: „Kamerad, hilf mir." Schwefer hält durch. Er ist ja auch gut trainiert als junger Marinesoldat. Helfen aber kann er nicht.

Er sieht die *Cap Arcona* und den Schweren Kreuzer *Admiral Hipper* kommen – und wieder fahren. Anders als die meisten Flüchtlinge, deren Verzweiflung dadurch noch steigt, hat der Marinesoldat dafür Verständnis. Die Gefahr, dass auch sie einen Torpedotreffer bekommen, ist schlicht zu groß, schließlich ist das russische U-Boot ja noch in der Nähe. Außerdem weiß er, dass die Schiffbrüchigen ohnehin nicht über die hohen Bordwände der großen Schiffe gelangt wären. Angst aber um sein Leben hat er zu keiner Zeit. „Nie dachte ich daran, dass ich sterben könnte." Er wird von einem unbändigen Überlebenswillen gepackt, von einer geradezu naiven Überzeugung, nicht zu sterben. Er ist doch jung, kräftig, gut trainiert. Und bisher ging doch alles immer irgendwie glücklich aus. Plötzlich vernimmt er einen lauten Schrei aus Tausenden Kehlen. Dann gehen noch einmal wie von Geisterhand alle Lichter und die Sirenen auf dem sterbenden Riesen an – bevor er im Meer versinkt. Endlich, nach etwa einer Stunde, kommt die *T36* und rettet die Menschen auf dem Floß und die, die sich im kalten Wasser die ganze Zeit an ihm festgeklammert hatten und überlebt haben. „Wenn nicht die *T36* uns rausgefischt hätte, hätte ich das nicht geschafft“, ist Johannes Schwefer sich heute sicher.

Zum Aufwärmen wird er erst einmal ganz ausgezogen und gemeinsam mit einer Marinehelferin, die die gleiche Prozedur über sich ergehen lassen muss, nackt in ein Bett gelegt. Ein Maat gibt ihm später einen Trainingsanzug. Die *T36* läuft Sassnitz an, dann wird Matrose Schwefer nach Kolberg gebracht. Dort kommt er in einer Kaserne unter – die Versorgung und Hilfe ist besser als für die Zivilisten. Über Kiel und Sylt gelangt er schließlich in den letzten Kriegswochen noch nach Waren an der Müritz. Dort wird der Marinemann als Infanterist eingesetzt und soll den Vormarsch der Roten Armee stoppen helfen. Doch die Wehrmacht kennt nur noch eine Richtung: den Rückzug nach Westen. Schließlich gerät Johannes Schwefer in britische Kriegsgefangenschaft. Er wird mit Zigtausenden anderen deutschen Soldaten auf einem Feld bei Schwerin untergebracht. Und hat Glück: Nach nur vier Wochen ist er zu Hause, in Freienohl im Hochsauerland.

Anders als bei den meisten Flüchtlingen, die den Untergang überlebten, haben sich die Ereignisse um die *Wilhelm Gustloff* bei Johannes Schwefer nicht allzu tief ins Bewusstsein gebrannt. Am Anfang, direkt nach dem Untergang, überblickt er zunächst nicht, wie groß die Katastrophe war. Von den vielen Tausend Toten erfährt er erst später. „Ich dachte mal kurz: Puh, da hast du aber Glück gehabt. Dann gingen meine Gedanken nach vorne." Er redet gerade in den ersten Jahren zwar – anders als andere Überlebende – viel über die dramatische Nacht. Seine Frau zum Beispiel hört sich die Schilderungen oft fasziniert und erschreckt an. Sie hat selbst dramatische Bombennächte erlebt und kann sich in die Angst der Menschen an Bord des angeblich unsinkbaren Stahlkolosses hineinversetzen. Ihr Mann sieht die Sache eher kühl, mit den Augen eines Marinefachmanns. Auf der *Gustloff* herrschte ein Kompetenzwirrwarr unter den vier Kapitänen von der Kriegs- und der Handelsmarine. „Kein Wunder, die Kommandanten waren zumeist jung und ehrgeizig in den Kriegsjahren, und sie wurden schnell ausgebildet." Nicht, dass Johannes Schwefer das Schicksal derjenigen, die qualvoll umkamen, egal wäre. Aber sein Blick ist ein anderer als jener der meisten anderen Überlebenden. Er war viel zu lange – begeistert – bei der Marine, um die ganze Sache nicht auch von ihrer taktischen oder technischen Seite zu sehen. Johannes Schwefer selbst glaubt auch: „Für die Frauen war das Erlebte wahrscheinlich viel schlimmer. Sie hatten meistens schon eine lange, mühsame Flucht mit vielen Entbehrungen hinter sich und waren ja auch für einen solchen Fall überhaupt nicht ausgebildet."

Das zeigt sich auch in seiner Verehrung für Großadmiral Karl Dönitz. Als der in den fünfziger Jahren auf Einladung der Marinekameradschaft nach Arnsberg kommt, ist Johannes Schwefer selbstverständlich dabei. Er lässt sich von Dönitz ein Autogramm in dessen „Erinnerungen" schreiben – und findet Bestätigung in dem verfälschenden Machwerk des Großadmirals: „Die ganze Welt war doch gegen uns – der Amerikaner, der Engländer. Das steht auch bei Dönitz!"[2]

---

[2] Karl Dönitz gilt noch heute unter ehemaligen Marinesoldaten aus der Zeit des „Dritten Reiches" als Vaterfigur. Dönitz, seit 1943 Chef der Kriegsmarine, sei ein unpolitischer Soldat gewesen, der sich persönlich um das Wohl seiner Männer gekümmert habe, glauben viele noch heute. Die Wahrheit sieht anders aus. Dönitz war ein überzeugter Nationalsozialist, der Adolf Hitler bis zuletzt treu ergeben war. Als Antisemit verfocht er die Liquidierung der Juden Europas, im Seekrieg gegen den Feind kannte er ausdrücklich kein Pardon. Seine eigenen Soldaten schickte er bis zum Kriegsende gnadenlos in den Tod, so zum Beispiel die U-Boot-Besatzungen. Hitlers Vertrauen in ihn war so groß, dass er ausgerechnet den angeblich „Unpolitischen" kurz vor seinem Selbstmord zum Nachfolger ernannte. In den Nürnberger Kriegsverbrecherprozessen spielte er indes die verfolgte Unschuld. Von der Massenvernichtung der Juden wollte er nichts gewusst haben. Dönitz kam mit einer vergleichsweise milden Strafe davon. Nach zehn Jahren im Spandauer Kriegsverbrechergefängnis strickte er bis zu seinem Tod 1980 an seiner Legende, nach der es ihm zu verdanken sei, dass in den letzten Kriegsmonaten Hunderttausende von Flüchtlingen über die Ostsee nach Westen entkommen konnten. In Wahrheit war diese Flucht nur ein Nebeneffekt der Verlegung von Soldaten und Kriegsmaterial – nur freier Raum durfte für fliehende Zivilisten beansprucht werden. Hätte er mit der Räumung der durch die Rote Armee gefährdeten Gebiete früher begonnen, wäre Hunderttausenden Flüchtlingen viel Leid und Elend erspart worden.

Nach dem Krieg steht für Johannes Schwefer aber erst einmal die Zukunft im Mittelpunkt. Er gehört zur „Generation Wirtschaftswunder", die aus der „Generation Hitlerjugend" erwächst. Am liebsten würde er wieder zur Marine gehen, aber nur zur Kriegs-, nicht zur Handelsmarine. Aber daraus wird aus naheliegenden Gründen nichts, denn bis die Bundesrepublik ebenso wie die DDR wiederbewaffnet wird, vergehen noch einige Jahre. So liebäugelt er mit einem anderen Beruf, den man in Uniform ausübt: dem des Polizeibeamten. Doch da ist ihm die Bezahlung zu schlecht. So macht er eine Sattlerlehre bei seinem Vater, der ebenfalls unversehrt und sehr schnell aus dem Krieg zurückgekehrt ist. In der Bundesrepublik geht es mit der Wirtschaft aufwärts, und davon profitiert auch Familie Schwefer. Man kauft ein Haus, direkt neben der alten Kirche *Sankt Nikolaus* in Freienohl. Es gehörte einem Bekannten, der nicht mehr aus dem Krieg zurückkam. Es existiert noch ein Foto von der Trauerfeier in Freienohl. Johannes Schwefer bläst die Fanfare für den toten Nachbarn und Kameraden. Nun kauft er dessen Haus. Jede Mark, jeder Pfennig wird umgedreht, in ein Geschäft für Raumausstattung investiert. Arbeit steht im Mittelpunkt, den Kindern soll es schließlich einmal besser gehen. Viel Zeit zum Erinnern, zum Aufarbeiten bleibt da nicht.

Aber die Marine lässt Johannes Schwefer, der nie über die Weltmeere gefahren ist, nicht los. Er liest Bücher über die deutschen Kriegsschiffe, auch über die *Wilhelm Gustloff*. Und er beginnt zu sammeln: Orden, Marinekrüge, Reservistenstöcke und Pfeifen. Die gehörten bis zum Ersten Weltkrieg zur Ausstattung eines aus der Armee entlassenen Soldaten, zumindest, wenn er sich die Anschaffung leisten konnte. In einem Zimmer in seinem Haus bewahrt Schwefer die Utensilien auf. Die Orden sind ordentlich an einer Samttafel angeheftet: U-Bootabzeichen aus beiden Weltkriegen, Auszeichnungen für Blockadebrecher, Minensucher, Flakschützen und vieles mehr. Dazu Porzellankrüge, bis zu 1000 Euro wert das Stück, die meisten wie Bierkrüge geformt, andere wie übergroße Flachmänner. Mit Sprüchen wie: „Ich diente einst am Ostseestrand drei Jahre für das Vaterland." Schwefer streift über Antiquitätenmärkte und kauft sich dort seine Sammlung zusammen. Er ist stolz darauf, dass er nur Originale besitzt. „Heute wird so etwas häufig nachgemacht, besonders von den Polen", sagt er. „Das Sammeln der Stücke ist wichtig, denn die Nachwelt soll sehen, was es früher einmal so alles gegeben hat."

Heute hat er wieder Zeit, um über die *Wilhelm Gustloff* und die ganzen Ereignisse aus der damaligen Zeit zu reden. Vor allem die Jüngeren seien daran interessiert. Sie wollten heute wissen, wie es damals war und verurteilten nicht sofort alles, was sie nicht verstehen können – wie die Faszination von Schwefers Generation für die Hitlerjugend. Damit, dass sein Enkel Zivil- statt Wehrdienst absolviert, hat er kein Problem. Einerseits sieht der von der Kriegsmarine so Begeisterte das sogar ganz gerne. „Wir müssen sehen, dass es nie wieder so einen Krieg gibt", sagt er. Gleichwohl nagt aber auch eine Erfahrung an ihm: „Nach dem Krieg hat uns die ganze Welt schlecht gemacht. Das hat mich immer sehr gestört.“ Ein Widerspruch? Nicht für Johannes Schwefer.

Dem sowjetischen U-Boot-Kommandanten Alexander Marinesko, der für den Abschuss der *Wilhelm Gustloff* verantwortlich ist, will er keinen Vorwurf machen. „Der Abschuss war kein Kriegsverbrechen. Das Schiff war bewaffnet und hatte Soldaten an Bord. Wir hätten das genauso gemacht.“

# Das Judenmassaker von Palmnicken: Hitlerjunge Martin Bergau

Wann genau er vom Unglück der *Wilhelm Gustloff* erfahren hat, weiß Martin Bergau nicht mehr ganz genau. War es gleich am nächsten Tag, noch bevor das brutale Morden in Palmnicken seinen Lauf nahm? Oder war es noch einen Tag später, als am berühmten Bernsteinstrand seines Heimatortes die Leichen der erschossenen, erfrorenen oder ertrunkenen Juden an Land geschwemmt wurden? An eines erinnert sich der heute 79-Jährige aber sehr wohl. Dass ihm damals, als 16-jähriger Hitlerjunge schon die Dramatik der fast gleichzeitigen Ereignisse bewusst war. Dass der 16 Jahre alte, fanatische Hitlerjunge Martin schon damals erkannte, wie absurd dieser Krieg war. Hier die mehr als 9000 Deutschen, meist Frauen und Kinder, die dem sowjetischen U-Boot *S13* zum Opfer fielen –

Hitlerjunge Martin Bergau (dritter von links).

dort die 3000 Juden, ebenfalls meist Frauen, die von einem SS-Kommando in der Dunkelheit der Nacht ins eisige Meer getrieben wurden. In relativer Nähe fanden beiden Ereignisse statt, in einer Gegend des Deutschen Reiches, die so lange vom Krieg weitgehend verschont geblieben war. Und fast zur selben Zeit, dazwischen nur ein unbarmherzig kalter Wintertag im Januar 1945. Zwei Ereignisse, die zeigen, wie Deutsche in diesem wahnsinnigen Krieg zu Tätern wurden – und ihm zum Opfer fielen.

Das Massaker von Palmnicken, begangen von deutschen und ukrainischen SS-Leuten, hat Martin Bergau hautnah miterlebt – fast sechzig Jahre später hat er darüber recherchiert und inzwischen zwei Bücher geschrieben: „Der Junge von der Bernsteinküste" und „Todesmarsch zur Bernsteinküste". Bis heute, so sagt er, sei dieses Verbrechen an völlig wehrlosen Menschen in Deutschland im öffentlichen Bewusstsein kaum verankert. Und die Zahl der Opfer ist sogar noch um einiges höher. 2000 Juden kamen bereits auf dem Weg von den Außenlagern des KZ Stutthof bei Danzig nach Palmnicken um – erfroren bei 20 Grad unter null in ihren Häftlingsanzügen und Holzschuhen, erschossen bei ihren Versuchen zu fliehen. Ein Schreckenszug durch Westpreußen, zwischen den Trecks deutscher Flüchtlinge, den Transporten deutscher Soldaten, durch Ortschaften, in denen die Bewohner selbst angstvoll den Blick nach Osten richten, von wo die Rote Armee sich ihren Weg freischießt.

Das Drama der 5000 Juden beginnt kurz nach dem 20. Januar 1945, als in Gotenhafen die Beladung der *Wilhelm Gustloff* mit Proviant und Menschen beginnt. Aus den verschiedenen Außenlagern des Konzentrationslagers Stutthof werden 5000 jüdische Häftlinge nach Königsberg zusammengetrieben. Die örtliche SS will unbedingt vermeiden, dass die halb verhungerten, versklavten und geschundenen Menschen der Roten Armee in die Hände fallen. Sie wissen, dass sie ein eindrucksvolles Zeugnis für die Brutalität des NS-Regimes sind. In Königsberg, das bereits unter Beschuss steht und zur Festung erklärt wurde, will der Chef der Militärkommandantur, General Lasch, die Häftlinge nicht haben. Aber was tun mit so vielen Menschen? Wie kann man sie möglichst unbemerkt verschwinden lassen? Gerhard Rasch, der Chef der staatlichen Bernsteinmanufaktur im nahen Palmnicken, kommt auf eine bestialische Idee. Man könne die Juden doch in der dortigen, seit Jahren stillgelegten Anna-Grube einmauern und entweder vergasen oder verdursten und verhungern lassen. Der Plan gefällt Lasch – er beauftragt SS-Obersturmführer Fritz Weber, mit einem SS-Kommando von 22 Männern sowie etwa 120 ukrainischen, belgischen, niederländischen und litauischen Mitgliedern der Organisation Todt[3], die Gefangenen in den kleinen Ort an der Ostseeküste zu schaffen.

---

[3] Die Organisation Todt, kurz OT, war eine nach ihrem Leiter Fritz Todt benannte staatliche Bauorganisation. Sie führte in den von Deutschland besetzten Gebieten zwischen 1939 und 1945 kriegswichtige Bauvorhaben durch. Die Angehörigen der OT, die seit dem Unfalltod ihres Gründers 1942 von dessen Nachfolger Albert Speer geleitet wurde, trugen olivgrüne Uniformen mit einer Hakenkreuzbinde am Ärmel. Ihre Frontkommandos waren militärisch organisiert. Die OT avancierte im Laufe des Krieges zu einer der wichtigsten Sonderorganisationen des NS-Staates. Sie beschäftigte Fremdarbeiter, Kriegsgefangene und in KZ-Nähe Juden.

Martin Bergau hat bei seinen Recherchen zahlreiche Aussagen von Zeugen gesammelt, die den Elendszug auf seinem Weg von Königsberg über die Ortschaften Metgehten, Drugehnen, Kumehnen, Polennen, Kirpehnen und Germau nach Palmnicken gesehen haben. Er hat sie in seinem Buch „Todesmarsch zur Bernsteinküste" zu Wort kommen lassen. So beschreibt zum Beispiel der damals zehnjährige Eckhardt Jander, der am 25. Januar mit einem LKW aus Königsberg herausgeschafft werden sollte, den Zug: „Als wir auf dem LKW warteten ... hatte ich ein Erlebnis, das noch viele Jahre hindurch ein Gefühl der Angst und des Grauens in mir zurückließ. Auf der geraden Landstraße näherte sich ein endloser Zug des Elends. Eine Kolonne in Lumpen gekleideter Frauen zog an uns vorüber, bewaffnete Männer schlugen mit Gewehrkolben auf sie ein. Inzwischen hielt unser Lastauto auf der anderen Straßenseite. Die Wachleute versuchten, eine Lücke zu schaffen, damit wir einsteigen konnten. Die gequälten Menschen aber fürchteten (wohl) eine Hinterlist, fassten sich an den Händen und liefen weiter. Einige stolperten, rafften sich wieder auf oder blieben liegen. Harte Fäuste schleiften sie in den Chausseegraben. Ein gedämpfter Knall, und ein Mensch war nicht mehr." Andere Zeugen überholen den Zug, sehen wie Häftlinge nicht mehr weiter können und einfach erschossen werden. LKW fahren hinter dem Elendsmarsch und sammeln die Leichen ein. Martin Bergau selbst kann sich erinnern, die verschlüsselte Meldung, nach der sich die dafür angeforderten Trupps am Startpunkt in Königsberg einfinden sollen, eines abends im Radio gehört zu haben – damals freilich ohne zu wissen, worum es sich dabei handelt. Nur die Blutflecken im Schnee bleiben zurück und manchmal einige der Lumpen, die die Getöteten getragen oder sich als Schuhersatz um die Füße gewickelt hatten.

Am frühen Morgen des 27. Januar erreicht der Zug Palmnicken. Hitlerjunge Martin wird von Schüssen in unmittelbarer Nähe des Hauses seiner Eltern geweckt. Zuerst denkt er, die Rote Armee habe sich bis in das langgestreckte Dorf direkt an der Küste durchgekämpft. Er springt aus dem Bett, zieht sich rasch an und läuft zur Haustür. Im letzten Augenblick hört er seinen Vater rufen: „Bleib hier!" Doch zu spät – Martin will sein junges Leben für den „Führer" opfern. Im Kampf Mann gegen Mann mit den Russen, wenn es denn sein muss. Was er in der Dunkelheit sieht, ist jedoch etwas völlig anderes, als er erwartet hatte. Statt russischer Soldaten läuft eine Frau in Lumpen durch das Hoftor – und macht kehrt, als sie ihn gewahr wird. Plötzlich fallen Schüsse. Die Frau bricht tödlich getroffen zusammen. Martin geht hinter einem Zaun in Deckung. Was er die nächste Zeit sieht, verwirrt und erschreckt ihn. Eine endlose Kolonne zerlumpter, gespenstischer Gestalten zieht auf der Straße an ihm vorbei. Er vernimmt Schüsse, Kolbenschläge, Flüche in anderen Sprachen, das Schlurfen der Holzschuhe auf dem hartgefrorenen Schnee, das Keuchen der getriebenen Häftlinge. Er sieht, wie einige zu fliehen versuchen, erschossen werden und tot zusammenbrechen. Dann ist der Zug vorbei, Martin steht auf, geht ins Haus – legt sich ins Bett und schläft sofort ein. „Warum ich zu dieser Reaktion fähig war, kann ich nicht sagen. Das Erlebte hat mich zunächst keine fünf Minuten bewegt", wundert er sich heute.

Am nächsten Morgen ist Palmnicken in Aufruhr. Die Bewohner sind verwirrt, Frauen brechen auf der Straße in Tränen aus, als sie hören, was in der Nacht zuvor in ihrem Ort geschehen ist. Die noch rund 3000 überlebenden Juden sind in einer Werkshalle des Bergsteinwerkes untergebracht. Zunächst völlig ohne Verpflegung. Der Direktor des Werkes hat sich der Einmauerung in der Anna-Grube widersetzt, nicht zuletzt, weil von dort aus der Ort mit Wasser versorgt werde. Doch zu einem der unbekannten Helden dieser Zeit wird Hans Feyerabend. Er ist Kommandeur des Palmnicker Volkssturms und verwaltet einige Güter, die zum Bernsteinwerk gehören. Mutig hindert er SS-Mann Weber an der Ausführung seines Auftrages. Solange er lebe, werde in Palmnicken kein Jude umgebracht, schleudert er Weber mit Nachdruck entgegen. Der gibt klein bei – möglicherweise ist er auch froh, die Verantwortung für die Juden erst einmal los zu sein. Feyerabend lässt die eingepferchten Menschen aus Beständen des Volkssturms mit notwendigen Lebensmitteln versorgen. „Wenn das mal alles gut geht", raunen sich die Palmnicker zu.

Es geht drei Tage gut – solange kann Feyerabend dem Druck der SS standhalten. In dieser Zeit gelingt es ihm, die 3000 Juden zu versorgen und zu beschützen. Dann aber fällt er auf einen Trick der SS herein. Ihn erreicht ein fingierter Befehl, nach dem er sich mit seinem Trupp beim Volkssturm in einem nahegelegenen Ort zu melden hat. Die Kameraden dort sind erstaunt, als sie die Männer aus Palmnicken sehen, denn sie haben keine Unterstützung angefordert. Hans Feyerabend durchschaut erst jetzt die Sache. Mit einem Genickschuss tötet der mutige Mann, der sich wie nur wenige dem SS-Terror entgegengestellt hat, sich selbst – aus Verzweiflung, weil er das drohende Massaker an den Juden nicht mehr verhindern kann. Seiner wird heute in der israelischen Gedenkstätte *Yad Vashem* gedacht. In Deutschland dagegen gibt es keinerlei Erinnerung an ihn. „Eine Schande, dass unser Land einen Helden wie Hans Feyerabend nicht würdigt“, findet Martin Bergau.

In der Nacht des 31. Januar gibt es kein Entkommen mehr für die jüdischen Häftlinge. Sie werden von der Werkshalle der Anna-Grube an den Strand getrieben, kaum bekleidet bei eisiger Kälte ins Wasser gejagt, erschossen. Wer dies überlebt, erfriert zwischen den vielen Leichen liegend oder stirbt an Entkräftung. Am nächsten Tag, als in Sassnitz und Swinemünde viele Leichen von Opfern des *Gustloff*-Untergangs an Land geschafft werden, bietet sich am Strand von Palmnicken ein Bild des Schreckens: Leichen überall im Wasser, am Strand, Blutflecke im Schnee. Einige wenige menschenähnliche Gestalten haben das Massaker und die Kälte irgendwie überlebt und fliehen im Morgengrauen vom Ort des Geschehens. Sie werden von couragierten Palmnickern, die damit ihr eigenes Leben aufs Spiel setzen, versteckt, bis die Rote Armee Mitte April den Ort erreicht und einnimmt.

Zila Manielewicz, eine Überlebende des Massakers, berichtete 1961 in Jerusalem dem Historiker Michael Horbach ihre Erlebnisse in dieser Nacht. Sie beginnt damit, dass die Gefangenen abends von der Werkshalle, in der sie untergebracht waren, zum Strand getrieben werden. 300 männliche Gefangene stürzen sich mit bloßen Händen auf die Bewacher, die sie mühelos mit Maschinengewehren niedermähen. „Schließlich, spät in der Nacht, kamen wir zum Meeresgestade. Wir sahen uns auf einer Anhöhe, vor welcher eine Schlucht gähnte, die steil zum baltischen Meeresufer hinabfiel. Es bot sich uns ein entsetzlicher Anblick. Zu beiden Seiten der Kolonne waren Maschinengewehre aufgestellt, die blind in die hereinmarschierenden Menschen hineinschossen. Die Getroffenen stürzten den Abhang hinab. Als wir sahen, was geschah, drängten wir uns, sowie die vor uns Stehenden, instinktiv rückwärts. Der kommandierende SS-Mann, Oberscharführer Stock, fasste sein Gewehr und indem er fluchend auf uns einschlug, schrie er: ‚Weshalb wollt ihr nicht weitergehen? Ihr werdet sowieso wie die Hunde erschossen!' Und damit trieb er uns die wenigen Meter zum Abhang, und mit den Worten ‚Schade um die Munition' versetzte er uns, einer nach der anderen, mit dem Gewehrkolben einen schrecklichen Schlag auf den Kopf, so dass wir das Bewusstsein verloren. Ich weiß nicht, was mit mir geschah, doch plötzlich spürte ich etwas Kaltes im Rücken, und als ich die Augen aufschlug, sah ich vor mir den Berghang, von dem immer neue, blutüberströmte Menschen herunterkollerten. Ich befand mich im brausenden und zischenden Meer, in einer kleinen, teils zugefrorenen Bucht, auf einem Haufen toter, teils verwundeter, also noch lebender Menschen. Die ganze Küste, so weit ich sehen konnte war von nicht gesunkenen Leichen bedeckt, und auch ich lag auf einem solchen Berg von Leichen, der langsam tiefer sank. Dicht neben mir lagen Genia Weinberg-Biedermann und Mania Zweig-Gleismann und ihr zu Füßen Fela Leskowicz. In schwerverletztem Zustand erhob sie sich plötzlich und schrie zu dem wenige Meter vor uns am Ufer stehenden SS-Mann: ‚Herr Posten, ich lebe noch!' Der Posten zielte und schoss ihr in den Kopf, wenige Zentimeter von meinen Füßen entfernt, so dass sie getroffen zusammenbrach." Zila Manielewicz überlebt das Massaker. Gemeinsam mit einer Freundin verhält sie sich bei minus 25 Grad im Wasser so lange still, bis die Bewacher abgezogen sind. Dann schaffen sie es irgendwie zu einem Haus, dessen Besitzer die beiden verstecken.

An einem der Tage vor dem Massaker bekommen Martin und 15 andere Hitlerjungen morgens den Befehl, zwei SS-Männer zu einem Schuppen am Ortsrand von Palmnicken zu begleiten. In der Hütte befinden sich rund 50 Frauen. Sie machen einen erbärmlichen, mitleiderregenden Eindruck. In Lumpen oder Papierfetzen gehüllt, sind sie der brutalen Kälte ausgesetzt. Es handelt sich um Frauen, die dem Elendstreck hatten entkommen können und später wieder aufgegriffen wurden. Martin und seine Kameraden müssen sie bewachen, während sie sich in Zweierreihen vor dem Schuppen aufstellen. Auf Befehl müssen die Häftlinge der Reihe nach zu zweit um den Schuppen herumgehen. Die Jungen hören Schüsse, dann sind die nächsten zwei dran. In diesem Augenblick wird dem 16-jährigen Hitlerjungen Martin Bergau klar, dass er als Aufpasser bei einem Erschießungskommando eingesetzt wird. Ihm wird heiß und kalt – zwei Seelen toben in seiner Brust. Einerseits glaubt er mit jugendlicher Naivität fanatisch an den „Führer“, den Nationalsozialismus und das vermeintlich „neue“ Deutschland, das sie geschmiedet haben und das sich gegen mächtige Gegner zur Wehr setzen muss. Andererseits haben ihm seine Eltern einen Grundsatz beigebracht, der sich tief eingeprägt hat in sein Denken, Fühlen und Handeln: „Du sollst nicht töten.“ Plastisch beschreibt er die Szenen, die er in seinem Buch „Todesmarsch zur Bernsteinküste“ geschildert hat, im Gespräch so: „Ich fühlte mich wie eine junge Katze, die in eine Jauchegrube geworfen wurde, damit sie stirbt.“ Tun kann der 16-jährige Hitlerjunge nichts. Doch bei Martin regt sich Mitleid, als eine Frau ihm einen Ring oder ein kleines Amulett anbietet, damit er sie zu ihrer Tochter lässt, die einige Reihen vor ihr steht. Sie möchte gemeinsam mit ihr sterben. Als ein Schulfreund sie daraufhin mit dem Gewehrkolben schlägt, ist Martin außer sich – beide stehen sich kurzzeitig mit entsichertem Gewehr gegenüber. Die Frau gelangt aber zu ihrer Tochter und erfüllt sich so ihren letzten Wunsch. Ihr Mut beeindruckt den 16-Jährigen ungemein, auch heute noch. „Als ich die Schüsse hörte, war es, als hätte man meine Freundin erschossen.“

Andere Hitlerjungen, die an dem Kommando beteiligt sind, haben weniger Hemmungen als Martin. Manch einer, so glaubt er heute noch, wartet nur auf Ausbruchsversuche der Frauen und Mädchen, damit er sie erschießen kann. Zwei, drei Jungen geben nach dem Ende des Erschießungskommandos Frauen, die in der Grube hinter dem Schuppen liegen und noch leben, den Gnadenschuss. Auch Martin schaut sich den Leichenberg an – und geht nach Hause. Verwirrt, verzweifelt. Wofür Deutschland kämpft, glaubt er zu wissen. Wofür wehrlose, unschuldige Frauen und Mädchen umgebracht werden müssen, versteht er nicht. Ein Gedanke kommt ihm damals: Der „Führer“ kann von solchen Gräueltaten keine Kenntnis haben. Er würde sie sofort unterbinden. „Ich habe immer geglaubt, Hitler wird von seinen eigenen Leuten hintergangen. Bis zum Schluss habe ich nichts auf ihn kommen lassen.“

Eigentlich ist der 16-Jährige ein Produkt der nationalsozialistischen Weltanschauung, wie es sich die NS-Führer nur wünschen können. Der Jahrgang 1928 ist kompromisslos der staatlichen Erziehungs- und Propagandamaschine ausgesetzt. Martin glaubt, wie viele andere deutsche Jugendliche seines Alters, an den „Führer“, an die Überlegenheit Deutschlands, an den Krieg für eine gerechte Sache. Dass er während des Erschießungskommandos nicht so gedankenlos funktioniert, wie sich die Nazis ihre deutsche Jugend vorstellen, hat er seinen Eltern, Bertha und Fritz zu verdanken, die einen gemäßigten Protestantismus leben. Während ihr Sohn ein begeisterter Nationalsozialist ist, pflegen sie Kontakte zu Widerständlern. Fritz Bergau ist Küster an der Palmnicker Kirche. Gemeinsam mit deren Pfarrer Johannes Jänicke trifft er sich mit Dietrich Bonhoeffer, einem der führenden Vertreter der Bekennenden Kirche und Widerständler gegen die Nazis, der noch im April 1945 im KZ Flossenbürg hingerichtet wird. Martins Eltern reden mit ihrem Sohn offen über den Nationalsozialismus. „Ich wusste, dass es Dachau und Auschwitz gab, ich wusste auch von Pastor Martin Niemöller und hörte über die Schandtaten der Deutschen an der Ostfront." Was er da zu hören bekommt, glaubt Martin nicht, will es nicht glauben. Dass Soldaten, deutsche zumal, sich so benehmen, wie es ihm wahrheitsgemäß seine Eltern schildern, das geht schlicht über seinen Vorstellungshorizont. Heute weiß er aber, dass seine Eltern ihn trotz seiner Nazi-Begeisterung die Fähigkeit zu kritischem Denken gelehrt haben. Dafür ist er ihnen sehr dankbar. Es dauert allerdings noch eine Zeit, bis er diese Fähigkeit nutzt.

Schon zu den Pimpfen geht der kleine Martin mit großer Begeisterung. In der Schule ist er täglicher Indoktrination ausgesetzt. Die meisten Lehrer tragen das Parteiabzeichen. Eine Lehrerin ist besonders überzeugte Nationalsozialistin. Sie gehe sogar mit dem Parteiabzeichen im Nachthemd spazieren, witzeln die Schüler. Martin mag sie überhaupt nicht. Soviel überzogener Parteiglaube löst selbst bei ihm eine gewisse Antipathie aus. Den „Führer" hat Martin da schon direkt erlebt. Als Adolf Hitler 1938 das Samland, zu dem auch Palmnicken gehört, besucht, kennt der noch nicht Zehnjährige kein Halten. Mit den anderen Hitlerjungen aus seinem Heimatort wird er auf einem geschmückten Fuhrwerk nach Polennen gefahren. Die Jungen schwenken begeistert die Hakenkreuzfahne und jubeln lautstark ihrem Idol zu.

Schon als Pimpf beim Jungvolk entdeckt er auch eine Leidenschaft, die seine Jugend im Krieg mitbestimmen wird: das Segelfliegen. Der Elf- oder Zwölfjährige absolviert erste Übungsflüge und erfreut sich am Modellbau. Das wird gerne gesehen, weil es das technische Verständnis für Flugzeuge fördert – Martins Karriere als Pilot scheint schon hier vorgezeichnet. Die Führer und Lehrer an der Segelfliegerschule halten sich eher zurück mit Sympathiebekundungen für die Nazis.

Dann ruft der „Führer" Martin Bergau zu den Waffen. Der 14-Jährige wird im Februar 1944 Luftwaffenhelfer in Königsberg, das unter schweren Angriffen der Alliierten zu leiden hat. Er sieht Tote, Verletzte, zerbombte Häuser. „Erstmals erlebten wir fanatischen Hitlerjungens jetzt, dass wir nicht alles können mit unseren Waffen." Eine überraschende Erkenntnis, sind sie doch in dem Glauben an Deutschlands Unbesiegbarkeit erzogen worden. Längst nicht alle Offiziere sind allerdings echte Nazis, das bekommen die Jungen schon zwischen den Zeilen mit. Ein Lehrer, der sie zu dieser Zeit nebenbei in Englisch unterrichtet, macht sich selbst in den Augen der 14- oder 15-Jährigen mit seinem absurden Fanatismus lächerlich. Als im Juni 1944 die Invasion an der französischen Atlantikküste durch die Amerikaner und Engländer beginnt, jubelt er: „Endlich hat die Invasion begonnen. Jetzt haben wir sie. Unser Führer weiß genau, was er tut." Ein Batteriechef, der als Verwundeter der Hölle von Stalingrad entfliehen konnte, faucht ihn an: „Sie haben Unterricht in Englisch zu geben, nicht in Politik. Merken Sie sich das!" Viel Freude hat der Lehrer nicht mehr am vermeintlich geschickten Taktieren des „Führers": Kurz darauf stirbt er im englischen Bombenhagel. Der Ehrgeiz der Jungen wird angestachelt, schließlich schießen sie vier britische Lancaster-Bomber ab. Untergebracht sind sie in dieser Zeit etwas außerhalb von Königsberg, auf dem Gutshof Groß Friedrichsberg, auf dem sich der berüchtigte Gauleiter Erich Koch einquartiert hat. Noch heute muss Martin Bergau lachen, wenn er an den Mann denkt, der großspurig verkündete, kein russischer Soldat werde jemals deutschen Boden betreten – und sich selbst für den Fall, dass dies doch geschehe, Fluchtmöglichkeiten bereitgestellt hatte, von denen die normale Bevölkerung nur träumen konnte. Eines Tages, als die Luftwaffenhelfer üben, mit ihren Geschützen Ziele zu verfolgen, richten sie die Rohre unter anderem auch auf das Gutshaus. Prompt beschwert sich Koch bei den Offizieren – er befürchtet, die Jungen würden sein Haus beschießen. Was bei denen herzhaftes Gelächter auslöst.

Trotz ihres ungebrochenen Glaubens an den deutschen „Endsieg" merken auch die Jugendlichen, dass die Situation sich ständig verschlechtert. Nach dem Attentat vom 20. Juli 1944 auf Hitler im Führerhauptquartier wird der Ton der Offiziere strenger. Nun müssen sie beim Grüßen nicht mehr nur den Arm heben, sondern auch „Heil Hitler" brüllen, was ihnen bis dahin erlassen worden war. Andererseits glaubt Martin aber auch, bei immer mehr seiner Vorgesetzten einen wachsenden Widerwillen den Nationalsozialisten gegenüber festzustellen. Zumeist bei denen, die er schon zuvor nicht als überzeugte Nazis eingestuft hatte. Ein Schockerlebnis ist das von der Nazi-Propaganda ausgeschlachtete Massaker russischer Soldaten an den Bewohnern des kleinen Ortes Nemmersdorf. „Jetzt mussten wir uns eingestehen, dass die Russen nicht nur als Gefangene nach Ostpreußen kamen, sondern auch als kämpfende Soldaten. Mit dieser Mär war es nunmehr vorbei."

Neun Monate dauert der Einsatz in Königsberg. Während dieser Zeit macht der Junge aus Palmnicken quasi nebenbei die B-Prüfung als Segelflieger in Tilsit. Dann soll für ihn ein Traum wahr werden. Er bekommt eine Einberufung zum Segelfluglehrgang, an dessen Ende die Abschlussprüfung stehen soll. Einen Platz auf der Flugschule in Allenstein bekommen indes nur Jugendliche, die sich freiwillig zur Luftwaffe als Piloten melden. Segelflieger werden als Piloten ausgebildet, deshalb sind sie interessant für die Luftwaffe. Für Martin ist die Auflage kein Problem: Er ist begeisterter Segelflieger und noch immer überzeugter Nationalsozialist. Nichts steht der Ausbildung im Weg. Nicht einmal seine Eltern, die der 15-Jährige überhaupt nicht konsultieren muss. Ihnen bleibt nur zuzustimmen. Der Batteriechef gratuliert ihm auf seine eigene Art: „Wenn du so weitermachst, schaffst du es sicher auch noch zur SS."

Auch bei der Ausbildung sind die Folgen des Krieges nicht mehr zu übersehen. Bislang wurden die Segelflieger, die sogenannten *Grunau-Babys*, von Schleppflugzeugen 1500 Meter in die Höhe gezogen. Doch im Herbst 1944 hat die Luftwaffe keine Schleppflugzeuge mehr. Daher wird eine neue Technik angewandt – der Start mit der sogenannten Schwerpunktfesselung. Damit wird das Flugzeug steil in die Höhe geschossen, rund 200 Meter höher als bei der alten Methode. Die Sache hat aber einen Haken: Sie ist erheblich gefährlicher, weil häufig die Startseile reißen und das Flugzeug dann nicht in die Höhe schießt, sondern auf den Boden knallt. Bei Martins Starts aber passiert nichts. Nach der Abschlussprüfung ist sein Ausbildungsleiter richtig stolz auf seinen Schüler: „Du bist jetzt der jüngste Pilot Deutschlands."

Martin ist 15 Jahre alt, die Luftwaffe braucht Nachschub an Piloten, der „Führer" Kämpfer fürs Vaterland. Dass er kaum mehr sein wird als Kanonenfutter für den Feind, durchschaut der Junge in seinem Fanatismus nicht. Als nächstes soll er unverzüglich nach Elbing zum Lehrgang. Dort soll er mit den „Stummelhabichten" und den „Liegekranichen" trainieren, die besten Segelflieger, die es gibt. Der „jüngste Pilot Deutschlands" wurde als einer der wenigen zur Ausbildung zum Jagdflieger ausgewählt. Am Ende soll die Befähigung als Flieger des Stahltriebjägers *M262* stehen. Weil er so jung ist, bekommt Martin zuvor einen Heimaturlaub gewährt, um sich warme Kleidung zu holen. Zurück bei seinen besorgten Eltern in Palmnicken streitet er mit seinem Vater über den Kriegsverlauf. Vater Fritz ahnt Schlimmes: „Die Russen überlaufen uns ganz einfach, das wird nicht mehr lange dauern, und wir haben dem nichts mehr entgegenzusetzen." Obwohl Palmnicken mit seinen 3000 Einwohnern schon 30 000 Flüchtlinge aus dem Memelgebiet aufgenommen hat und zum Bersten gefüllt ist, will Martin den Worten seines Vaters keinen Glauben schenken. Er ist der festen Überzeugung, dass die Gräben des Ostwalls, die vom Volkssturm, von Kriegsgefangenen und KZ-Häftlingen ausgehoben wurden, die russischen Panzer aufhalten werden. Auch schenkt er den offiziellen Parolen Glauben, nach der die Kurland-Armee zurückgezogen und verstärkt werde, um dann die Russen wieder aus dem Reich zu vertreiben. „Wir Jugendlichen glaubten: Bis Königsberg und nicht weiter würden es die Russen schaffen." Die Rote Armee pfeife auf dem letzten Loch, die Festung Königsberg werde gehalten. Und schließlich ist da ja noch die Hoffnung, nein, der feste Glaube, an die „Wunderwaffen". Schon sehr bald muss sich Martin eines Besseren belehren lassen. Dem Ansturm der Dritten Weißrussischen Front, die zwischen Herbst und Mitte Januar neu ausgerüstet und mit frischen Kräften versorgt wird, hat die Wehrmacht nicht viel mehr als einen verzweifelten Rückzugskampf entgegenzusetzen.

Martins Einberufungsbefehl zur Luftwaffe nach Elbing kommt am 22. Januar. Begeistert macht er sich mit dem Zug auf den Weg. Auf dem Königsberger Hauptbahnhof wird er von einer Streife kontrolliert. Als die Soldaten hören, dass der Junge nach Elbing will, gucken die ihn schräg an. „Da wartet keiner mehr auf dich. Elbing ist gefallen, da sind schon die Russen. Niemand kann da mehr hin." Martin fällt aus allen Wolken. Er heult und beteuert: „Ich muss da hin, die warten doch auf mich!" Doch die Soldaten sind unerbittlich. Ihr guter Rat: „Junge, fahr nach Hause." Etwas anderes bleibt ihm gar nicht übrig. Bertha nimmt ihren Sohn freudestrahlend und erleichtert in die Arme. Wenige Tage darauf erreicht der Elendszug der jüdischen KZ-Häftlinge Palmnicken. Das Morden beginnt.

Die Menschen in Palmnicken ahnen schon unmittelbar danach, dass das Geschehene wie ein schwerer Fluch auf ihnen lastet. Zumal die Rote Armee bereits vor der Tür steht. Wie werden die Russen sich verhalten, wenn sie erfahren, was in der Nacht des 31. Januar geschehen ist? Werden sie Rache nehmen, wahllos Bürger des Ortes bestrafen? Unmittelbar nachdem Mitte April Palmnicken vom Gegner eingenommen wird, gehen Gerüchte durch den Ort, dass für jeden ermordeten jüdischen KZ-Häftling fünf Palmnicker liquidiert werden sollen. Schon bald nach ihrer Ankunft entdecken die Besatzer ein Massengrab am Strand mit 263 Leichen. Palmnicker Frauen müssen die Leichen, die in einem schauerlichen Zustand sind und deutliche Spuren von Misshandlungen aufweisen, mit bloßen Händen aus der Erde buddeln. Obwohl die Russen fälschlicherweise, vermutlich aus politischem Kalkül, behaupten, dass es sich bei den Ermordeten um Landsleute und nicht um polnische Juden handelt, verschonen sie die einheimische Bevölkerung. Den Grund dafür kann sich Martin Bergau nicht richtig erklären. Wahrscheinlich spielen Berichte der wenigen Überlebenden eine Rolle, die nicht erschossen worden waren und am Morgen nach dem Massaker nach einer Nacht im kalten Wasser zwischen Leichen und Eisschollen vom Strand fliehen konnten. Sie berichteten von einigen Palmnickern, die sie bei sich zu Hause versteckt und ihnen so das Leben gerettet haben. Martin Bergau nennt in seinem Buch ihre Namen und hat ihnen so ein Denkmal gesetzt. Auch der heldenhafte Mut von Hans Feyerabend, der ihnen zu Ohren kommt, wird eine Rolle gespielt haben. Die Russen richten eine Gedenkfeier aus, an der die Palmnicker teilnehmen müssen, und errichten einen Gedenkstein. Weil jedoch die deutsche Bevölkerung in den kommenden zwei Jahren den Ort verlässt oder vertrieben und durch neue Bewohner aus der Sowjetunion ersetzt wird, geht die Erinnerung rasch verloren.

Das ändert sich erst Jahrzehnte später. Seit 1991, der politische Umbruch in der Sowjetunion und in Osteuropa ist in vollem Gange, reist Martin Bergau jährlich nach Jantarnyi, wie Palmnicken heißt, seit es zur Sowjetunion und dann zu Russland gehört. Während seines vierten Besuchs 1994 begibt er sich an die Stelle, an der sich Reste der Anna-Grube befinden. Er stößt auf die Überreste der kleinen Gedenkstätte aus dem Jahr 1945. Rasch stellt er fest, dass sie an gefallene russische Soldaten erinnert, nicht an ermordete jüdische KZ-Häftlinge. Er nimmt Kontakt zu den Behörden der Stadt auf und trifft auf offene Ohren. Auch das Auswärtige Amt in Bonn sowie die deutsche Kriegsgräberfürsorge werden eingeschaltet – bis deutsche und russische Jugendliche im Juli 1999 gemeinsam die Gedenkstelle wieder herrichten. Seitdem erinnert sie an die wahren Opfer jener Januarnacht 1945.

Seit Anfang der neunziger Jahre, seitdem Martin Bergau aus dem Berufsleben ausgeschieden ist, beschäftigt er sich intensiver mit der schrecklichen Vergangenheit, an der er teilhatte. Der Gedanke, der Schwur, ein Buch darüber zu schreiben, ist ihm schon viel früher gekommen: in russischer Kriegsgefangenschaft, als er konfrontiert wird mit den Gräueltaten des nationalsozialistischen Deutschlands. Drei Jahre lang muss er als Jugendlicher in einem Lager in Segesha, nördlich des Polarkreises aushalten. Eine Zeit, die an die Substanz geht – doch der 16-, 17- oder 18-Jährige ist zäh und hält durch – im Gegensatz zu zahlreichen Männern im besten Alter, die er zusammenbrechen sieht. Die russischen Bewacher kennen dann keine Gnade: „Es knallte dann immer, und anschließend wurde die Leiche des Mannes abtransportiert“, erinnert sich Bergau.

In Gefangenschaft war er nicht geraten, als die Rote Armee Palmnicken besetzte, sondern erst wenige Tage vor Kriegsende. Auf höchsten Befehl werden rechtzeitig alle Jugendlichen des Jahrgangs 1928 aus dem Bereich Palmnicken evakuiert. Martin verlässt seinen Heimatort nur sehr widerwillig, will er doch lieber Ostpreußen gegen den hereinbrechenden Feind verteidigen. Ende März wird er noch Marinesoldat und von der Halbinsel Hela aus per Schiff nach Bornholm gebracht. Beim Überqueren der Stelle, an der die *Wilhelm Gustloff* zwei Monate zuvor gesunken war, wird bei verlangsamter Fahrt halbmast geflaggt. Schließlich werden Martin und seine Kameraden zum Reichsarbeitsdienst in Mecklenburg eingesetzt. Am 28. April geraten sie in die Hände der Roten Armee. Seine Eltern fliehen wie die meisten anderen Palmnicker nicht aus ihrer Heimat, sondern werden erst in den kommenden zwei Jahren vertrieben. Martin hat einen behinderten Bruder, mit dem sie sich nicht auf den mühsamen Weg durch Schnee und Eis machen wollen. Schließlich ist Palmnicken auch eingeschlossen von der Roten Armee, so dass es ohnehin kein Entkommen mehr gibt.

Ein Anlass für das Buch ist schließlich auch ein Gespräch Bergaus mit einem ehemaligen Wehrmachtsangehörigen, der die Vernichtung der Juden schlicht verneint. Nun weiß der inzwischen über 60-Jährige: Es ist höchste Zeit, etwas zu tun. „In den Jahrzehnten zuvor hatte ich die Erfahrung gemacht, dass eigentlich niemand etwas hören wollte von den Gräueltaten der SS an den Juden so kurz vor Ende des Krieges." Die eigenen Kinder nicht, die sich beschweren, wenn er erzählen will: „Ach Papa, das mit den Juden haben wir doch alles schon in der Schule gelernt!" Und auch die ehemaligen Palmnicker nicht, die sich jedes Jahr in Köln treffen. Nachdem sein erstes Buch erschienen ist, gilt der Autor ihnen als Nestbeschmutzer. „Deine Erinnerungen an unsere Heimat sind ja sehr interessant, aber hättest du die Sache mit den Juden nicht einfach weglassen können?" Eine Reaktion, die Martin Bergau derart enttäuscht, dass er nie wieder an den Treffen teilnimmt. Auch die Vertriebenenverbände üben scharfe Kritik an seinem Buch.

Gedacht ist sein erstes Buch eigentlich nur für die Familie. Irgendwann, so hofft er, werden sich die Kinder dafür interessieren. Die Hoffnung geht in Erfüllung. Als er an seinem Manuskript arbeitet, kommt eines Tages seine Tochter und liest darin. Sie bricht in Tränen aus. „Warum hast du uns denn nie davon erzählt?" Er gibt es in die Hände des Verlegers Michael Wieck, der das Werk veröffentlicht. Doch Martin Bergau will noch mehr wissen über das Massaker von Palmnicken. Er recherchiert und stößt auf die Akten eines Strafermittlungsverfahrens gegen den SS-Obersturmführer Martin Weber, der die Vernichtungsaktion geleitet hatte. Begonnen werden die Ermittlungen von der Zentralen Stelle der Landesjustizverwaltungen in Ludwigsburg. Später wird das Verfahren an die Staatsanwaltschaft Kiel abgegeben, weil der Hauptbeschuldigte Weber dort wohnt. Er begeht jedoch 1965 in Untersuchungshaft Selbstmord. Schließlich nehmen sich zunächst Staatsanwälte in Berlin, dann in Lüneburg der Sache an – bis das Verfahren 1967 eingestellt wird. Weil die Hauptschuldigen – anders als einige der am Erschießungskommando beteiligten Hitlerjungen, die in Lagern in Sibirien landeten – auch juristisch unbehelligt bleiben, so können immerhin zahlreiche Aussagen von Überlebenden, Zeugen und Tätern aufgezeichnet werden, die die Grundlage für Bergaus zweites Buch bilden und ihm ermöglichen, die erschütternden Ereignisse minutiös nachzuerzählen.

Die beiden Geschehnisse, die sich in den letzten zwei Januartagen des Jahres 1945 in unmittelbarer Nähe zueinander auf und an der Ostsee abspielen, will Martin Bergau nicht gegeneinander aufrechnen. Er gibt Lesungen aus seinem zweiten Buch, und er diskutiert darüber, was heute getan werden muss, um eine Wiederholung solcher Ereignisse für immer zu verhindern. „Der Untergang der *Wilhelm Gustloff* mit 9300 Toten, von denen die allermeisten Frauen und Kinder waren, und die fast zeitgleiche Ermordung von Tausenden jüdischer KZ-Häftlingen, von denen ebenfalls die meisten Frauen und Mädchen waren, zeigen, wie brutal und widersinnig Krieg ist. Und dass er immer am schlimmsten die unschuldigen Zivilisten trifft. Das war damals so, und das ist heute genauso." Martin Bergau, der einstmals fanatische Hitlerjunge, musste diese Erkenntnis selbst machen. Mit seinen Büchern und seinem Wirken bemüht er sich darum, dass vor allem junge Menschen heute davor bewahrt werden, das erleben zu müssen, was seiner Generation widerfahren ist. Ganz gleich, ob als Opfer oder Täter. Oder beides.

# Ausgewählte Literatur


CAJUS BEKKER: Flucht übers Meer. Ostsee. Deutsches Schicksal 1945, München 1959

MARTIN BERGAU: Todesmarsch zur Bernsteinküste. Das Massaker im ostpreußischen Palmnicken im Januar 1945. Zeitzeugen erinnern sich, Heidelberg 2006

GÜNTER BÖDDEKER: Die Flüchtlinge. Die Vertreibung der Deutschen aus dem Osten, München, Berlin, 1980

CHRISTOPHER DOBSON, JOHN MILLER, RONALD PAYNE: Die Versenkung der „Wilhelm Gustloff", Wien, Hamburg, 1979

K. ERIK FRANZEN: Die Vetriebenen, Hitlers letzte Opfer, München 2002

GUIDO KNOPP: Die große Flucht. Das Schicksal der Vertriebenen, München 2001

HEINZ SCHÖN: Ostsee '45. Menschen, Schiffe, Schicksale, 6. Auflage, Stuttgart 1998

HEINZ SCHÖN: SOS Wilhelm Gustloff. Die größte Schiffskatastrophe der Geschichte, Stuttgart 1998

JÜRGEN THORWALD: Die große Flucht. Niederlage, Flucht und Vertreibung, Taschenbuch-Neuausgabe, München 2005

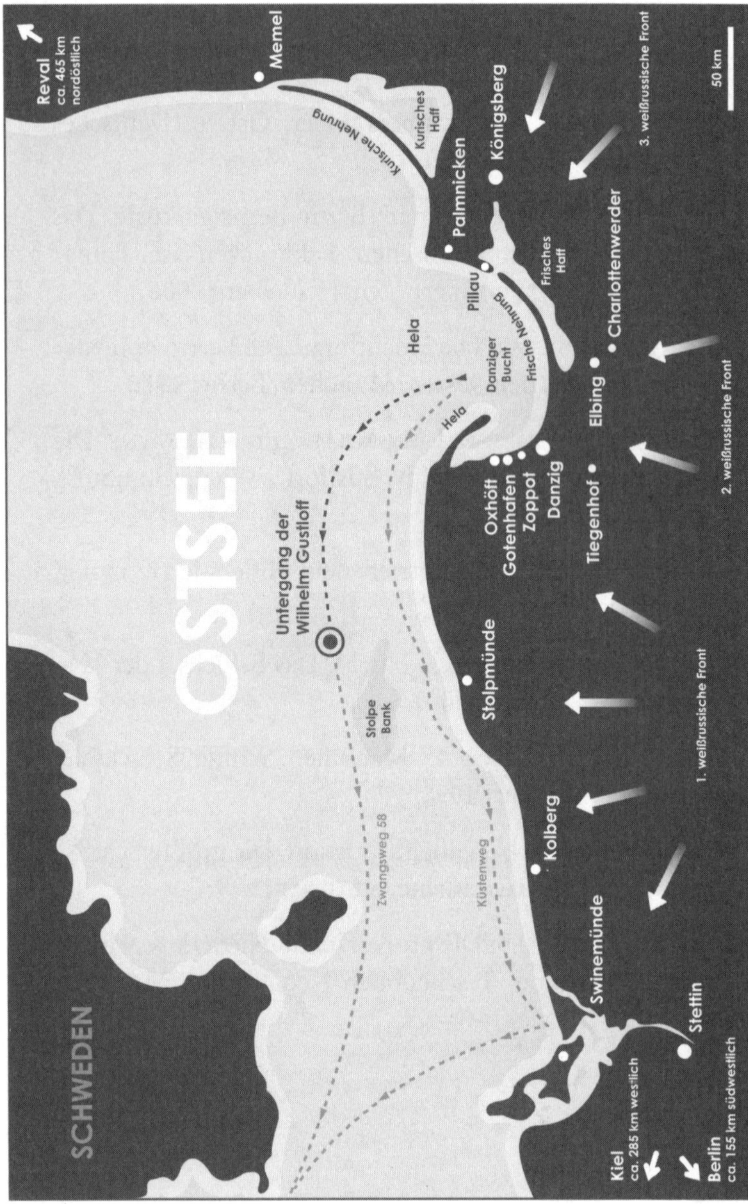
Reval
ca. 465 km
nordöstlich
Memel
Kurische Nehrung
Kurisches
Haff
Palmnicken
Königsberg
Pillau
Frisches
Haff
Frische Nehrung
Charlottenwerder
Hela
Danziger
Bucht
Hela
Elbing
Oxhöft
Gotenhafen
Zoppot
Danzig
Tiegenhof
OSTSEE
Untergang der
Wilhelm Gustloff
Stolpmünde
Stolpe
Bank
Kolberg
Zwangsweg 58
Küstenweg
Swinemünde
Stettin
SCHWEDEN
Kiel
ca. 285 km westlich
Berlin
ca. 155 km südwestlich
1. weißrussische Front
2. weißrussische Front
3. weißrussische Front
50 km